誰が元凶か、どう解決するか

Nishioka Tsutomu

西岡 力

日韓「歴史認識問題」の40年

草思社

日韓「歴史認識問題」の40年——誰が元凶か、どう解決するか　◉目次

第2章　朝日の慰安婦プロパガンダと植村隆記者

第3章　慰安婦＝性奴隷説と戸塚悦朗弁護士

第6章 文在寅の反日反韓史観

第2部　令和元年から始まったアンチ反日の反撃

第7章　『反日種族主義』の衝撃

第8章　慰安婦運動のウソと内紛

第9章　韓国に広がる「アンチ反日」

第10章 米教授の慰安婦＝公娼説へのでたらめな批判

おわりに　韓国と日本の未来に向けて

はじめに　日韓「歴史認識問題」の全体像

日本と韓国、なぜこうなってしまったのか——本書をまとめながら、ずっと考えてきた。私は1977年から78年にかけて、交換留学生としてソウルの延世大学で学んだ。そのときから、日本と韓国の相互認識がお互いに大きく歪んでいることを実感し、日韓の相互認識の歪《ゆが》みを研究テーマに選んで大学院に進学し、韓国・北朝鮮地域研究を専攻した。そこで、修士論文「戦後韓国知識人の日本認識」をまとめた。

82年から84年まで、外務省専門調査員としてソウルの日本大使館に勤務した。ちょうどそのとき、日韓の最初の歴史認識問題である第1次教科書問題が起きた。だから、日韓「歴史認識問題」は、発生からすでに40年が経って、こじれにこじれている。本書のタイトルを〈日韓「歴史認識問題」の40年——誰が元凶か、どう解決するか〉とした理由がここにある。

その後、韓国・北朝鮮問題の専門誌月刊『現代コリア』編集部に入り、92年に慰安婦問題研究に本格的に取り組み始めた。私のデビュー作は92年に出版した『日韓誤解の深淵』（亜紀書房）だが、そこでの主要テーマも慰安婦問題や教科書問題など歴史認識問題だった。

私はずっと「慰安婦という歴史的存在はあった、それを歴史学が研究することはできる。しかし、いまだに解決すべきことが残っているという意味での慰安婦問題は、92年まではなかった。したがって、慰安婦問題は歴史の問題ではなく現在の問題だ」と主張してきた。同じことが戦時労働者問題など日韓間の歴史認識問題全般についても言える。

日韓「歴史認識問題」は、単純に過去に何があったのかを実証し、その意味を探る歴史学の課題だけでなく、現在の日韓関係や北朝鮮の政治工作、日本国内の反日マスコミと運動家の虚偽発信、日本政府の謝罪し人道支援するが反論しないという対応のまずさ、国連や米議会など国際社会に拡散する誹謗中傷など、現代史の課題が絡み合っている複雑な問題だった。だからこそ、歴史学者ではなく地域研究者である私の主要研究テーマだと言えるのだ。

40年以上、日韓「歴史認識問題」の研究に取り組み、さまざまな相手と激しい論争を繰り返してきた結果、日韓関係を悪くしてきた元凶は何か、誰に責任があるのかという、歴史認識問題の全体像が少しずつ見えてきた。本書は日韓「歴史認識問題」の全体像に迫る私の現段階での集大成だ。

現在（２０２１年）の日韓関係は、国交正常化以来もっとも悪いと評価されている。その大きな原因は歴史認識問題だ。韓国の多数の国民と政府、裁判所までもが、過去の日本統治時代の歴史の清算が終わっていないという立場を固持している。一方、日本の政府と多数の国民は、65年の日韓国交正常化の際に結ばれた条約と協定、それにしたがって行われた日本の莫大な資金提供によって清算は終わったと認識している。歴史認識が真っ向から対立しているのだ。

日本が朝鮮を併合し統治した期間は、1910年8月から1945年8月の35年間だ。統治が終わってからすでに統治期間の2倍を超える75年以上が過ぎている。1965年に日韓が対等な国同士として国交を正常化してからでも、すでに統治期間の1・5倍を超える55年が経っている。それなのになお、韓国では日本の統治期間にあった出来事に対する清算が不十分だと多数の国民が考え、その考えを背景に裁判所がつぎつぎに国際法違反の判決を下している。

なぜ、このようなことが起きるのか。誰がこのような問題の元凶なのか。解決のためには何をすべきか。本書ではそれを究明していく。全体像を先に記そう。

現在の日韓関係の悪化は、日本の統治とその未清算が原因ではない。

65年の日韓国交正常化の際、両国の先人たちが知恵を絞って日本の統治に対する清算をすべて終わらせ、日本と韓国が関係を強化し、韓国がめざましい経済発展を見せて、ソ連、共産中国、北朝鮮という全体主義体制に対抗する自由の砦を東アジアに築くことに成功した。

ともに米国の同盟国であり自由主義陣営に属している日韓の国交交渉がそれまで困難だった理由は、イデオロギーの対立と民族主義の対立だった。

65年当時、韓国と日本ではそれぞれ激しい反対運動が起きた。日本での反対運動はその5年前の60年に日本全体を揺すぶった日米安保条約反対運動の延長線上で、社会主義陣営を支持する勢力が、反共を掲げる朴正熙《パクチョンヒ》政権との正常化は日米韓三ヵ国による反共軍事同盟につながるとして、イデオロギーの立場から批判していた。

一方、当時の朴正煕政権も、激しい反対運動に直面して戒厳令と衛戍令《えいじゅれい》でそれを抑えつけて正常化を強行した。韓国の反対運動は、反共というイデオロギーのために日本との関係を改善する必要性を求めつつ、民族主義の立場から過去の償いが不十分であり再侵略を招くとしていた。

この2つの対立を、日韓両国政府は知恵を絞ってお互いに国内向けに違う説明をすることが可能な条約と協定をまとめ上げて乗り切り、国交正常化を成し遂げた。

70年代、北朝鮮は、日韓関係を悪化させようと、日本国内の親北勢力を使って韓国の朴正煕政権を独裁だと激しく批判した。朴正煕政権は、北朝鮮の脅威もあって自由の一部を制限したが、北朝鮮の世襲独裁体制に比べるまでもなくけっして全体主義ではなかった。また、条約で清算をした歴史認識を外交に持ち出すという国際法違反を犯すこともなかった。

ところが、日本の親北左派は北朝鮮の全体主義を批判せず、韓国ばかりを激しく批判して日韓関係を不安定化させようとした。その急先鋒に立っていたのが岩波書店発行の月刊誌『世界』だった。激しく朴正煕政権を批判しつつ、北朝鮮の独裁政権を賛美し続けた。同誌は72年から91年までになんと9回、金正日の会見記等を掲載している。本書では第3章で、『世界』が73年から88年まで連載した「韓国からの通信」のでたらめさを詳論した。

日本国内の北朝鮮を支持する「反日」勢力は、次の3つの反日プロパガンダ（悪意をもってなされるウソ宣伝）によって先人らが作った日韓関係の枠組みを壊そうと、執拗に調査研究と運動を続けた。

①戦時労働者強制連行プロパガンダ

60年代に日韓国交正常化に反対する北朝鮮とつながる在日朝鮮人学者朴慶植《パクキョンシク》や一部左派日本人らが、戦中の朝鮮人労働者の内地への動員について「強制連行」という用語を造り、日本が多数の朝鮮人を権力を使って連行して奴隷労働をさせたとするキャンペーンを始めたことを指す。

②慰安婦強制連行プロパガンダ

朝日新聞が91年に吉田清治《せいじ》ウソ証言、元慰安婦証言捏造《ねつぞう》記事などを使って、日本軍が女子挺身隊《ていしんたい》という公的制度を使って朝鮮人慰安婦の強制連行を行ったという内容の社をあげた大キャンペーンを展開したことを指す。

③日本の朝鮮統治不法論プロパガンダ

80年代初めの日本歴史教科書への韓国、中国の干渉事件を契機に、和田春樹ら反日知識人らが当時の国際法の枠組みの中で合法的に締結された日韓併合条約を不法に締結されたものだとして、その解釈を日本政府に強要する運動を始め、それが95年の「村山談話」、2010年の菅直人《かんなおと》談話と日韓知識人共同声明に発展して、健全な日韓友好関係を大きく阻害したことを指す。

以上の3つが韓国にも飛び火し、元労働者、元軍人・軍属、元慰安婦の老人たちが日本の運動家と弁護士の勧めに乗って日本で裁判を多数起こした。また、韓国の学界、言論界、教育界も不法な日本統治下で労働者と慰安婦の強制連行が行われたという固定観念を持ってしまった。全斗煥《チョンドゥファン》政権以降の韓国の歴代政権は、このような日本発の反日プロパガンダに乗っかって歴史認識問題を外交に持ち出すという国際法違反を行った。

韓国内の親北反日勢力がそれに同調し、日米韓の三角同盟によって北朝鮮や中国の全体主義勢力と対抗しようとしてきた韓国保守派に対して、「清算されるべき親日派」「積弊《チョッペ》(大韓民国建国以来の積み重なった弊害)勢力」のレッテルを貼り、ついに現在の親北反日の文在寅《ムンジェイン》政権を出現させ、18年の戦時労働者判決、21年の慰安婦判決を生み出し、日韓関係を最悪な局面へと追い込んだ。

北朝鮮につながる、日本国内の反日勢力が執拗に仕掛けてきた3つの反日プロパガンダが、ついに日韓関係を史上最悪に追い込んだのだ。

一方、日本政府は、19年(令和元年)頃から『外交青書』や外務省ホームページで慰安婦や戦時労働者の虚偽について歴史的事実関係に踏み込んだ反論を本格化するなど、反日プロパガンダとの戦いに本気で取り組み始めた。また同じ頃から、韓国内の良識派がウソの反日を批判する『反日種族主義』に代表される啓蒙書出版と街頭での銅像撤去運動を開始し、「アンチ反日」の運動を困難の中で開始した。そして、日本の良識的保守派との間で、歴史問題での反日プロパガンダとの戦いにおいての連係も始まった。

以上のような全体像を前提として、本書では、第1部で、なぜ日韓関係はこんなにも悪化したのかを要因ごとに分析し、第2部で、令和元年から始まった「アンチ反日」の反撃(反日プロパガンダとの戦い)を概観する。

なお、①戦時労働者強制連行プロパガンダについては、拙著『でっちあげの徴用工問題』（草思社・2019年）、②慰安婦強制連行プロパガンダについては、拙著『増補新版よくわかる慰安婦問題』（草思社文庫・2012年）で詳しく論じた。本書と併せて3冊セットで読んでいただけると、全体像がより明確になる。うれしいことに、韓国良識派によって、20年12月に『でっちあげの徴用工問題』が、21年4月に『よくわかる慰安婦問題』が韓国で全訳出版された。

本書で引用する韓国語の文献や談話などは、特別に記載がないかぎり西岡が日本語に訳したものを使っている。

引用中の丸括弧（ ）は原文にあるもので、亀甲括弧〔 〕は西岡が読者の理解のために補ったものだ。年号は、本書のテーマが日本国内だけでなく、韓国、北朝鮮、中国、米国、国連などに及ぶので、ほぼ西暦に統一した。

人名の敬称は原則として省略した。

第1部

なぜ日韓関係はこんなにも悪化したのか

第一章

日韓「歴史認識問題」の起源と構造

歴史認識問題とは何か

まず、歴史認識問題を定義する。私の定義では、複数の国や民族間でお互いに関わる歴史認識が単に対立しているだけなら歴史認識問題とは言わない。何々《なになに》問題という言い方をするときには、いまだ解決していない課題がある、あるいは残っていることを指す。通常の主権国家同士の間では、戦争や植民地統治などの過去に関わる清算は条約や協定で行う。それを結べば内政不干渉の原則により、いくら相手の歴史認識が自分たちと異なっていても外交問題とすることはない。これが現代の国際法の原則だ。だから、歴史教科書記述や戦没者追悼方法などは主権国家の内政に属する。

以上のような論点に立って私は、「歴史認識に関わる事象に対して他国政府が干渉し、外交問題化すること」を歴史認識問題と定義する。

これは、狭義の歴史認識問題と言うべきかもしれない。日本が米軍の占領下でいわゆる東京裁判史観を強要されたことなどは、広義の歴史認識問題と言えるだろう。ただ、本書では広義の歴史認識問題については必要な場合にだけ触れるにとどめる。

日韓の歴史認識問題は、1965年以来、日本で日韓国交正常化に反対する目的で始められた戦時労働者強制連行調査運動を源流とし、82年、韓国 全斗煥《チョンドゥファン》 政府が中国共産党政府と一緒に日本の検定済み歴史教科書の記述について修正を求めたことに始まり、92年、慰安婦強制連行プロパガンダ以降、本格化した。

干渉を受けるわが国の内部に、それを助長する言論機関や学者、運動家らが存在し、かつ外交当局が内政干渉の不当さを指摘せず、ただ謝罪し人道的配慮をするという譲歩を繰り返すわが国特有の構造のため、問題は悪化し続けた。

その結果、国際社会にわが国に対する事実無根の誹謗中傷が拡散している。国連がでたらめな慰安婦調査報告書を出し、米国などの各国議会が事実に反する決議を行い、各地に慰安婦像などが建ち、ユネスコ歴史遺産や記憶遺産などで事実に反する日本非難が浮上した。そして、韓国裁判所の国際法違反の2つの判決、すなわち2018年10月の朝鮮人戦時労働者大法院（最高裁）判決と21年1月の慰安婦裁判ソウル地裁判決で、日韓外交関係は最悪となった。

日韓「歴史認識問題」の4要素

歴史認識は、国家・民族の独立を支える支柱だ。他国の干渉を許してはならない。ところが、80年代初めから以下のような4つの要素が絡み合って、日本を非難する事実無根の反日歴史認識が外交を阻害し、わが国の名誉と国益を大きく傷つけてきた。

すなわち、第1に、日本国内の反日マスコミ、学者、運動家による事実に反する日本非難キャンペーンがあった。

第2に、それを韓国と中国の両政府が正式な外交問題にして、内政干渉的要求を押しつけた。

第3に、わが国外交当局が反論をしなかったことで事態を悪化させた。不当な要求に対して事実に踏み込んだ反論をせず、まず謝罪して道義的責任を認め、人道支援の名目で、すでに条約・協定で解決済みである補償を再び中途半端な形で行ったため、問題をさらに悪化させることとなった。

第4に、内外の反日活動家が事実無根の日本非難を国際社会で拡散した。その結果、わが国とわが先祖の名誉が著しく傷つけられ続けている。

第1要素については多くの研究がある。そのうち、戦時労働者問題と慰安婦問題について私はすでに2冊の単行本を書いてきた。(『増補新版よくわかる慰安婦問題』草思社文庫・12年、『でっちあげの徴用工問題』草思社・19年)。3冊目となる本書では、日韓歴史問題を悪化させた元凶と言えるもう1つの日本側の動きを取り上げる。

82年、教科書問題が起きたとき、和田春樹や大江健三郎ら日本の左派知識人らが、日本の朝鮮統治を当初から不法なものだったとする「統治不法論」を日本政府の公式立場にさせる運動を始めた。彼らは執拗に運動を続け、95年の「村山談話」を作り上げ、2010年の菅直人談話の時点で統治不法論を日本政府の見解にすることを求める日韓知識人共同宣言を公表するに至った。その論理が韓国裁判所に転移して、現在の日韓関係悪化をもたらした。彼らの運動について第4章で詳しく取り上げる。

また、第4要素については、国連人権委員会（現在の人権理事会）に慰安婦問題を持ち込んだ戸塚悦朗弁護士の活動などについて私も調査してきた。それを第3章で取り上げる。

ここでは、第2要素である韓国政府と中国政府の反日外交と、第3要素のわが国の対応について少し詳しく論じよう。

結論を先に書くと、韓国と中国の反日外交には、それぞれ内政上の事情があった。したがって、いくらわが国が繰り返し謝罪しても解決しない構造的なものだった。

ところが、わが国の外交はそのことに気づかず、こちらが誠意を見せれば通じるはずだという安易な姿勢に立ち、事実に基づいた反論を行わなかった。そのため、国連や欧米など国際社会にまで事実無根の誹謗中傷が広がる事態を招いた。

いったんは「内政不干渉」で合意

第2要素の韓国と中国の反日外交は、82年の第1次歴史教科書問題から始まり、90年代に本格化した。両国政府が国交正常化後、外交交渉に歴史問題を持ち出したのはこのときが初めてであった。韓国政府は65年の国交回復から17年間、中華人民共和国政府は72年の国交回復から10年間、歴史問題を外交に持ち込むことはなかった。なお、中華民国政府も日本と国交があった期間に一度もそのようなことはしなかった。

通常の国家間関係においては、過去の歴史は条約や協定により清算され、その後は外交問題にはならない。

日韓両国はサンフランシスコ講和条約でわが国が独立を回復した後も、国交を持つことができなかった。紆余曲折の末、65年に日韓基本条約と諸協定により日韓は対等な主権国家同士として国交を持った。条約と協定には過去の謝罪に関わる条文はない。

ただ、65年2月に訪韓した椎名悦三郎外相は声明で、大意として「両国の長い歴史の中に不幸な期間があったことは、まことに遺憾な次第でありまして、深く反省するものであります」と述べた。これが唯一の言及だった。

わが国と中国は72年9月に「日中共同声明」を出して国交を正常化した。そこでは「日本側は、過去において日本国が戦争を通じて中国国民に重大な損害を与えたことについての責任を痛感し、深く反省する」とされている。半面、同じ声明で今後の両国関係について明確に「内政不干渉」で合意している。

六　日本国政府及び中華人民共和国政府は、主権及び領土保全の相互尊重、相互不可侵、内政に対する相互不干渉、平等及び互恵並びに平和共存の諸原則の基礎の上に両国間の恒久的な平和友好関係を確立することに合意する。（「日中共同声明」72年9月）

そもそも、歴史教科書記述や戦没者追悼方式などは純然たる内政問題だ。声明や条約で過去の清算を済ませた後は、対等な主権国家同士として内政不干渉という原則を守るのが現在の国際関係だ。ところが、韓国と中国は82年の教科書問題以来、継続して歴史教科書記述や戦没者追悼方式など、わが国の内政問題に対して干渉している。その背景には、両国の内政上の理由があった。

韓国と北朝鮮の内政上の事情

韓国は80年代初め、全斗煥政権が冷戦下での軍事協力を名目に、日本に多額の経済協力を申し込み拒否されるなか、初めて歴史問題を外交化し、経済協力獲得の圧力として使った。この経緯については本書「おわりに」に詳しく書いた。

盧泰愚《ノテウ》政権も中国共産党と足並みをそろえつつ、反日を外交カードとして使って日本から資金や技術援助を受け取った。

盧泰愚政権の反日外交の目的が経済協力を得ることだった点については、当時、日本経済新聞ソウル特派員だった鈴置高史が「(…略…)韓国の経済閣僚にインタビューした際に『技術移転や、貿易赤字問題に日本が協力しないと、韓国人の反日意識が高まろう』と経済閣僚が述べた。私が『そろそろ反日は経済面では逆効果になる』と意見を述べると、その部分の発言を撤回した」というエピソードを伝えている(『現代コリア』93年1月号)。

同じ頃、北朝鮮は経済開発で韓国に負けたことが明白化したので、対南工作の政治宣伝の軸を、共産主義の優位から反日民族主義へと移した。すなわち、韓国は親日派を処断せず、親日派だった朴正熙が権力を握り、過去清算をうやむやにしたまま日本と国交を結び、一方、北朝鮮は抗日運動の英雄・金日成《キムイルソン》が建国し、親日派を処断し、反日民族主義をつらぬくことで、民族としての正統性は北にあるという「反韓史観」を韓国に拡散させた。

韓国の「反日感情」が作られたものであるという点については、現代コリア編集部「韓国における「反日感情」の実態は何か」(『現代コリア』01年9月号、10月号、12月号、02年1月号・2月号)に詳しい。

「反韓史観」についてはすでに96年に北朝鮮研究の泰斗《たいと》であった李命英《イミョンヨン》成均館大学教授（当時）が指摘している（李命英「韓国の「反韓」史観」『現代コリア』96年12月号）。これについては第7章で詳しく論じる。

２００４年、前年まで国定だった中学、高校の国史（韓国史）教科書が検定に変わると、「反韓史観」に基づく歴史教科書が多数出回るようになった。それに対して２００５年1月、教科書の健全化を目指す「教科書フォーラム」が良識派学者らによって組織された。同フォーラムの中心メンバーの一人である李栄薫《イヨンフン》ソウル大学教授は、その歴史観を次のように要約した。

誤った歴史観は、過去百三十年間の近現代史を汚辱の歴史として子供たちに教えています。宝石にも似た美しい文化を持つ李氏朝鮮王朝が、強盗である日本の侵入を受けた。

それ以後は民族の反逆者である親日派たちが大手を振った時代だった。日本からの解放はもう一つの占領軍であるアメリカが入ってきた事件だった。すると親日派はわれ先に親米事大主義にその姿を変えた。民族の分断も、悲劇の朝鮮戦争も、これら反逆者たちのせいだった。それ以後の李承晩政権も、また１９６０〜70年代の朴正煕政権も、彼らが支配した反逆の歴史だった。経済開発を行ったとしても、肝心の心を喪ってしまった。歴史においてこのように正義は敗れ去った。機会主義が勢いを得た不義の歴史だった、というのです。（『大韓民国の物語』文藝春秋・09年、330−331頁）

韓国大統領の支持率アップに反日を利用

90年代に入り、金泳三《キムヨンサム》政権が竹島問題での一方的な日本非難を開始した。「反韓史観」に汚染された世論に迎合して支持率を上げる手段として反日を使い始めたのだ。この頃から日本からの支援を得る手段ではなく、支持率を上げる手段に反日が利用されるようになった。李明博《イミョンバク》大統領が任期の終わり頃、支持率が下がってきたタイミングで竹島上陸を強行し、反日外交を展開したのもその文脈だ。

盧武鉉《ノムヒョン》大統領は弁護士時代に「反韓史観」に触れて蒙を啓かれたという。盧武鉉は大統領に就任後の04年7月30日に、「反民族行為特別調査委員会を解体して以来、誤った歴史を正すことができず、これまで遅延されている。誰かが、同問題を解決しなければならない」などと述べて、自身の歴史観を披露した（中央日報・電子版・04年7月30日）。

その歴史観に立って、盧武鉉は大統領直属の「大韓民国親日反民族行爲真相糾明《きゅうめい》委員会」を作った。同委員会は親日反民族行為者として１００６人の名簿を公表した。親北左派は朴槿恵《パククネ》大統領の父、朴正熙元大統領をその名簿に入れたかったが、多くの論難の末、それは実現しなかった。しかし、朝鮮戦争の英雄である白善燁《ペクソンヨップ》将軍は満州国軍出身だとしてそのなかに含まれ、保守派から強い反発を受けた。

現在韓国の小中高校で使われている歴史教科書も、90年代以降、各界各層に浸透したこの歴史観に基づいて書かれている。05年以降、教科書フォーラムの流れを汲む一部の実証主義学者らが教科書改善運動を開始したが、彼らが執筆した歴史教科書は採択率ゼロだった。

朴槿恵大統領が就任後、慰安婦問題にこだわる反日歴史認識外交を続けた背景には、国内で「親日派の娘」と非難されることを恐れたことがある。反韓史観に正面から挑戦せず、逃げたからそのような結果になった。

ただ、朴槿恵大統領は歴史教科書を国定化するという強硬政策をとった。その点は肯定的に評価できるが、弾劾が成立し7ヵ月早く実施された大統領選挙で当選した文在寅は、大統領就任の日、担当長官の人選すらしないまま、国定教科書廃止を決めた。

中国共産党独裁の反日民族主義

中国人と韓国人の反日感情は、戦争や統治の経験のない世代のほうがむしろ強い。これは反日感情が歴史的経験よりも、80年代以降、中国と韓国が以下のような経緯で行ってきた政治宣伝に、より多く起因するからだ。

中国共産党は、80年代、改革開放政策に必要な多額の経済協力資金を得るために反日を外交交渉に使った。その一方で、共産党独裁を覆《くつがえ》すような風潮が蔓延することを防ぐため、この時期からいわゆる「南京大虐殺」や靖国神社A級戦犯合祀を突然問題にし始めた。

南京大虐殺紀念館（正式名称は「侵華日軍南京大屠殺遇難同胞紀念館」）は85年に開館した。中国政府は同年8月、中曽根康弘首相の靖国神社参拝に対してA級戦犯合祀を理由に抗議した。しかし、79年4月にA級戦犯の合祀が公になってから85年7月までの6年間、大平正芳、鈴木善幸、中曽根が首相就任中に計21回参拝をしたときには、まったく抗議しなかった。

90年代に入り、反日の主な目的は、日本からの資金獲得よりも共産党独裁維持のための政治宣伝に重心を移した。天安門事件やソ連東欧共産圏の崩壊で独裁体制維持に危機感を深めた中国共産党は、市場経済を導入したため階級敵（地主、富農、右派など）を国内に作り出して糾弾《きゅうだん》する手法が使えなくなり、日本（軍国主義）を糾弾すべき敵として設定する政治宣伝を本格化した。

このような中国共産党による反日政治宣伝の変化について、鳥居民『「反日」で生きのびる中国』（草思社・04年）が概略以下のような鋭い分析をしている。

中国共産党は大躍進や文化大革命などの失政で人民に多大な被害を及ぼした際、共産党への批判が向かないように「過去の苦難を思い出せ」という政治宣伝を行った。そこでは主として「階級の敵」として地主や資本家、国民党反動政権、米帝国主義が設定された。ところが、天安門事件後の政治宣伝では改革開放政策を進めるため「階級の敵」設定はできなくなり、過去の苦難の元凶として「民族の敵」として「日本軍国主義」が設定された――。

天安門事件後の90年代、江沢民時代に国内で組織的な反日教育を開始するとともに、歴史問題で日本を外交的に責め続けることを国策として決め、世界規模の反日組織ネットワークを構築した。

中国共産党は1994年8月、「愛国主義教育実施綱要」を発表した。これは学校教育分野だけでなく、映画やTV、記念建造物や博物館など社会全体で反日政治宣伝を行うことを定めたものだ。

同年12月、日本の戦争責任を追及する米国、カナダ、香港を中心とする30余の中国系、韓国系、日系の反日団体が結集して「世界抗日戦争史実維護連合会（Global Alliance for Preserving the History of WWII in Asia）」、略称「抗日連合会（Global Alliance）」が結成された。江崎道朗はこの組織が「愛国主義教育実施綱要」と軌を一にするものだと主張している（『コミンテルンとルーズベルトの時限爆弾』展転社・12年）。

98年8月には、外国に駐在する特命全権大使など外交当局者を集めた会議で江沢民主席が、「日本に対しては、台湾問題をとことん言い続けるとともに、歴史問題を終始強調し、しかも永遠に言い続けなくてはならない」と指示を出した（『江沢民文選』06年）。

これらの結果、戦前を知らない若い世代に強い反日感情が生まれている。岡部達味は01年に「（激しい反日キャンペーンの結果）現在三〇歳以下の人々の反日感情は、それ以上の高い年齢層より強いという結果になってしまった」（『外交フォーラム』01年2月号）と書いている。

教科書、靖国、慰安婦、いずれも腰砕け外交

第3要素である、わが国外交当局の対応について概観したい。

わが国は中国と韓国が歴史認識問題を外交課題として持ち出してきたとき、その不当な要求に対して事実に踏み込んだ反論をせず、まず謝罪して道義的責任を認め、人道支援の名目で、すでに条約・協定で解決済みである補償を再び中途半端な形で行ったため、問題をさらに悪化させることとなった。

82年の教科書問題では、日本のマスコミの誤報など、誤解が生じた経緯（⇓366頁）についてきちんと説明せず、謝罪し検定基準を改定し、近隣諸国条項（近隣のアジア諸国との間の近現代の歴史的事象の扱いに国際理解と国際協調の見地から必要な配慮がされていること）を新設し、韓国と中国が問題にした教科書記述について事実上の改定を行った（拙稿「教科書問題誤報の構造」『日韓誤解の深淵』亜紀書房・92年所収）。具体的には慰安婦問題、強制連行などについて検定意見をつけなくなり、その結果、左派学者らがこれらの問題について教科書にほぼ自由に記述するという状況となり、97年から使用される中学校歴史教科書のすべてに「慰安婦強制連行」の記述が入るという驚くべき事態となった。

首相の靖国神社参拝についても、中曽根首相が85年の参拝を最後に、それまで毎年行っていた参拝を取りやめ、その後の首相もそれにならうこととなった。

86年に中曽根内閣は後藤田正晴官房長官の談話を出し、「昨年実施した公式参拝は、過去における我が国の行為により多大の苦痛と損害を蒙った近隣諸国の国民の間に、そのような我が国の行為に責任を有するA級戦犯に対して礼拝したのではないかとの批判を生み、ひいては、我が国が様々な機会に表明してきた過般の戦争への反省とその上に立った平和友好への決意に対する誤解と不信さえ生まれるおそれがある」ため、「内閣総理大臣の靖国神社への公式参拝は差し控えることとした」と公表した。

その後、橋本龍太郎首相が1回参拝し、小泉純一郎首相が中韓の反対のなか6年連続で参拝し、13年12月26日に安倍晋三首相が参拝した。小泉首相の参拝、安倍首相の参拝について、外務省高官らは中韓の批判に対して正面から反論しなかった。

慰安婦問題については、私はこれまで多くのところで指摘したが、92年1月、宮澤首相が訪韓したとき、「女子挺身隊」としての朝鮮人慰安婦の強制連行があったかどうかについて調べることをしないまま、総理に8回謝罪させたのが、当時の外務省だった。

私は同年2月、外務省アジア局北東アジア課の幹部に面談したが、「総理の謝罪は権力による慰安婦強制連行に対するものなのか、それとも貧困の結果売春業に就《つ》かざるをえなかったことに対する人道的立場からの謝罪なのか」と尋ねたところ、「これから調べる」という衝撃的回答を得た。

ほぼ唯一、外務省が事実関係に踏み込んだ反論を試みようとしたのが、96年の慰安婦問題に関する「クマラスワミ報告」に対する長文の反論文書を国連が配布した事例だ。しかし、関係国の国連代表部に文書が配布された後、突然その文書は取り下げられ、事実関係の反論を除いて日本はすでに謝罪し償いをしているという内容の文書に差し替えられた。

その後も第2次安倍政権成立までは、わが国外交当局から事実に踏み込んだ反論はなされなかった。

ゴールポストを動かしたのはむしろ外務省

問題の根源は、事実関係に踏み込んだ反論を外務省がいっさいしてこなかったことにある。安倍政権になって、首相とその周辺は本格的な反論をする体制を作ろうと努力してきた。その結果、状況は少しずつ変わってはいる。

なかなか政府内の体制が変わらなかった理由は、反論をしないほうが外交上、有利だと考える勢力が政府や与党内にもまだ相当残っていたからだ。

外務省に近い専門家らは、自分たちが調べもせずに先に謝罪しておきながら、その責任を回避して、「相手がゴールポストを動かしているため問題が解決しない」などという言い訳を繰り返していた。日韓関係の現状の比喩としての「ムーブ・ザ・ゴールポスト」論は、13年に外務省OBの宮家《みやけ》邦彦が初めて提唱したものと見られる。産経新聞・13年7月25日付に本人がそう書いている。

その後、この議論は拡散し、第2次安倍政権が戦後70年安倍談話の参考にするために作った『21世紀構想懇談会報告書』の日韓関係の論述部分にも採用された。

しかし、この議論は歴史認識問題発生のメカニズムを正確に見ていない。事態の推移を最初から見るならば、まず外務省がゴールポストを相手陣営近くに動かしたのだ。国益の対立の場である外交において先に謝罪すれば、弱点となり、相手国はそこを継続して狙ってくる。

複数の外務省OBは、南京事件や慰安婦問題に対する反論を「歴史を否定する開き直りだ」などとして、公然と非難していた。「河野談話」「村山談話」作成過程に深く関わった外務省高官ＯＢである谷野《たにの》作太郎は、「日本の名誉を取り戻す」動きについて次のように批判している。

歴史をどう解釈するか。そこには色々な見方があってよい。しかし、近年、国内の一部の風潮として「日本の名誉を取り戻す」として否定しがたい「歴史」を否定したり、これに正面から向き合わず「慰安婦など、皆、カネ目当てだった」「南京事件などでっち上げ！」などと開き直ったりする。近現代史について史料を渉猟しようとすると、「自虐史観だ。怪しからぬ。やめておけ」とも。このような発言が、国際社会から見れば、実は「日本人の名誉」を最も深いところで傷つける結果となっているということを、分かってほしいと思います。（『ダイヤモンド・オンライン』15年8月13日）

12年まで駐韓大使だった武藤正敏は、15年に出版した単行本で慰安婦問題に関して事実に基づく反論をしてはならないという主張を、以下のごとく明記した。

日本が注意すべきポイントは、「狭義の強制性はなかった」という主張は決してしないことです。なぜならその主張は、かえって国際社会に「過去の非人道行為を反省していない」との不信感を植え付け、ますます韓国側に同情を集めてしまいかねないからです。この問題の対応は、世界がどう見ているかという視点で考える必要があるのです。（『日韓対立の真相』悟空出版・15年、23－24頁）

武藤はそのうえで、資料はないが軍による強制連行があったかもしれないとさえ主張している。

そもそも、軍による「強制性」がなかったと言い切れるかどうか。資料がないというのは理由になるのか。軍人による強制連行を資料として残すとも考えられません。また、「絶対になかった」と明確に否定できる証拠にしても見つかることはないと思います。（同54頁）

武藤は91年1月、宮澤首相が慰安婦問題で8回謝罪したとき、外務省で韓国を担当する北東アジア課長であり、11年12月にソウルの日本大使館前に慰安婦像が建てられたとき、駐韓大使だった。彼がこのような考えだったから、慰安婦問題は長く解決しなかったとさえ言えるのではないか。

前出の宮家邦彦も、慰安婦問題や南京事件で事実に基づく反論を政府が行うことを以下のように否定して、外務省を擁護している。

過去の「事実」を過去の「価値基準」に照らして議論し、再評価すること自体は「歴史修正主義」ではない。しかし、そのような知的活動について国際政治の場で「大義名分」を獲得したいなら、「普遍的価値」に基づく議論が不可欠だ。いわゆる「従軍慰安婦問題」や「南京大虐殺」について、歴史の細かな部分を切り取った外国の挑発的議論に安易に乗ることは賢明ではない。（…略…）過去の事実を過去の価値基準に照らして再評価したいなら、大学に戻って歴史の講座をとればよい。逆に、過去の事実を外交の手段として活用したければ、過去を「普遍的価値」に基づいて再評価する必要がある。歴史の評価は学者に任せればよい。現代の外交では普遍的価値に基づかない歴史議論に勝ち目はないのだ。（ウェブマガジン『WEDGE Infinity』15年5月25日）

外務省ＯＢの岡本行夫も、07年米下院での慰安婦決議当時、民間人が事実に基づく反論の意見広告を出したことに対して、次のように否定的に述べている。

慰安婦問題について米下院で審議されている対日謝罪要求決議案。４月末に安倍首相が訪米した際の謝罪姿勢によって事態は沈静化し、決議案成立はおぼつかない状況になっていた。しかし日本人有志が事実関係について反論する全面広告をワシントン・ポスト紙に出した途端、決議案採択の機運が燃えあがり、39対２という大差で外交委員会で可決され、下院本会議での成立も確実な状況になった。

正しい意見の広告だったはずなのに何故なのか。それは、この決議案に関しては、すでに事実関係が争点ではなくなっているからである。過去の事象をどのような主観をもって日本人が提示しようとしているかに焦点が移っているからである。（…略…）日本人からの反論は当然あるが、歴史をどのような主観をもって語っていると他人にとられるか、これが問題の核心であることに留意しなければならない。（産経新聞・07年７月23日）

本章で見たように、歴史認識問題は、実際に過去に起きた出来事が理由ではなく、中国や韓国・北朝鮮の全体主義勢力とそれに追随する勢力が、冷戦での敗北をごまかすために反日民族主義を必要としていたから起きたのだった。

ところが、同じ頃、日本では冷戦で敗れた左派勢力がその間違いを総括しないまま、過去の日本の「罪」を糾弾して自分だけが良心的だと自己満足する反日歴史攻撃に傾斜していった。それもたくさんのウソを発信し続けて日本国と先人の名誉を傷つけ、中国と韓国の内政干渉を呼び寄せた。日本の中の左派も冷戦での敗北を認めたくないために反日に逃げ込んだのだ。

そのうえ、内政干渉に対して毅然とした対応を見せるべき政府が、歴史認識問題が起きるのは、日本が謝罪や被害者への配慮が足りなかったからだという間違った認識に立って、謝罪と配慮を続けていった。その結果、問題はいよいよ深刻化していった。

冷戦終了前後から、つまり平成の30年間（1989年から2019年）の日本では、事実関係を捏造してまで過去の日本を貶《おとし》めることが良心的だとされる歪んだ反日主義が跋扈《ばっこ》した。自国や自民族を無条件で悪と見て、なるべく国家が強くならないように監視、拘束することが平和をもたらすと考える、反国家主義だ。

中国と韓国・北朝鮮が同じ時期、超国家主義の立場から反日を煽り、日本では反国家主義の立場から左派のメディアと学者らが事実を捏造して反日の材料を提供し、弁護士や運動家が韓国や中国まで行って原告を探してきて戦後補償を求める裁判をつぎつぎに起こした。ちょうど鍵と鍵穴の関係のように、超国家主義と反国家主義が反日を媒介にして固く結びついた。

それでは、この固く結びついた反日連合体とわれわれはいかに向き合うべきなのか。その答えを考えるヒントが米国の左傾化した学界、言論界の現状にある。麗澤大学のジェイソン・モーガン准教授の詳細な報告(『歴史認識問題研究』第8号掲載論文など)によると、実は日本よりも早く、米国では60年代から反米史観が台頭し、冷戦終了後にその歴史観が全国的に拡散して、すでに学界、教育界、言論界、文化芸術界をほぼ支配するに至っている。米国の歴史は黒人、先住民、女性、少数民族などを抑圧し続けた恥辱の歴史であって、支配勢力のプロテスタント信者の白人男性はその罪を反省し続け、被抑圧者に謝罪、補償を与え続けなければならないとする反米史観だ。日本の知識人社会が平成時代に病んでしまった反日史観とそっくりなのだ。

日本だけでなく、米国やヨーロッパの先進文明国でも、自国の歴史を全面否定する反国家主義が大きな勢力を持っている。そして中国共産党など冷戦後にも生き残った全体主義勢力の超国家主義がそれと結合して肥大化している。このような世界史的な戦いが今日の歴史認識問題なのだ。

「漸進主義的文明論」で人類共通の国際秩序を

本章の最後に、先進国に共通して広がっている自国の歴史への否定にどのような論理で対抗すべきかについて、私の考えを書きたい。

米国原住民や黒人の問題、日本の朝鮮統治、アイヌ、沖縄、そして女性などのいわゆる「抑圧された少数者」の問題を考えるときに、文明という物差しを復活させるべきだ、「漸進主義的文明論」によって、このような反国家主義と戦い、克服すべきだと提唱したい。

近代文明は西欧のキリスト教文化圏で生まれた。それは大変荒々しい性格を持っており、全世界が文明国と未開国に分けられ、文明国は未開国に文明を教えるためにむき出しの暴力を使って植民地統治することも正当化されていた。しかし、文明が文明である以上、他の文化圏に属する人類にとっても開かれたものでなければならない。

幕末、明治の先人たちは軍艦を背景にする荒々しい近代文明に直面した。そのとき先人らは、日本も開国して近代政府を立ち上げ富国強兵を実現すれば、皇室を中心とする日本の伝統文化を維持したままで文明国になれるという文明の非排他性を信じ、血の滲む努力と大変な犠牲を払ってその理想を実現させた。これが私の言う「漸進主義的文明論」だ。

日本は幕末に、欧米の帝国主義に直面し、そこから人類普遍的な文明の要素を見いだし、明治維新を経て富国強兵に成功して、文明国になった。

坂本龍馬は免許皆伝の剣術の達人だったが、あるときから剣の代わりに護身用にピストルを持ち、その後、ピストルの代わりに万国公法(国際法)の本を持つようになったというエピソードがある。実話ではないようだが、事の本質を表している。彼は、近代文明においては従来の武力では立ち向かえないことをまず知り、その後、近代的な武力を持つだけでは文明国には入れない、いや近代的な武力を持つことは文明国に入る入り口だが、そこに入るとき初めて国際法の主体として主権国家としての独立を認められるという近代文明の本質を見破っていた。非文明圏の弱いものは一方的に犠牲になるが、非文明圏に属していても努力して一定の力を持てば文明国になることができるという文明の非排他性、漸進的文明論を理解していた。

福沢諭吉の文明論

福沢諭吉こそがそのことを正しく理解し啓蒙した思想家だった。名著『文明論之概略』で、欧米を文明国、日本などを半開、アジア・アフリカの多数の国を未開と位置づけ、日本は懸命に努力して早く文明化すべきだと主張した。福沢が有名な脱亜論で、文明化に失敗しているアジアの旧友である支那や朝鮮との友情を捨てて、欧米がアジアに対するように弱肉強食の原理で接するべきだと論じたのも同じ文明観から出ている。ここで、福沢も努力すれば西欧キリスト教文化圏に属しない日本も、文明国になれると論じたのだ。

明治の先人らはキリスト教を文明の要素として考えず、天皇を中心とする日本古来の国体を維持しつつ、文明を取り入れる、和魂洋才路線をとった。日本の文明化が成功したことにより、文明の非排他性が証明されたとも言える。だから、日露戦争での日本の勝利がアジアで自国の独立と文明化のために苦闘している多くの知識人にとって希望となったのだ。

これ以外に、日本が植民地にならない道はなかった。当時の国際法は、文明国だけに適用されることになっていた。未開国は国際法の主体にはなれない、未開国は文明国が文明化する責任がある、そういう枠組みだった。文明国の条件は、1つはもちろん自国を守れる軍隊を持っていることだが、もう1つは国際法を理解しているということだった。

そんな状況にあって、当時の日本人は日本を植民地化しようとする「文明国」側の論理を勉強して、富国強兵をしなきゃいけない、軍艦を持たなくちゃいけない、それだけではなく法律を整備しなくてはいけない、と血の滲むような努力と犠牲を払って近代国家を作り、その結果、日本はアジアの中で唯一、国際法の主体となることを認められた。当時、それ以外に侵略・被侵略の関係の帝国主義時代に生き残る道はあっただろうか。

日本が外国からの侵略の危機にさらされていたことは事実だ。だからといって、当時の歴史を振り返り、現在の文明の物差しで測って、アメリカのペリー提督は侵略者だから謝罪せよと簡単に言えるか。未開国や地域を植民地にして先進国が文明化するという考え方は、もちろん現在では一方的、差別的でよくないこととされているが、当時はそうではなかった。当時の世界はそのような考えで動いていた。そのすべてを否定すべきだというのも極端な考えではないか。

植民地支配をどう評価するか

例えば、日本は台湾を植民地として支配した。当時、台湾にはマラリアが流行っていたが、マラリアを完全に撲滅したのは日本の植民地政策だ。上下水道を整備し、病院を作った。マラリアがなくなることは、どの文化圏、民族にとってもいいことではないか。

また、朝鮮においても日本の統治下で人口が2倍以上に増えた。その一番の原因は幼児死亡率が下がったことだ。どの文化でも、どの親でも、生まれた赤ん坊が死んでいくことをよしとはしない。そこには、文明の進歩があったのではないか。

ある国を他国が支配するという、当時は必ずしも悪いことではなかったことが、現在では世界的によくないこととされている。このように、文明は人間の努力によって良いほうに進んでいく可能性を持っている。ただし、その過程では問題もあり、衝突もあり、簡単にはいかない。少しずつしか進んでいかない。

しかし、努力を重ねれば、少しずつ良いほうに進んでいく。国際間の様々な問題を通じて対立を深め、是非を争い、解決がつかなければ戦争で片をつけるのではなく、現在われわれに可能な範囲で、少しずつお互いの違いや課題を乗り越えて文明を進歩させていく、これが、私が提唱したい「漸進主義的文明論」の考え方だ。

今の文明の水準は当時よりかなり普遍的な価値観と言えるものに近づいてきている。自由、民主主義、人権、法の支配、このような考え方を通じて、我々は徐々に、どんな文化圏に属していても変わらない、人類のより普遍的な価値へと近づいてきている。これが文明の漸進的進歩だ。

日本が統治した朝鮮と台湾は不利益もあったが、普遍的文明を日本から移植された。沖縄やアイヌも日本によって文明化され、不利益も与えられたが、生活の向上の恩恵も受けた。米国でも原住民や黒人は米国によって大きな意味で文明化された。不利益も多かったが、生活向上など多大な利益恩恵も受けたと見るべきだ。日本を含む世界の女性たちも少しずつだが権利が認められ、社会的地位が上がっている。

近代文明は排他的ではなかった

欧米から始まった近代文明は、日本やアメリカ原住民、奴隷として連れてこられた黒人、朝鮮人、アイヌ人そして女性たちなどの参加を拒否する非寛容なもの、排他的なものではなかった。それらの人々に対する寛容を備えていたと、私たちがここで強く叫ぶべきではないかと考えている。

西洋に始まった近代文明が真の普遍的価値を持ったのは実は、まったく別の文化圏に属する日本がその国柄の根本を維持しながら近代文明国になったからとも言える。日本こそが西洋から始まった近代文明の非排他性を実証し、「漸進主義的文明論」を実現させてきた誇らしい歴史の持ち主なのだ。

現在の世界情勢の中で、中国や北朝鮮の独裁政権が行っている超国家主義、日本やアメリカで広がっている反国家主義は、独善的、排他的、一方的で、文明の進歩に逆行するものだ。漸進主義的文明論の立場から、今世界で起きている超国家主義と反国家主義の結託という現実とその背景をよく理解し克服し、より広く人類が共有できる価値観を世界に広め育てていく、そういう活動を私たちはすべきではないか。

平成が終わり、令和の御代になった今こそ、伝統に学び、より普遍的な価値を目指し、目の前の課題をひとつずつ解決し進んでいく「漸進主義的文明論」の立場から、超国家主義や反国家主義、反日史観と戦い、克服していきたい。

なお、ここで私は「文明」を、普遍的価値を含み、教えたり学んだりできるものと定義し、「文化(圏)」を、ある人間集団が共有する伝統や性質で、教えたり学んだりすることができないその集団固有の価値と定義している。

第2章

朝日の慰安婦プロパガンダと植村隆記者

朝日新聞の「慰安婦問題」捏造

２０２１年3月11日、元朝日新聞記者、植村隆が私を名誉毀損で訴えた、いわゆる「慰安婦捏造裁判」に終止符が打たれた。私の完全勝訴だった。本章では、この名誉毀損訴訟でよりいっそう明らかになった朝日新聞による慰安婦捏造報道について論じたい。

先にも書いたが、「慰安婦」は歴史的に存在したが、90年代に入るまで「慰安婦問題」は存在しなかった。朝日新聞の捏造キャンペーンによって、あたかも何か解決すべき課題があるかのように「慰安婦問題」が突然出現した。

こう言うと、国内外の反日勢力から「西岡は、慰安婦はいなかったというウソをまき散らしている」と非難されるかもしれない。実際、朝日新聞は過去、そのような社説を書いていた。

１９９７年1月1日社説で、朝日は、私を含む、慰安婦問題における朝日の捏造を批判する人々を、

「自分だけが正しい、あとはみんな間違いだ、といったことを、品のない日本語で、ときには歴史的な事実や背景を無視して、声高に言いつのる人間」と罵倒した。これを読んで当時、長いため息をついたことを鮮明に覚えている。

一方の音だけ、片方の声だけ、いくら真剣に聴いたとしても、本当のことはわからない。冷静で、より正しい判断は、いろいろなことを比較したり、ほかに方法があるかもしれないと考えたりすることで、生まれるものだろう。

○他人の声が聞こえるか

この、あたりまえのことが、最近ゆらぎだしているのではないか。自分だけが正しい、あとはみんな間違いだ、といったことを、品のない日本語で、ときには歴史的な事実や背景を無視して、声高に言いつのる人間や組織がふえている。

第一は、歴史の事実と認識にかかわるものだ。旧日本軍による南京大虐殺など最初からなかった、「従軍」慰安婦なるものも存在しなかった、という。あるいは、日清・日露の戦争は全面的に肯定されるべきで、太平洋戦争も聖戦だった、という。

第二は、人間の生き方にかんするものだ。夫婦別姓を容認すれば、日本の家族制度は崩壊し家庭は溶解するとか、要介護老人は家族が面倒を見るべきだとか、女性は家庭にかえれ、といった主張である。

いずれも概して、私人より国家を重視する立場に立つ。

しかし、そこには三宅雪嶺や柳田国男など、伝統的な保守主義者がもつ格調の高さ、論理の精密さといったものはない。多くの場合、白か黒か、イエスかノーか、単純な二元型で迫る。（朝日新聞・97年1月1日）

繰り返し書いてきたが、私はそのようなことを言ってはいない。たしかに戦前のある時期に慰安婦は存在した。それは厳然たる歴史的事実だ。ただし、「従軍慰安婦」という語は戦前にはなかった。戦後の造語だ。

そもそも何々《なになに》問題と言うからには、未解決の課題があることを意味する。私が慰安婦問題はなかったというのは、慰安婦という歴史的存在はあったが、それに絡んで何か解決すべきことが残っているという意味での「慰安婦問題」はなかったということだ。

慰安婦問題を作り出したのは、朝日新聞だ。朝日が91年に社をあげて展開した捏造キャンペーンによって慰安婦問題が現出した。それを私は「92年1月慰安婦強制連行プロパガンダ」と呼んでいる（詳しくは「朝日新聞『慰安婦報道』に対する独立検証委員会」の報告書 http://harc.tokyo/?p=32 を参照）。

言論には言論で――岡島提言の重要性

朝日は2014年にみずからの慰安婦報道を検証し、吉田清治《せいじ》証言に関わる記事などを虚偽と認め、取り消した。しかし、検証が著しく不十分で、自社の報道の問題点を直視せず自己弁護に満ちていたことから、激しい批判にさらされた。

ところが、朝日の捏造報道の当事者の1人だった植村隆が15年1月に、私の朝日批判、特に私が91年の植村署名記事2本を捏造だと評していることを名誉毀損だとして民事訴訟を起こした。

その民事訴訟は、私の完全勝訴で終わった。すなわち、15年1月9日提訴、19年6月26日、東京地裁判決で西岡が完全勝訴。植村が控訴。20年3月3日、東京高裁判決でも完全勝訴。植村が上告。21年3月11日、最高裁判決で上告棄却。終了まで丸6年2ヵ月かかった。

名誉毀損裁判ではまず、私の言動によって植村の社会的評価が低下したかどうかが争点になる。私は植村の91年の2本の記事を92年から批判し続けてきた。当初は「重要な事実誤認」と言っていたが、根拠を示した私の批判に対して、植村も朝日も訂正や反論をしなかった。それどころか、朝日は植村を97年からソウル特派員にした。それを見てこのような記事を書いておきながら反省をしない人間がまた日韓関係について記事を書くのはひどい開き直りだと怒りを覚え、98年から論文や著書で「意図的な捏造」と繰り返し批判し、14年、朝日が慰安婦報道を検証・謝罪した後、植村への批判が殺到するなか、私は「週刊文春」の取材を受け、「捏造記事と言っても過言ではない」と語った。

いやしくも言論人たるもの、名前を出して記事を書いたからにはそれが批判されるのは当然、承知のうえで、批判が正しいと思えば訂正し、正しくないと思えば反論をするべきだ。だから、言論に対して言論で行った私の植村批判は言論の自由の範囲にあり、社会的評価を低下させるにあたらないと主張した。しかし、地裁も高裁も植村側の主張を受け入れて社会的評価の低下があったと認めた。

この点で、元日弁連（日本弁護士連合会）人権擁護委員会副委員長の岡島実弁護士の次の提言は重要だ。

法解釈論上の問題として、自己の言論を公表する者は、それに対する批判があることは当然予想すべき事態なので、社会的に相当と考えられる範囲の批判は社会的に承認されたルールの範囲内のものであるとして、名誉毀損の成否を論ずるまでもなく違法性がなく、名誉毀損訴訟にいう「社会的評価を低下させる事実の適示」には当たらないと解釈することである。ボクシングなど格闘技の試合では、通常の技の応酬に伴い怪我をすることは当然予想されるが、そのことが傷害罪や不法行為に問われることはない。それは、格闘技のルールに則った技によって通常予想される範囲内の怪我が生ずることは承知の上で試合をしたのだから、技をかけたことはそもそも違法な行為とはみなされないからである。これと同じ考え方を公の言論にも当てはめるのである。

このように考えれば、「ある言説を公にしたことに伴い、通常想定すべき批判の範囲内の言説」であるかどうか（西岡氏の批判は問題なくこれに当てはまると考えられる）のみを問題とすれば足り、またその判断も比較的シンプルにできるので、それでも提訴する者が出てくること自体は防止できないかもしれないが、濫訴《らんそ》の防止には役立つだろう。また、このような判断は、現在の名誉毀損訴訟のように法技術的に複雑な議論をしなくてもできるので、法律専門家でない言論人が常識的に判断でき、公の言論空間の中で常識的で一般的な判断基準が形成されることが期待できるから、言論界のルールの自律性の尊重という要請にもなじみやすいだろう。

こうした考え方は、今のところ法解釈論として一般に通用している状況ではない。しかし、「言論界のルールの自律性を尊重しつつ、濫訴による言論空間の荒廃を防止する」という観点からみれば、検討に値する解釈であると思われる。（岡島実「いわゆる植村・西岡訴訟とその問題点について—濫訴にこのところ、日本国と先祖の名誉を貶めてきた反日勢力が名誉毀損の裁判で批判者を訴えることが続いている。ウソが暴かれてきたことへの危機感の表れだろう。しかし、自分の名前で言論として公表したものに対して言論で批判がなされた場合、再反論して、論争で勝てば十分に名誉を回復することができる。だから、言論への言論を通じた批判の場合、通常の名誉毀損認定の基準を適用せず、その基準を厳しくすべきだという岡島弁護士の主張に私は強く同意する。

今後、ぜひ、言論関係者と法律関係者が一緒になって、岡島提言が現実の裁判で採用されるように研究と議論を続けてもらいたい。それが自由民主主義の根幹である、言論の自由を名誉毀損裁判の濫訴から守る道だ。

今のところ日本の裁判では、この岡島提言は採用されていない。社会的評価の低下が認められると、被告側が賠償責任を免責されるためには、公共性と公益性、そして真実性か真実相当性を立証しなければならない。訴えられた側がそれをしなければならなくなる。たとえ裁判で勝訴したとしても、それに至る過程で被告側はかなりの時間と費用をつぎ込まなければならない。勝訴しても賠償を払わなくてもよいという結果が得られるだけで、裁判費用は戻ってこない。

朝日は、福島第一原発事故問題で同紙の報道を告発した評論家の門田隆将を名誉毀損で訴えると脅した。また、朝日は、森友・加計事件に関する朝日の報道を批判した小川榮太郎を名誉毀損で訴え、現在、高裁で争っている。これを見て、今後、若い世代のジャーナリスト、評論家、学者らが朝日などを批判することを恐れる事態が起きないか心配している。私自身は自分の名前で他者を批判する以上、その結果として暴力行為を含む何があってもそれと闘う心構えがあった。だから、植村裁判でも全力で戦った。しかし、勝訴した今、言論の自由を守るという観点から岡島提言を関係者が真剣に検討してほしいと願っている。

裁判所が認めた「真実」

話を私の裁判に戻す。訴えられた被告である私は、賠償責任を免責させるために、目的の公益性と内容の公共性の両者、真実性または真実相当性のどちらかを論証しなければならなかった。

私の裁判の場合、大新聞の記事に対する批判であり、その記事は、日韓両国の外交問題になっている慰安婦問題に関するものだから、公益性と公共性は容易に論証できた。だから、この点は大きな争点にはならなかった。

問題は真実性か真実相当性だ。真実性は言葉のとおり、批判の前提である事実関係が真実であることである。真実相当性とは、批判するにあたり前提にした事実関係を真実だと信じることに相当なる理由があるということだ。

すべての事実関係が明らかになっていない状況でも言論による批判は行われるのであり、その時点で批判者が真実だと信じるのに相当なる理由があれば、それが後日真実ではないことが明らかになったり、あるいは、真実かどうか不明確であり続けていても賠償責任は免責されるという名誉毀損に関する法律の概念だ。

それではどのような事実関係について、真実性または真実相当性があるかどうかを争ったのか。それは次の3つだった。高裁判決からその部分を引いておく。

①は「控訴人〔植村・西岡補以下同〕は金学順《キムハクスン》が経済的困窮のために妓生《キーセン》に身売りされたという経歴を有していることを知っていたが、このことを記事にすると権力による強制連行という前提にとって都合が悪いため、あえてこれを記事に記載しなかった」という私の主張。

②は「控訴人が意図的に事実と異なる記事を書いたのは、権力による強制連行という前提を維持し、遺族会の幹部である義母の裁判を有利なものにするためであった」という私の主張。

③は「控訴人は金学順が女子挺身隊の名で戦場に強制連行され、日本人相手に売春行為を強いられたという事実と異なる記事をあえて書いた」という私の主張だ。

①と②について地裁と高裁は「真実相当性」を認めた。

③については地裁と高裁とも「真実性」が認められた。裁判所が踏み込んだ判決を下したのだ。

①と②は植村の意図、つまり内心に関わることなので断定することが難しい。だが、それでも真実相当性が認められた。植村側の弁護団などはこの部分について、判決が「①」と「②」の西岡の主張は「真実ではないと認めた」と強弁した。しかし、それは判決の著しい誤読だ。真実相当性が認められれば賠償責任が免責となるのだから、判決は真実かどうかの判断まで踏み込まなかっただけだ。判断を留保したのであって、「真実ではない」という判断を下したのではない。

ここで強調したいのは「③」について、地裁も高裁もあえて真実相当性ではなく真実性まで踏み込んで認めたことだ。繰り返し書くが、私は朝日新聞が91年8月と12月に掲載した植村隆記者の署名記事について「捏造」だと批判した。最高裁の上訴棄却で、日本の司法は、捏造だという私の批判を「真実」と認定したのだ。これは重大な司法判断だ。

私は言論の自由を守るという観点から、裁判に臨むにあたり、どちらの主張が正しいか裁判所に決めてもらうのではなく、私の主張が言論の自由の範囲にあることを認めさせることを目標としていた。どちらが正しいかは両者の主張を読んだ読者が決めればいいからだ。

だから、真実性ではなく真実相当性が認められればよいと考えていたのだ。ところが、地裁と高裁判決が真実性を認め、それが最高裁で確定されたことにより、結果として、私の主張が正しいと裁判所が認めてしまった。植村側にしてみたら、藪をつついて蛇が出てきたわけだ。別の言い方をすると、それだけ植村記事がお粗末だったのだ。

私はこの司法の判断を受けて、植村ではなく朝日新聞の責任を追及する活動に今後力を入れようと思っている。朝日の記事が捏造だと批判した私の主張が司法によって真実だと認められたにもかかわらず、朝日はいまだにそのことを認めず、責任をとっていないからだ。

ところが、驚くべきことが起きた。最高裁の判決を報じた朝日の記事が事実関係を再度捏造したのだ。朝日の捏造体質はまったく変わっていない。

最高裁の決定を朝日は翌日、21年3月13日朝刊の第3社会面に「元朝日記者の敗訴確定　慰安婦報道訴訟」という見出しで小さく報じた。これが捏造記事だった。短い記事だから全文引用する。

韓国人元慰安婦の証言を書いた1991年の朝日新聞記事を「捏造」と記述され名誉を傷つけら

れたとして、元朝日新聞記者で「週刊金曜日」発行人兼社長・植村隆氏が、西岡力・麗沢大客員教授と「週刊文春」発行元の文芸春秋に賠償などを求めた裁判で、最高裁第一小法廷（小池裕裁判長）は植村氏の上告を退けた。名誉毀損の成立を否定した一、二審判決が確定した。11日付の決定。

東京地裁は、日本軍や政府による女子挺身隊の動員と人身売買を混同した同記事を意図的な「捏造」と評した西岡氏らの指摘について、重要な部分は真実だと認定。東京高裁は指摘にも不正確な部分があると認めつつ、真実相当性があるとして結論は支持していた。（阿部峻介）

この記事を読むと、地裁では植村の書いた記事を捏造と批判した私の主張の真実性が認められたが、高裁では私の主張にも不正確な部分があるとされて真実性ではなく、一段下の真実相当性だけが認められたかのようにしかとれない。

しかし、地裁と高裁は両方とも私の主張の真実性を認めている。高裁判決からその部分を引用する。

原告（植村）は、原告記事A（1991年8月11日記事）において、意識的に、金学順を日本軍（又は日本の政府関係機関）により戦場に強制連行された従軍慰安婦として紹介したものと認めるのが相当である。すなわち、原告は、意図的に、事実と異なる原告記事Aを書いたことが認められ、裁判所認定摘示事実3（上記の③）は、その重要な部分について真実性の証明があるといえる。

本来なら朝日は、自社の記事に対する捏造という批判が真実だという裁判結果が出たのだから、それに対して社としての見解を出すべきだった。ところが、それをせず小さな記事だけで済まし、その記事で、捏造という批判について、地裁では真実性が認められたが、高裁では一段下の真実相当性が認められただけだというウソを書いて、責任追及から逃れようとしたのではないか。

朝日は14年に自社の慰安婦報道を検証し、吉田清治証言を虚偽と認め、取り消し、謝罪した。しかし、朝日は植村記事を含む自社の慰安婦報道に関していまだに捏造を認めていない。この検証は、捏造はなかったと主張するための検証であると、朝日みずからが次のように書いている。

一部の論壇やネット上には、「慰安婦問題は朝日新聞の捏造だ」といういわれなき批判が起きています。しかも、元慰安婦の記事を書いた元朝日新聞記者が名指しで中傷される事態になっています。

読者の皆様からは「本当か」「なぜ反論しない」と問い合わせが寄せられるようになりました。（…略…）慰安婦問題に光が当たり始めた90年代初め、研究は進んでいませんでした。私たちは元慰安婦の証言や少ない資料をもとに記事を書き続けました。そうして報じた記事の一部に、事実関係の誤りがあったことがわかりました。問題の全体像がわからない段階で起きた誤りですが、裏付け取材が不十分だった点は反省します。似たような誤りは当時、国内の他のメディアや韓国メディアの記事にもありました。

こうした一部の不正確な報道が、慰安婦問題の理解を混乱させている、との指摘もあります。しかし、そのことを理由とした「慰安婦問題は捏造」という主張や「元慰安婦に謝る理由はない」と

いった議論には決して同意できません。（杉浦信之「慰安婦問題の本質、直視を」朝日新聞・14年8月5日）

朝日がここで言っているのは、自社の慰安婦報道は、研究の遅れや資料の少なさのため事実関係の誤りはあったが、捏造はなかったということだ。しかし、私は、捏造があったと主張し、裁判所はその主張が真実だとする判決を下した。だから、朝日に答えよと言っているのだ。

繰り返すが、日本の裁判所は植村記事を捏造だと認めた。だから、植村裁判に完全勝訴した私は、今後は、捏造記事を掲載した朝日の責任を追及することに全力を尽くすつもりだ。

慰安婦問題で朝日の責任は重大

朝日の責任は重大なのだ。本章でもそのことを告発するために、91年に朝日が行った慰安婦捏造キャンペーンを振り返っておきたい。

朝日は80年代から慰安婦問題で日本を糾弾する報道を始め、91年から92年1月にかけて、①加害者である吉田清治証言、②「女子挺身隊の名で慰安婦連行」解説、③被害者である金学順証言、④日本軍関与文書発見記事の4つを使って「日本軍が国家総動員法に基づく公的制度である女子挺身隊の名で朝鮮人女性を慰安婦にするために強制連行した」という事実無根のプロパガンダを内外に拡散させた。これが私の言うところの「慰安婦強制連行プロパガンダ」だ。

データベースを調べると、91年に朝日は150本の慰安婦記事を掲載している。同じ時期、読売、毎日、NHKは合計で105本しか記事を出していない（読売26本、毎日66本、NHK13本）。朝日だけで全体の6割弱、単純計算で2・4日に1本も書いていたことになる。朝日は、他紙も同様な誤報をしていたなどと言い訳をしているが、この数字を見れば、朝日が91年に社をあげて「慰安婦強制連行プロパガンダ」の大キャンペーンを仕掛けたことは明白だ。

このキャンペーンに乗っかるように、91年12月、高木健一弁護士らが韓国から元慰安婦金学順らを日本に連れてきて日本政府を相手に賠償金支払いを求める裁判を起こした。その結果、日本社会は「慰安婦強制連行プロパガンダ」に一時的にだまされ、それが韓国に伝播した。今も続く外交懸案である慰安婦問題のスタートだ。

このとき朝日が使ったのが、先に指摘したとおり、①加害者である吉田清治証言、②「女子挺身隊の名で慰安婦連行」解説、③被害者である金学順証言、④日本軍関与文書発見記事の4つだ。私が捏造記事だと批判した植村の記事はここでいう③だ。だから、日本の司法により捏造と認められた植村記事は、朝日が91年に展開した「慰安婦強制連行プロパガンダ」の重要な要素の1つだったのだ。

朝日は14年に行った自社の慰安婦報道に関する検証で、①吉田証言を虚偽と認め、取り消し、謝罪したことは前述した。しかし、③の植村記事については、「事実のねじ曲げはなかった」と開き直り、朝日が自社に近い人間ばかりを集めて作った第三者委員会も同じ結論を報告に書いた。また、②、④についても責任を認めていない。

しかし、私はこの全体を指して捏造だと言っている。その根拠を簡単に示して本章の結論としたい。詳しくは前掲（⇒45頁）の独立検証委員会の報告を見てほしい。

吉田証言の悪質なウソ

朝日の慰安婦強制連行プロパガンダの鍵は、実は②の「女子挺身隊の名で慰安婦連行」解説なのだ。①、③、④はすべてこの解説を成立させる根拠として位置づけられている。①の吉田証言は「女子挺身隊の名で慰安婦連行」したという加害者の証言だ。③の金学順証言記事でも植村は、「女子挺身隊の名で戦場に連行された」という履歴捏造を行った。④は文書そのものには女子挺身隊という記述はないが、同じ記事に、「女子挺身隊の名で慰安婦連行」解説記事を入れ込むことによって、あたかも発見された文書によって「女子挺身隊の名で慰安婦連行」が証明されたかのような印象を作ったのだ。そのプロパガンダの構造を詳しく解明しよう。

①の吉田証言は、よく知られているように、自分が済州《チェジュ》島まで行って朝鮮女性を奴隷狩りのように暴力的に強制連行して慰安婦にしたという加害者証言だった。吉田は、女子挺身隊として慰安婦狩りをせよという軍の命令を受けて済州島に行って命令を実行したと証言していた。この点は、あまり注目されていないが、吉田証言のウソの中で一番悪質であり、かつ、朝日の「慰安婦強制連行プロパガンダ」を支える柱だった。

吉田は83年7月に出した著書『私の戦争犯罪――朝鮮人強制連行』（三一書房）でこの加害証言を詳しく書いたのだが、その1年前に朝日が吉田証言を初めて大きく扱っていた。

朝日は82年9月2日付で、大阪市内で行われた集会で吉田が「朝鮮人慰安婦は皇軍慰問女子挺身隊という名で戦場に送り出しました」と語ったと報じた（大阪本社版）。すでに女子挺身隊の名で朝鮮人慰安婦を連行したと言っている。「慰安婦強制連行プロパガンダ」の原型がここにあるのだ。つまり、女子挺身隊の名で慰安婦を強制連行したという吉田の証言を世に出したのは朝日の記事なのだ。

「挺身隊の名で慰安婦連行」というウソは、前述のとおり吉田清治が元凶である。吉田は朝日の記事の翌年である83年の著書で、軍が女子挺身隊の名で連行せよという命令を下したとして、その命令書の内容をこう書いていた。重要な事柄だから、その部分を少し長いが引用する。

昭和十八（一九四三）年五月十五日、山口県警察部労政課へ、西部軍の司令部付きの中尉が来て、山口県労務報国会会長（県知事兼任）あての労務動員命令書の交付が行なわれた。労政課長は労務報国会の事務局長を兼任していて、労務報国会下関支部動員部長の私を陪席させた。軍命令の受領に陪席させられることは、その動員命令の実行を命ぜられることであった。

中尉の説明によれば、このたびの動員命令は西部軍管区の各県の労務報国会へ、朝鮮半島南部の各道を割り当て、動員総数は二千名であった。山口県労務報国会への動員命令は次の内容であった。

一、皇軍慰問・朝鮮人女子挺身隊二百名
一、年齢十八才以上三十才未満（既婚者も可、但し妊婦を除く）
一、身体強健なる者（医師の身体検査、特に花柳病の検診を行なう事）
一、期間一年（志願により更新する事を得）
一、給与　毎月金三十円也　支度金として前渡し金二十円也
一、勤務地　中支方面
一、動員地区　朝鮮全羅南道済州島

一、派遣日時　昭和十八年五月三十日正午
一、集合場所　西部軍第七四部隊
女子の勤労報国隊が女子挺身隊と改称されて、女学校生徒や地域の処女会（女子青年団）の軍需工場勤労奉仕は女子挺身隊と呼ばれていたが、皇軍慰問の女子挺身隊とは、「従軍慰安婦」のことであった。（…略…）朝鮮人慰安婦二百名の、西部軍司令官の動員命令書は、山口県知事の山口県労務報国会会長名による徴用業務命令書となって、労政課長から私へ手渡された。（吉田清治『私の戦争犯罪』100－102頁）

先に見たように、吉田がこの本を書く前に朝日は彼を紙面で大きく扱い、世に出した。その結果、日本の学界では吉田の本の出版後から「挺身隊の名で慰安婦連行」が定説となった。朝日の責任は大きい。反日的な考えが強い日本の朝鮮史の学界でも60年代、70年代まではそのような誤った説は存在しなかった。その説が登場するのは、吉田清治が著書で女子挺身隊の名で慰安婦狩りをしたと書いた後だ。つまり、朝日が世に出した吉田証言こそが間違った説の生みの親だった。

学界へと広がったウソと間違い

日本の朝鮮統治に批判的な研究者が多数集まっている「朝鮮史研究会」は主要会員が分担執筆して、66年に『朝鮮史入門』（太平出版社）、74年に『朝鮮の歴史』（三省堂）、81年に『新朝鮮史入門』（龍渓書舎）を出している。その3冊のうち2冊には慰安婦に関する記述そのものがない。慰安婦は左派学者の研究対象ではなかったのだ。『朝鮮の歴史』にだけ、慰安婦に関して「日本帝国主義は、朝鮮の女性を日本兵士のための慰安婦として、多数戦場に連行しさえもした」というわずか一行の記述があるが、女子挺身隊として動員したという記述はない。

ところが、85年に同研究会主要メンバーが分担執筆した『朝鮮史』（山川出版社）で、「女子挺身隊として連行」説が初めて登場する。同書は、武田幸男東大教授が全体の編者で当時の学界の最高水準の執筆者を集めた本だった。当該部分は宮田節子・早稲田大学講師が執筆している。再度確認するが、81年まで朝鮮史研究会は「女子挺身隊の名で慰安婦強制連行」という説をいっさい書いていない。朝日が吉田を世に出したのが82年、吉田が問題の『私の戦争犯罪』を出版したのが83年だ。そして85年の『朝鮮史』では次のような具体的記述が登場した。

（…略…）四四年八月には「女子挺身隊勤労令」が公布され、数十万人の一二歳から四〇歳までの朝鮮の女性が勤労動員され、その中で未婚の女性数万人が日本軍の慰安婦にさせられた。彼女たちは戦場で〝朝鮮ピー〟と呼ばれ、日本人慰安婦は将校用、彼女たちは兵士用と差別され、言語に絶する恥辱を受け、敗戦とともに戦場に捨て去られた。

また、86年に出版された、やはり同研究会のメンバーが歴史部分を分担執筆した『朝鮮を知る事典』（平凡社）でも、同じ宮田が次のように書いている。

（…略…）43年からは〈女子挺身隊〉の名の下に、約20万の朝鮮人女性が労務動員され、そのうち若くて未婚の5万～7万人が慰安婦にされた。

朝日は14年8月の検証で、この『朝鮮を知る事典』を参考にしたことを認めた。

だが、慰安婦問題がクローズアップされた91年当時、朝日新聞は朝鮮半島出身の慰安婦について「第2次大戦の直前から『女子挺身隊』などの名で前線に動員され、慰安所で日本軍人相手に売春させられた」（91年12月10日朝刊）、「太平洋戦争に入ると、主として朝鮮人女性を挺身隊の名で強制連行した。その人数は8万とも20万ともいわれる」（92年1月11日朝刊）と書くなど両者を混同した。

原因は研究の乏しさにあった。当時、慰安婦を研究する専門家はほとんどなく、歴史の掘り起こしが十分でなかった。朝日新聞は、国内の工場で働いた日本人の元挺身隊員を記事で取り上げたことはあったが、朝鮮半島の挺身隊の研究は進んでいなかった。

記者が参考文献の一つとした「朝鮮を知る事典」（平凡社、86年初版）は、慰安婦について「43年からは〈女子挺身隊〉の名の下に、約20万の朝鮮人女性が労務動員され、そのうち若くて未婚の5万～7万人が慰安婦にされた」と説明した。執筆者で朝鮮近代史研究者の宮田節子は「慰安婦の研究者は見あたらず、既刊の文献を引用するほかなかった」と振り返る。

宮田さんが引用した千田夏光氏の著書「従軍慰安婦」は「〝挺身隊〟という名のもとに彼女らは集められたのである（中略）総計二十万人（韓国側の推計）が集められたうち〝慰安婦〟にされたの

は〝五万人ないし七万人〟とされている」と記述していた。（「『挺身隊』との混同　当時は研究が乏しく同一視」朝日新聞・14年8月5日）

ところが、朝日が引用した千田の記述は、日付も特定されていない韓国の新聞の切り抜きだった。

冷厳なる数字としてこんにち示し得るのは、元ソウル新聞編集局副局長で現在は文教部（文部省スポークスマンを務めておられる、鄭達善氏が見せてくれた一片のソウル新聞の切り抜きだけである。そこには一九四三年から四五年まで、挺身隊の名のもと若い朝鮮婦人約二十万人が動員され、うち〝五万人ないし七万人〟が慰安婦にされたとあるのである。（千田夏光『従軍慰安婦』三一新書・73年、100－102頁）

千田は根拠とされる新聞記事の原文にあたっていない。その記事の日付も明らかにしていないのだ。千田の著書にこの記述以外で「女子挺身隊の名で強制連行」の根拠を記した箇所はない。

この本は73年に出版されている。もう一度確認するが、81年まで宮田が所属する朝鮮史研究会は「女子挺身隊の名で慰安婦強制連行」という説をいっさい書いていない。朝日が吉田を世に出したのが82年、吉田の『私の戦争犯罪』出版が83年だ。そして85年の『朝鮮史』と86年の『朝鮮を知る事典』で宮田がその説を新たに書いた。

宮田を初めとする朝鮮史研究会の学者らがその説を主張し始めた根拠は、千田の本ではなく、吉田証言としか思えない。そして繰り返すが、その吉田を世に出したのが朝日だ。朝日は当時の研究の遅れを自分たちが間違えた理由にあげている。

女子挺身隊は、戦時下で女性を軍需工場などに動員した「女子勤労挺身隊」を指し、慰安婦とはまったく別です。当時は、慰安婦問題に関する研究が進んでおらず、記者が参考にした資料などにも慰安婦と挺身隊の混同がみられたことから、誤用しました。（「『挺身隊』との混同　当時は研究が乏しく同一視」朝日新聞・14年8月5日）

しかし間違った学説を作り出したのが朝日なのだ。この開き直りは許せない。

裏付けのない「慰安婦」報道

朝日は、吉田証言を82年に最初に報じた後、83年に3本、84年1本、86年1本、90年1本と断続的に記事にしたが、それらの中心は労働者の連行であって、82年記事や83年に吉田が出版した著書に書かれた、済州島での慰安婦狩りには触れていない。あまりにも突飛な内容だから事実関係に自信がなかったのではないか。

ところが、91年に吉田の慰安婦狩りを詳しく扱う記事が2本掲載された。そのうちの1本が大阪本社の大型企画「手紙　女たちの太平洋戦争」の記事だ。その企画の責任者だった北畠清泰が92年1月から東京本社論説委員になり、同年1月、論説委員署名コラムで慰安婦狩りを取り上げ、同年3月に吉田の証言に疑問を呈する読者の投書を叱るコラムを書いて、朝日として吉田の慰安婦狩りに完全にお墨付きを与えた。91年の慰安婦狩り記事2本と92年1月と3月の吉田を英雄視する論説委員コラムによって「慰安婦強制連行プロパガンダ」が完成したと言える。

92年1月23日夕刊で北畠は、吉田の証言として「国家権力が警察を使い、植民地の女性を絶対に逃げられない状態で誘拐し、戦場に運び、1年2年と監禁し、集団強姦し、そして日本軍が退却する時には戦場に放置した。私が強制連行した朝鮮人のうち、男性の半分、女性の全部が死んだと思います」と書いた。当然、読者から多くの反論が寄せられた。北畠は同年3月3日夕刊で、反論を寄せた読者に「知りたくない、信じたくないことがある。だが、その思いと格闘しないことには、歴史は残せない」と説教をした。朝日はいまだにこの反論を寄せた読者たちに謝罪していない。

ところで、朝日は、吉田を世に出した82年記事以降、なんと33本の記事で「女子挺身隊の名で慰安婦連行」と書いている(「朝日新聞『慰安婦報道』に対する独立検証委員会」報告書・第5章収録の勝岡寛次の調査)。これが朝日のプロパガンダの2番目の柱だ。

最初は、82年9月2日付、前掲の吉田講演会記事だ。その後、83年1本、84年1本、88年1本、89年1本、91年12本、92年13本、95年2本、97年1本、合計33本である。この33本中、なんと約76パーセントにあたる25本が91年と92年に集中している。まさに社をあげてのプロパガンダだった。

特に用語解説の記事が83年12月、91年12月、92年1月と、計3本あったことは見逃せない。読者は用語解説を基に記事や社説を読む。その意味で用語解説にウソを書いた責任は重い。特に3本中2本が、朝日が「慰安婦強制連行プロパガンダ」を完成させた91年から92年1月に掲載されていることに注目したい。
まず、一本目の83年12月24日付の「メモ」という題の解説を引用しよう。これは吉田清治が訪韓して謝罪碑を建てたことを、ソウル発で報じた記事に付けられていた解説だ。

大韓赤十字社などの調べでは、一九三九年から四五年の敗戦までの間に日本が「徴用」「募集」名目で強制連行した韓国・朝鮮人は七十二万余人。うち「女子挺身隊」名目で前線に送られた慰安婦は五〜七万人にのぼるといわれる。このうち約三分の一が敗戦までに死亡したと推定されている。現在、サハリンには四万三千人余りの韓国・朝鮮人が残留しており、韓国への帰国を「無国籍」で待ち望んでいる者たちが二千数百人にのぼるとされている。

朝鮮人慰安婦の3分の1が死亡したというとんでもないウソを何の根拠もなく書いた。許しがたい解説記事だ。その後、91年12月と92年1月までこの内容の用語解説は出てこない。朝日は10年近く、そのような解説記事を出さなかった。同じ期間に吉田の慰安婦狩り証言記事も出さなかったことは先に見たが、さすがに裏付けなしで国家総動員法に基づく公的制度である女子挺身隊が慰安婦狩りに使われたと断定することにはためらいがあったのではないか。
ところが、91年12月と92年1月に2本続けて用語解説でウソを書いた。ここからも朝日が91年に「慰安婦強制連行」プロパガンダのために「挺身隊の名での強制連行」というウソを使ったことがよくわかる。

2本目の91年12月10日付は「従軍慰安婦〈ことば〉」と題する解説だ。

第二次大戦の直前から「女子挺身隊」などの名で前線に動員され、慰安所で日本軍人相手に売春させられた女性たちの俗称。公式の調査はないが、十万人とも二十万人ともいわれている。

日本による朝鮮半島植民地支配の中で、大半が朝鮮人女性だったとされる。日本政府は「国家総動員法に基づく業務とは関係ない。民間業者が連れ歩いていたようだ」と関与を否定しているが、最近になって韓国などの元慰安婦、軍人らが「慰安所は軍の管理下にあった」と証言、日本の責任を追及している。

元慰安婦の三人は元軍人・軍属ら三十二人とともに今月六日、日本政府を相手取り、一人二千万円の補償を求める初の訴訟を東京地裁に起こした。「ナチス戦犯を裁いたニュルンベルク裁判と同様、国際慣習法上の人道に対する罪にあたる」と主張している。

3本目の92年1月11日付は「従軍慰安婦〈用語〉」だ。

一九三〇年代、中国で日本軍兵士による強姦事件が多発したため、反日感情を抑えるのと性病を防ぐために慰安所を設けた。元軍人や軍医などの証言によると、開設当初から約八割が朝鮮人女性だったといわれる。太平洋戦争に入ると、主として朝鮮人女性を挺身隊（ていしんたい）の名で強制連行した。その人数は八万とも二十万ともいわれる。

この2本目と3本目の用語解説が「92年1月強制連行プロパガンダ」を支える柱となっていたことがわかる。

元慰安婦証言の捏造

3つ目の柱が、植村による元慰安婦の証言の捏造記事だった。朝日が大キャンペーンを展開した91年まで、吉田証言にある「女子挺身隊の名で強制連行」された被害者は1人も名乗り出ていなかった。実は、現在までそのような被害者は出てきていない。ところが、植村が91年8月11日付大阪本社版に、その1人が出てきたと書いたのだから、衝撃は大きかった。しかし、それは捏造だった。

日中戦争や第二次大戦の際、「女子挺身隊」の名で戦場に連行され、日本軍人相手に売春行為を強いられた「朝鮮人従軍慰安婦」のうち、一人がソウル市内に生存していることがわかり、「韓国挺身隊問題対策協議会」（尹貞玉・共同代表、十六団体約三十万人）が聞き取り作業を始めた。

91年当時、朝日は女子挺身隊として朝鮮人女性が強制連行されたという説を広めていた。そこに元慰安婦が初めて名乗り出て、「女子挺身隊の名で連行された」という朝日のプロパガンダを裏付ける証言をしたというウソを植村は書いたのだ。その悪影響は大きかった。

朝日のプロパガンダの4つ目の柱が、日本軍関与文書発見記事だ。

朝日は92年1月11日、宮澤首相の訪韓直前に、「軍関与資料発見」と大きく報じ、先に見たようにそこでも用語解説で慰安婦は女子挺身隊として強制連行されたという事実誤認をした。大きく報道された資料とは、陸軍省副官名で誘拐まがいの募集をやめさせようとしたもので、強制連行とは反対の善意の関与である。それなのに、記事には、女子挺身隊の名で強制連行したというウソの用語解説を付けた。

また、記事には、文書を発見したとされる中央大学教授・吉見義明の次の談話が掲載されている。

「元慰安婦が証言をしている現段階で「関与」を否定するのは、恥ずべきだろう。日韓協定で、補償の請求権はなくなったというが、国家対国家の補償と個人対国家の補償は違う。慰安婦に対しては、謝罪はもとより補償をすべきだと思う。

軍が不法な慰安婦募集をする業者を取り締まっていたことがわかったからといって、なぜ元慰安婦に日本が補償しなければならないのか。また、吉見は自分が発見した文書の記事で、朝日が間違った用語解説をしていることについて訂正を求めなかった。

ところが、この時点で日本政府に個人補償を求めていた元慰安婦は植村が書いた金学順だった。その証言を朝日は捏造していた。金学順は朝日が用語解説で書いたような「女子挺身隊の名で強制連行された慰安婦」ではなく、貧困の結果、親にキーセンとして売られた被害者だった。だから、宮澤総理は謝罪すべきではなかったのだ。

先にも書いたように、この時点で朝日の紙面で、①吉田清治証言、②「女子挺身隊の名で慰安婦連行」解説、③元慰安婦証言、④軍関与文書、のプロパガンダ4本柱がそろい、翌1月12日に朝日は、満を持して「歴史から目をそむけまい」という題をつけた社説で「『挺身隊』の名で勧誘または強制連行され（……）たといわれる朝鮮人慰安婦」とウソを堂々と社論として書いた。その書き出しを引用する。

日中戦争や太平洋戦争中に、日本軍人相手に売春行為を強いられた朝鮮人女性などのいわゆる「従軍慰安婦」について、軍当局が募集を監督したり、慰安所の設置などに関与していたことを裏付ける公文書類が発見された。

「挺身隊」の名で勧誘または強制連行され、中国からアジア、太平洋の各地で兵士などの相手をさせられたといわれる朝鮮人慰安婦について、政府はこれまで「民間業者が連れ歩いたようだ」などと、軍や政府の関与を否定する姿勢をとってきた。しかし、この種の施設が日本軍の施策の下に設置されていたことはいわば周知のことであり、今回の資料もその意味では驚くに値しない。

恥ずかしい体験はだれでも思い出したくないものだ。しかし、戦争という特異な状況のもととはいえ、植民地支配下の朝鮮から多数の人々をかり出し、男性には労務や兵役を、女性には兵士の慰安をという役割を強要したのは、たかだか半世紀前のわが国であった。この事実の重みは私たちが負い続けなければならない。歴史から目をそむけることはできない。

92年1月11日付の記事、用語解説、「吉見談話」、1月12日付の社説を読むと、読者は、吉田清治が言うような女子挺身隊の名での強制連行を裏付ける資料が見つかったという印象を持つように仕組まれている。その結果、加害者としての吉田証言、被害者としての金学順証言、それを裏付ける公文書がすべて「女子挺身隊としての慰安婦強制連行」を証明しているという虚構を作り出したのだ。まさに、「強制連行プロパガンダ」を内外にまき散らしたのが91年から92年1月の朝日の慰安婦報道で、その頂点が11日付記事と12日付社説だった。

例えば、著名な時代小説作家である澤田ふじ子は91年12月に「人道に対する罪」と称する感情的な小文を日本経済新聞に寄稿して、「慰安婦強制連行プロパガンダ」そのままの認識を示している。

> 朝鮮半島から「女子挺身隊」などの美名のもと、戦場に狩り出された三人の元慰安婦の方が（…略…）補償を求める訴訟を東京地裁に提出された。大戦中、日本が朝鮮半島から強制的に連行した女性は、十万人とも二十万人ともいわれ、十二歳で連行された女の子もいた。彼女たちの肉体的、精神的苦痛は、同性として私には痛いほどわかる。（日本経済新聞・91年12月21日夕刊）

この朝日の捏造報道に抗することができず、宮澤首相は盧泰愚大統領との首脳会談でなんと8回も慰安婦問題で謝罪した。事実を調べもせず、朝日の扇動に乗った当時の外務省の責任は重大だが、やはり一番悪いのは捏造報道で扇動した朝日だ。

朝日の「強制連行プロパガンダ」の中心にいたのが北畠清泰論説委員だった。先に見たように、北畠は92年に吉田清治を絶賛するコラムと吉田証言に疑問を呈した読者らを叱るコラムを書いた。1月11日の問題の社説も彼が書いた可能性が高い。北畠は元軍人らを憎悪し、韓国人や中国人らを含むいわゆる被害者らの証言を無条件で信じて、日本を攻撃した「反日日本人」の典型といえる。彼は91年12月31日、大阪本社版で次のようにその本心を赤裸々に明らかにしていた。

大戦時の異常さを、ひそかに懐かしんでいる者が、この社会のどこかに身をひそめていないか。一般社会の階層秩序が通用しない軍隊なればこそ、人を遠慮なく殴打できた者。平時の倫理が無視される戦時なればこそ、女性の性を蹂躙できた者。通常の権利が無視される非常時なればこそ、うまく立ち回って飽食の特権を得た者。そうした人たちがいて、戦時に郷愁の念を抱きながら、口を閉ざし続けているのではないだろうか。

このような異常な反日感情の持ち主が、吉田清治証言や元慰安婦に関する植村隆記事など、捏造記事を大きく報じさせたのだ。北畠らからすると、多くの元軍人らは吉田清治のような罪を犯しながら、それをひそかに懐かしみつつ沈黙している極悪人なのだ。

朝日の慰安婦強制連行プロパガンダには動機があった。北畠が言うところの日本への憎悪こそが動機だったのではないか。私は今後も、朝日の責任を追及し続ける。

第3章　慰安婦＝性奴隷説と戸塚悦朗弁護士

性奴隷説は日本人が国連に持ち込んだ

国連に初めて慰安婦問題が持ち込まれたのは、1992年2月17日である。日弁連（日本弁護士連合会）で国際的活動を担っていた戸塚悦朗弁護士が、国連人権委員会（現在の人権理事会）で慰安婦問題を取り上げるように要請した。持ち込んだのは日本人だったのだ。

前章（第2章）で見たとおり、朝日新聞の慰安婦強制連行プロパガンダが完成したのが92年1月だから、その直後に日本人弁護士が国連に慰安婦問題を持ち込んだのだ。本書をつらぬくテーマの1つである日韓「歴史認識問題」は日本発だということがここでも証明される。

挺対協（韓国挺身隊問題対策協議会）などの韓国の運動団体がその頃、国連に要請書や資料を送っていた。しかし、それ以上の活動は、国連での活動資格がなくて、できないでいた。

ところが、戸塚はその時点ですでに人権委員会の協議に参加できる資格を取得しているNGO「国際教育開発（ＩＥＤ）」の代表だったので、人権委員会で発言できた（戸塚悦朗「日本軍性奴隷問題への国際社会と日本の対応を振り返る」『戦争と性』第25号・06年5月30日、123－124頁）。これが、国連での初めての慰安婦問題提起だった。

このとき、戸塚は慰安婦を「性奴隷」だとして、日本政府を攻撃した。後日、人権委員会に提出されたクマラスワミ報告、そして米議会慰安婦決議や韓国憲法裁判所判決につながる「慰安婦＝性奴隷」説は、92年に日本人によって初めて国際社会に登場したのだ。

本章では、戸塚の活動の結果、「慰安婦＝性奴隷」説がいかに拡散していったのかを、〈1　戸塚の国連での活動〉〈2　クマラスワミ報告の内容〉〈3　韓国憲法裁判所判決の内容〉の3つに分けて検討する。

戸塚の執拗な活動で性奴隷説が拡散

国際社会に慰安婦問題を訴えるためには、貧困による身売りへの同情を求めるだけでは不十分と、戸塚は考えたのだろう。日本という国家の犯罪であり、戦前の国際法の枠組みに照らしても許しがたい悪業と決めつける必要を感じたということだ。戸塚は、92年に初めて慰安婦問題を国連に持ち込んだときの自分の思いを、こう回想している。

（…略…）それまで「従軍慰安婦」問題に関する国際法上の検討がなされていなかったため、これを法的にどのように評価するか新たに検討せざるをえなかった。結局、筆者（戸塚のこと・西岡補）

は日本帝国軍の「性奴隷」（sex slaves）と規定した。たぶんに直感的な評価だったが、被害者側の告発が筆者の問題意識にもパラダイムの転換を起こしていたのかも知れない。（戸塚悦朗「日本軍性奴隷問題への国際社会と日本の対応を振り返る」『戦争と性』第25号）

この戸塚の「直感」から生まれた「性奴隷」説は、当然、当初は国連でも相手にされなかった。ただし、国連人権委員会は国家代表以外に、一定の条件を満たすNGOが討議に参加できた。この制度を利用して、戸塚は韓国の運動団体などとともに毎年、人権委員会、その下にある「差別防止・少数者保護小委員会」（通称・人権小委員会）、そして人権小委員会の下で活動する「現代奴隷制作業部会」に執拗に働きかけた。

国連の人権関係者にすれば、日本人弁護士が会議のたびにわざわざ出向いて、自国の政府を糾弾するのであるから、慰安婦問題はとんでもなくひどい蛮行だと思うようになったのだろう。

戸塚が「性奴隷」という規定を持ち出して国連に慰安婦問題を持ち込んだ92年2月は、同年1月に宮澤総理が訪韓して盧泰愚大統領に8回謝罪を行い、慰安婦問題が外交懸案に浮上した直後だった。当時は、朝日のプロパガンダの結果、慰安婦強制連行説を日本と韓国の多数の国民が信じてしまい、日本軍が「奴隷狩り」のように慰安婦を連行したという虚偽宣伝が、日韓のマスコミによって事実として報じられていた時期だ。戸塚の自慢話の引用を続けよう。

（…略…）日本の国会審議で日本政府が無責任な発言をしたこと、韓国で金学順《キムハクスン》さんら被害者が名乗り出て、「人道に対する罪」を告発する訴訟を起こしたこと、吉見義明氏による公文書発見で軍の関与が証明されたこと、日本の首相による一定の謝罪があったことからとった行動だった。(同)

ここで言及されている金学順さんは、人身売買により妓生《キーセン》として朝鮮業者に売られた被害者であり、吉見発見文書とは軍が民間業者の不法な慰安婦募集を取り締まるように求めるものだった。このことは90年代の日本国内での論争で明確になった事実だが、戸塚は06年になってもこのように書いている。

当時、韓国の教会女性連合会など諸団体は、この問題を「日本は多くの若い朝鮮人女性たちを騙し強制して、兵士たちの性欲処理の道具にするという非人道的な行いをして罪を作りました」としてこれを「蛮行」と規定していた。(同)

日本人弁護士が国連まで出かけていって、事実に反する自国誹謗を続けるのだから、多くの国の外交官がそれに巻き込まれるのは容易だった。戸塚の引用を続ける。

だが、国連内でこの法的評価が承認され、同様の転換が起きるまでには多くの障害があった。その後筆者らは、数多くの国連人権会議に参加して、この問題を提起し続けた。現代奴隷制作業部会、差別防止少数者保護小委員会(人権小委員会)、人権委員会には毎年参加した。そのほか、ウィーン世界人権会議(一九九三年)とその準備会、北京世界女性会議(一九九五年)とその準備会など参加し

た関係国際会議を数えるだけでも気が遠くなるほどの数になった。（同）

戸塚の著書『日本が知らない戦争責任――国連の人権活動と日本軍「慰安婦」問題』（現代人文社・99年）から、彼の国連などでの活動を抜き出してみた。

92年2月　ジュネーブ　人権委員会
92年5月　ジュネーブ　現代奴隷制作業部会
92年8月　ジュネーブ　差別防止・少数者保護委員会（人権小委員会）
93年2月　ジュネーブ　人権委員会
93年5月　ジュネーブ　現代奴隷制作業部会
93年6月　ウィーン　世界人権会議
93年8月　ジュネーブ　差別防止・少数者保護委員会
93年10月　ジュネーブ　規約人権委員会
（93年11月　平壌　日本の戦後処理問題に関する平壌国際会議　韓国挺対協も2名出席）
94年1月　ニューヨーク　女性差別撤廃委員会
94年2月　ジュネーブ　人権委員会
94年4月から5月　ジュネーブ　現代奴隷制作業部会
94年8月　ジュネーブ　差別防止・少数者保護委員会

95年2月　ジュネーブ　人権委員会
95年4月　ニューヨーク　国際女性の地位委員会　国連世界女性会議最終準備会
95年4月　ジュネーブ　現代奴隷制作業部会
95年8月　ジュネーブ　差別防止・少数者保護委員会
95年9月　北京　国連世界女性会議
96年2月　ジュネーブ　人権委員会　クマラスワミ報告書公表

国連人権委員会で「慰安婦＝性奴隷」と問題提起した92年2月からクマラスワミ報告が公表された96年2月までの4年間で18回、2ヵ月半に1回、国連を訪問している。

クマラスワミ報告に慰安婦＝性奴隷と明記

94年3月、戸塚の最初の提起から2年が経って、国連の人権委員会は「女性に対する暴力に関する特別報告官」としてスリランカのラディカ・クマラスワミ女史を任命した。

当時、国連人権委員会は旧ユーゴやルワンダで起きた女性への暴行や家庭内での女性への暴力など、現代における女性に対する暴力に関して、人権侵害として関心を払っていた。スリランカ人であるクマラスワミ女史がそのとき、「女性への暴力、その原因と結果に関する特別報告者」に任命されたのも、本来はそのためであった。

ところが、クマラスワミは50年前の出来事である慰安婦問題も調査対象に加え、95年7月、韓国と日本を訪問し、北朝鮮政府から資料提供を受けた。それらをもとにして「女性に対する暴力とその原因及び結果」に関する本報告書とは別に、付属文書として「女性に対する暴力――戦時における軍の性奴隷制度問題に関して、朝鮮民主主義人民共和国、大韓民国及び日本への訪問調査に基づく報告書」（いわゆるクマラスワミ報告書）をまとめた。

現在における女性への暴力を調査する任務を与えられた特別調査官が、過去に無数に存在した事件からあえて慰安婦問題だけを調査対象に加えたのは、戸塚ら日本の運動体と韓国の運動体の強い働きかけの結果であるとともに、日本政府の外交の失敗ともいえよう。

クマラスワミは95年7月に、日本、韓国、北朝鮮で調査を進め、翌96年1月、人権委員会に、クマラスワミ報告書を提出した。同委員会は4月に同報告書の内容を「留意」するという決議を行った。同報告書では慰安婦は「性奴隷」であると明記している。戸塚がその4年前に言い出した「性奴隷」説が、国連文書に明記されてしまったのだ。

クマラスワミ報告書の内容は、根拠薄弱な決めつけに満ちている。概要を紹介しよう（外務省人権難民課の仮訳を西岡が一部補正した）。報告書は、次のような構成となっている。

第一章　定義
第二章　歴史的背景
第三章　特別報告者の作業及び活動
第四章　証言

第五章　朝鮮民主主義人民共和国の立場
第六章　大韓民国の立場
第七章　日本政府の立場：法的責任
第八章　日本政府の立場：道義的責任
第九章　勧告

「第一章　定義」で慰安婦は「性奴隷」であるという報告書の基本的立場が示される。戸塚が2年前に直感的に言い出した「性奴隷」説が、ここでついに国連の公的文書で採択されたのだ。

特別報告者は、本件報告の冒頭において、戦時下に軍隊の使用のために性的奉仕を行うことを強制された女性の事例を、軍隊性奴隷制（military sexsual slavery）の慣行であると考えることを明確にしたい。（…略…）

特別報告者は、「慰安婦」という語句が、女性被害者が戦時下に耐えなければならなかった、強制的売春ならびに性的服従および虐待のような、毎日行われる複数の強姦および過酷な肉体虐待の苦痛を、少しも反映していないとの、現代的形態の奴隷に関する作業部会委員ならびに非政府機関代表および学者の意見に全面的に賛同する。したがって、特別報告者は、「軍隊性奴隷」という語句の方がより正確かつ適切な用語であると確信を持って考える。

このような立場から報告は第九章で、日本政府に次の6項目を勧告している。

1 第2次世界大戦中に日本帝国陸軍により開設された慰安所制度は国際法違反であることを認め、法的責任を受け入れるべきである。
2 軍隊性奴隷制の被害者個人に補償を支払うべきである。
3 すべての関連資料を公開すべきである。
4 女性被害者に書面で公式に謝罪を行うべきである。
5 歴史的事実を教育課程に反映させ、問題理解を向上させるべきである。
6 慰安婦募集および慰安所開設に関与した者を特定し処罰すべきである。

なぜ日本は国連から、ここまでひどい偏見に満ちた勧告を受けなければならないのか。それは、報告が慰安婦を、貧困を原因とする身売りの被害者と見ず、権力による強制連行の犠牲者だと決めつけていることからきている。

戸塚らが懸命にそのような認識を国連人権委員会で広めた結果だ。その認識に立つからこそ、報告書は、慰安婦制度を第2次世界大戦当時の国際法に違反する不正行為と見るのだ。

根拠は吉田証言とヒックス本

クマラスワミ報告書が書かれた96年の時点で、挺身隊制度による慰安婦募集説と吉田清治証言は日本国内ではすでに信憑性《しんぴょうせい》を失っていた。ところが、報告書は、これらを根拠にする。慰安婦募集に関するくだりを引用する。

三通り募集方法が確認されている。一つはすでに売春業に従事していた婦人や少女たちがみずから望んで来たもの。二つめは軍の食堂料理人あるいは清掃人など高収入の仕事を提供するといって誘い出す方法。最後は日本が占領していた国で奴隷狩りのような大規模で強制・暴力的連行を行うことだ（註7）。

より多くの女性を求めるために、軍部のために働いていた民間業者は、日本に協力していた朝鮮警察といっしょに村にやってきて高収入の仕事を餌に少女たちを騙した。あるいは1942年に先立つ数年間には、朝鮮警察が「女子挺身隊」募集のために村にやってきた。このことは、募集が日本当局に認められたもので、公的意味合いを持つことを意味し、また一定程度の強制性があったことを示している。もし「挺身隊」として推薦された少女が参加を拒否した場合、憲兵隊もしくは軍警察が彼女らを調査した。実際、「女子挺身隊」によって日本軍部は、このようにウソの口実で田舎の少女たちに「戦争に貢献する」ように圧力をかけるのに地方の朝鮮人業者および警察を有効に利用できた（註8）。

さらに多くの女性が必要とされる場合に、日本軍は暴力、露骨な強制、そして娘を守ろうとする家族の殺りくを含む人狩りという手段に訴えた。これらの方法は、1938年に成立したが1942年以降にのみ朝鮮人の強制徴用に用いられた国家総動員法の強化により容易となった（註9）。

元軍隊性奴隷の証言は、募集の過程で広範に暴力および強制的手段が使われたことを語っている。さらに、吉田清治は戦時中の経験を記録した彼の手記の中で、国家総動員法の労務報国会の下で千人におよぶ女性を慰安婦とするために行われた人狩り、とりわけ朝鮮人に対するものに参加したことを認めた（註10）。

報告書のこの部分につけられていた原文の註も引用する。

註7：G Hicks, The Comfort Women: Sex Slaves of the Japanese Imperial Forces, Singapore: Heinemann. Asia, 1995.
註8：前掲書、その他慰安婦本人の証言
註9：前掲書
註10：前掲書、吉田清治『私の戦争犯罪　朝鮮人強制連行』東京・1983

引用したとおり、報告書は慰安婦募集方法には、1自発的契約、2就業詐欺、3国家権力による強制連行、この3通りが「確認されている」と断定している。また、3において女子挺身隊制度や国家総動員法による徴用が活用されたとも書いている。しかし、国家権力による強制連行などはなかったこと、特に、女子挺身隊と国家総動員法による徴用が慰安婦とはまったく関係がなかったことは、すでにこの報告書が書かれた時点でも日本国内では、激しい論争の結果、明らかになっていた。ところが、クマラスワミはヒックスの著書と吉田清治の著書を主たる根拠としてこのようなでたらめを堂々と書いているのだ。

この報告書は96年に発表されたものだから、時期的には、日本における論争の成果を十分に活用できたはずだ。クマラスワミは秦郁彦、吉見義明の2人の学者から研究成果を聞いている。

秦教授によると、米陸軍が捕虜とした20人の朝鮮人慰安婦と業者を尋問した記録などを示して、慰安婦は日本軍とは雇用関係がなく、業者に雇われていたと説明したにもかかわらず、報告書では、「秦博士は『大多数の慰安婦は日本陸軍と契約を交わしており……』と述べた」と、まったく反対に書かれてしまい、外務省を通じて抗議したという。

秦教授は、吉田清治についても詳しく根拠をあげて、「職業的なうそつき」と指摘したのだが、クマラスワミは報告書で吉田証言を事実と扱って議論を展開している。（秦郁彦『慰安婦と戦場の性』新潮社・99年、268-270頁、277-280頁）

先に引用した部分でも出てきたとおり、クマラスワミは慰安婦問題の事実関係に関して、ジョージ・ヒックスの著書『The Comfort Women』にほぼ全面的に依存している。報告書で事実関係を扱っている「第二章　歴史的背景」では11の註が付けられているが、そのうちの10がヒックスの著書を、残り1つが吉田清治の著書を典拠としてあげている。

したがって報告書の信憑性は、ヒックスの著書の信憑性と直結する。ヒックスの著書こそが、クマラスワミの慰安婦に関する認識を決定したともいえる。

ヒックスはオーストラリア人のジャーナリストで、慰安婦問題の専門家ではない。彼は同書を書くにあたって、なんと資料の8割を在日朝鮮人女性である李ユミから提供されている。そこで提供された資料には、吉田清治のウソ証言や、根拠なしに反日的なことを書きまくっていた在日朝鮮人評論家、金一勉《キムイルミョン》の著書が含まれていた（ジョージ・ヒックス『性の奴隷　従軍慰安婦』浜田徹訳・三一書房・95年、287－288頁）。

この問題の専門家ではないクマラスワミは、報告書を書くにあたって英語の文献を求めたが、この時点で英語で書かれた書籍はヒックスのものしか存在しなかった。そして、そのヒックスもこの問題の専門家ではなく、ある1人の偏った見方をしている在日朝鮮人に8割の資料提供を受けて、事実認識の著しく誤った本を、英語で出版した。

英語で資料を提供して国連の専門家に働きかけて、自分たちの運動に有利な報告書を書かせる――日韓の反日活動家たちが国連でしている活動の原型がここにある。これについては、この間、国連での反日活動家の活動を現場で観察し続けてきた山本優美子が『歴史認識問題研究』第5号（19年）に寄稿した論文「国連人権条約体委員会――左派が利用する「国連の勧告」と国内への影響」を読むとよくわかる。一読を勧めたい。

香港在住のオーストラリア人ジャーナリストのヒックスは日本語、韓国語とも読むことができない。つまり、一次資料や研究論文の大部分を読めないのだ。それで、前述のとおり在日朝鮮人女性に資料の8割を提供してもらった。

例えばヒックスは、吉田清治証言を事実としてそのまま引用しているが、「済州新聞」の韓国人女性記者が、吉田が済州島で慰安婦狩りをしたと書いていることを事実ではないと批判していることを知らないで、そのまま証言を使っている。

在日朝鮮人著述家の金一勉の本からの引用が多数ある。しかし、金が著書に断定調で書いているさまざまな事実関係は、立証されていない噂話のたぐいが大部分で、日本の専門家たちは、金一勉の主張を相手にしていない。

ヒックスは日本における慰安婦問題研究の成果をまったく勉強せず、英訳して提供された噂話のたぐいを無批判につなぎ合わせて著書を書いた。

クマラスワミも日本語、韓国語ができない。報告書が書かれた時期、慰安婦問題に関する英文の資料は乏しかった。ヒックスの著書がほぼ唯一のまとまった英文資料だった。だからといって、国連の調査官が、日韓の専門家が激しく論争を繰り返している問題について、英文の本1冊だけに依存してよいのか。

いまだに「性奴隷」説を唱え続けている吉見教授でさえも「クマラスワミ報告には事実誤認がある」として、ヒックスの本と吉田の証言は削除したほうがよいと勧める手紙を、クマラスワミに出したという（前掲『慰安婦と戦場の性』280頁）。

クマラスワミは、このようなやり方で権力による強制連行を一方的に事実と決めつけ、慰安婦を「軍隊性奴隷」と定義して、日本政府に国際法違反認定、個人補償実施、関係者処罰まで勧告した。戸塚が主張した「性奴隷」説という結論が最初からあって、それに合致する資料を集めて書いた報告書と言ってもいいのではないか。

北朝鮮の対日中傷をそのまま採用

クマラスワミ報告書でもう1つ、見逃すことができない問題は、北朝鮮政府が、事実ではない情報提供をしていることだ。

慰安婦問題が日韓間で外交問題化した直後の92年6月頃から、北朝鮮に住む元慰安婦が名乗りを上げ、北朝鮮政府も日本に対して、韓国だけでなく北朝鮮の元慰安婦に謝罪と補償をせよと要求した。日程の関係で訪朝できなかったというクマラスワミに対して、北朝鮮政府は多数の文書資料を提供して、「日本は、二〇万人の朝鮮人女性を軍隊性奴隷として強制的に徴集し、過酷な性的迫害を加え、その後そのほとんどを殺害した。(これは)人道に対する罪、ジェノサイド条約2条の集団殺害にあたる」と非難し、それが、報告書にも北朝鮮政府の立場として記述されている。

「日本が二〇万人の慰安婦のほとんどを殺害した」など、まったく根拠のない中傷だが、それが国連の公的文書に書き込まれてしまうのだから深刻だ。北朝鮮にとっては歴史研究も外交も、すべて事実より政治宣伝が優先する。

クマラスワミ報告書には、次のような荒唐無稽な北朝鮮の元慰安婦の証言がそのまま記載されている。

　チョン・オクスン氏(七四)の証言　私が一三歳の時(…略…)村の井戸で一人の日本の駐留兵に連行された。トラックで警察署に連れて行かれ、そこで数名の警察官に強姦された。(…略…)警察署長が泣き叫ぶ私の左目を殴り失明させた。

(…略…)日本軍駐留兵舎で毎日、四〇人に対して性的奴隷として犯された。約四〇〇人の若い朝鮮女性がいた。

（…略…）いっしょにいた朝鮮人少女が、なぜ一日に四〇人も相手をしなければならないかと尋ねたら、山本中隊長がリンチを命じた。みなが見ている中、衣服をはぎ、手足を縛り、釘の出ている板の上に転がし、釘が彼女の血や肉片でおおわれるまでやめなかった。最後に首を切り落とした。ヤマモトは私たちに向かって「お前らを全員殺すのなんかわけない。犬を殺すより簡単だ」と言った。「こいつら朝鮮人女は空腹でわめいてるから、この人肉をゆでて食べさせてやれ」と命じた。

ある朝鮮人少女はあまりに強姦されたので性病にかかり、そのため50人以上の日本兵が感染した。感染を防ぎ、少女を「殺菌消毒」するため性病にかかった彼女の陰部に熱い鉄の棒を突き刺した。数名の朝鮮人少女を水と蛇でいっぱいになったプールに突き落とし、土を入れそのまま埋めた。兵舎にいた四〇〇人の少女のうち半分以上は殺されたと思う。

（…略…）逃亡に失敗した後、拷問を受け、唇の内側、胸、腹、などに入れ墨をされた。

クマラスワミはこの荒唐無稽な「元慰安婦」の証言を、裏付け調査などいっさいなしで無条件に信じている。報告書には「これが間違いなく彼女らの人生において最も屈辱的で苦しい時間を思い出すことになるにもかかわらず、勇気を持って証言をしてくれたすべての女性被害者に心から感謝したい」「これらの証言により、特別報告者はこのような軍隊性奴隷は日本帝国陸軍によりその指導者も承知のうえで組織的かつ強圧的に実行されたと信じるに至った」と記されている。

反論を取り下げてしまった日本政府

もう1つ見逃すことのできない問題は、日本政府がクマラスワミ報告書に対して、事実関係に踏み込んだ反論をまったくしていないことだ。

実は、96年3月、クマラスワミ報告書が人権委員会で採択されるかどうか審議されたとき、外務省は42頁にわたる反論文書「日本政府の見解」を人権委員会に提出した。反論文書では、報告書が依拠しているヒックスや吉田の著作、元慰安婦の証言を「日本政府は、以下のとおり、付属文書がその立論の前提としている事実に関する記述は、信頼するに足りないものであると考える」「特別報告者の事実調査に対する姿勢は甚だ不誠実である」と明快に批判した（「日本政府の見解」全文は『月刊正論』14年6月号と7月号掲載）。

ところが、突然、反論文書は撤回され、非公開となってしまう。そして、歴史事実に踏み込まない「いわゆる〝従軍慰安婦〟問題に関する日本政府の施策」と題する形式的な文書に差し替えられて提出された。そこでは、クマラスワミ報告の歴史的事実と国際法適用の間違いをまったく批判せず、日本は「河野談話」で道義的責任を認めて謝り、アジア女性基金で被害者へのお詫びを示しているなどと縷々《るる》述べただけだ。

どのような経緯で差し替えが行われたかは明らかになっていないが、戸塚らが反論文書を「怪文書」として非難していたことはわかっている。当時ジュネーブでクマラスワミ報告が人権委員会で採択されるようにロビー活動をしていた戸塚は、日本政府がクマラスワミ報告書を拒絶するよう働きかけ、反論文書を提出したという情報に接して、「これまで4年間積み上げてきた国連での成果は水泡に帰する」

として知り合いの国会議員や記者らに文書の入手を依頼し、文書を受け取った各国政府代表部に日本政府の反論を受け入れないようにと働きかけている（戸塚悦朗『日本が知らない戦争責任――国連の人権活動と日本軍「慰安婦」問題』現代人文社・99年、182－183頁）。

国連の特別報告官が「性奴隷」などという事実に反する用語を使って、日本政府の姿勢を糾弾したのだ。反論をしなければ、認めたとみなされるのが国際社会である。それなのに、日本政府は、内容にまで踏み込んだ反論文書を撤回し、「河野談話」で道義的責任を認めて謝り、アジア女性基金で被害者へのお詫びを示しているなどと述べただけだ。当時の日本は橋本龍太郎内閣で、社会党も与党に入っていた。その責任は重い。

北朝鮮は、国連などの場で拉致《らち》問題での日本からの批判に対抗して、「日本は戦前、二〇万人の朝鮮女性を性奴隷にした」などと言いつのっているが、それに対して外務省はいつも「数字が誇張されている」「日本はすでに謝罪している」という2点でしか反論しなかった。

このやりとりを聞いた他国の外交官らが、北朝鮮の主張は数字が誇張されているのなら、話半分で10万人くらいの女性を戦前日本は性奴隷にしたのだろうと思っても不思議ではない。

韓国憲法裁判所にまで働きかけ

戸塚ら反日活動家は国連人権委員会の場などを利用して、慰安婦問題をナチスのユダヤ人虐殺や旧ユーゴスラビアでの組織的強姦と同レベルの「人道に対する罪」として位置づけようとしてきた。それを根拠に、07年7月30日に米国下院が、同年12月13日にEU議会がそれぞれ「性奴隷」という用語を使って日本を糾弾する慰安婦決議を議決した。また、同年11月20日にオランダ下院、11月28日にカナダ下院、翌08年10月27日に韓国国会、11月5日に台湾立法院が、慰安婦決議を採択している。

11年8月30日、韓国憲法裁判所がそれらを根拠に使って、慰安婦問題で韓国政府が日本政府に外交交渉をしないことは違憲だとする判決を下し、再度、慰安婦問題を日韓間の外交問題にさせたのだ。この憲法裁判所の判決が出るまで、韓国政府は93年8月の「河野談話」以降、約18年間、慰安婦問題を外交に持ち出していなかった。

私を含む日本の良識派学者、ジャーナリストらはこの18年間、国内で朝日が作り上げた慰安婦の強制連行というウソと激しく戦い、一定の勝利を得ていた。しかし、国内の論争に集中するだけで、戸塚などの反日派が国連や国際社会に働きかけて、強制連行、性奴隷説を広めていることに対応し切れなかった。その結果、18年後に慰安婦問題が国際社会から韓国に再来するに到ったのだ。そのことを拙著『増補新版よくわかる慰安婦問題』に詳しく書いたので、ぜひ参照してほしい。

なんと戸塚は韓国憲法裁判所に意見書を提出しており、判決はその意見書を添付している。つまり、戸塚意見書を参考にして違憲判決を下したことを韓国憲法裁判所が認めているのだ。戸塚が自分の発案した性奴隷説を使って日韓関係をいかに悪化させてきたのかがよくわかる。

戸塚は韓国憲法裁判所に提出した意見書の冒頭でこう書いている。

元「慰安婦」被害者が日本政府に対してその尊厳と名誉の回復等を求めて謝罪等を要求している事件について、被害者の地位が、サンフランシスコ平和条約、日韓請求権協定第2条の規定によって処理済であって、元「慰安婦」被害者は、日本政府に対してなんら要求する地位を持たないし、被害者の権利を擁護するための韓国政府の外交保護権も失われているとする主張〔は根拠がない。〕（…略…）

したがって、元「慰安婦」らが日本軍・政府によって性奴隷とされた事件について、日本政府に対して元「慰安婦」らが持つ奴隷被害者としての地位は、日韓請求権協定によっても失われていないし、被害者らの地位を保護するための韓国政府の外交保護権も失われていない。（西岡訳・〔 〕内と傍線は西岡）

ここでも戸塚は、「元「慰安婦」らが日本軍・政府によって性奴隷とされた」と断言している。戸塚は自身の主張の根拠として、民間団体の3文書と国連人権委員会関係の3文書の合計6つの文書をあげている。

1　日本弁護士連合会「「従軍慰安婦」問題に関する提言」（95年）
2　国際法律家委員会（ＩＣＪ）「慰安婦報告書」（94年）
3　女性国際戦犯法廷判決（01年）
4　「クマラスワミ報告書」（96年）
5　ゲイ・マクドゥーガル国連人権小委員会戦時性奴隷等に関する特別報告者「武力紛争下の組織的強姦、性奴隷及び奴隷制類似慣行に関する最終報告書」（98年）

6 国連人権小委員会「組織的強姦、性奴隷、奴隷用慣行に関する決議」(99年)

国連特別報告者の報告書である4と5を、韓国憲法裁判所が違憲判決で引用していることに注目したい。戸塚が国連に性奴隷説を持ち込み、それが国連報告書に書き込まれ、それが再度、韓国の運動体によって起こされた違憲裁判で活用されて、韓国政府が慰安婦への賠償を求める外交交渉をしないことが違憲だというとんでもない判決を生み出したのだ。

戸塚は、慰安婦は「日本軍・政府によって性奴隷とされた」と断言している。その前提に立ち、性奴隷は当時の国際法においても人道に反する罪として不法行為であり、その被害に対する補償請求権はいかなる外交交渉によっても消滅しないという自身の主張を、上記6文書を引用する形で展開している。

その時点ですでに、日本での論争では「慰安婦＝性奴隷」説は事実関係の誤りを激しく批判され定説の地位を失っていたのだが、それがきちんと英語など外国語に翻訳されていなかった。その隙を悪用して、戸塚らがNGOの資格でILO（国際労働機関）や国連の人権委員会（現在の人権理事会）などに働きかけて、慰安婦問題をナチスのユダヤ人虐殺や旧ユーゴスラビアでの組織的強姦と同レベルの「人道に対する罪」として、位置づけることに成功した。

それを根拠に韓国憲法裁判所が、外交的に解決済みだとする韓国政府の姿勢を違憲だと判決してしまった。戸塚の活動によって日韓関係、国際社会における日本の名誉がいかに傷つけられたかがわかる。

私の言う日韓「歴史認識問題」の4要素（本書第1章参照）のうち、1の「日本国内の反日勢力」によるウソ発信と、4の「国際社会における日韓の反日活動家による日本批判」によって、2の「韓国政府による外交問題化」が実現するという悪循環の典型例がここにある。

繰り返し強調したいことは、国際社会においては反論しなければ誹謗中傷を事実と認めたと誤解されるのだ。官民あげての反論が求められる所以《ゆえん》だ。

なお、あまり広く知られていないが、戸塚の主張には大きな矛盾がある。この矛盾は戸塚の発案した「慰安婦＝性奴隷」説の根幹を揺るがすものだ。

予想外だったフェミニズムからの戸塚批判

クマラスワミ報告書ができるプロセスに積極的に関与していた戸塚はその頃、性奴隷という言葉を職業的売春婦とは異なる、軍による強制の被害者として使っていた。戸塚は、次のように書いている。

韓国の「慰安婦」被害者たちは、職業的売春婦ではなかった。ごく普通の少女だったのである。それが、日本帝国軍によって、強制的に性の奴隷にされた挙句、現在でも「売春婦呼ばわり」されていることに留意すべきだ。被害者からしてみると、「お金が欲しいので任意に売春婦になったのではないか」と示唆されるほど辛いことはない。だから、被害者らは、「犯罪によって、強制的に性的奴隷にさせられたのだ」と必死に訴えているのである。（『法学セミナー』95年8月号）

吉田清治証言のような軍による奴隷狩りが事実なら、この戸塚の主張は説得力を持つ。クマラスワミ報告書が戸塚らの英語での主張にだまされ、虚偽であることが判明していた吉田証言に依拠しつつ、性奴隷説を主張した経緯は前述のとおりだ。

しかし、慰安婦は売春婦ではなく性奴隷だという戸塚らの主張は、日本国内での論争において、軍による強制連行の存在が否定されたことにより根拠を弱めていった。

そのうえ、上野千鶴子ら、いわゆるフェミニズム学者らから、戸塚の性奴隷説は売春婦を蔑視差別するものだと批判を受けた。売春婦も男が支配する社会で抑圧されている奴隷的存在なのに、慰安婦は売春婦とは違うと主張することで売春婦を汚れた者と見ているという批判だ。戸塚はその批判に当惑したようだ。そこで戸塚は、クマラスワミ報告が出た1年後の97年頃から、「職業的売春婦も性奴隷だ」という主張をし始める。


公娼制は奴隷制であって、国際法に違反していたと考える。仮に、当時の国内法が、この奴隷制度を合法化しても、当時の慣習国際法のもとで奴隷と奴隷取引は禁止されていた。女児・女性の人身売買を禁止する3条約（日本は1925年に批准）は、女児に（本人が同意しても）売春させることを禁止し、また、成人女性を騙したり、強制したりして売春させることを禁止していた。強制労働条約（日本は1932年に批准）も、女性の強制労働を禁止していた。公娼制は、これらの当時の国際法に違反し、日本政府は違反行為を犯罪として処罰する国際法上の責務を負っていた。（…略…）

公娼制のもとで、娼妓は自由意思に基づいて商行為を行っていたのであろうか。そうではなく、娼妓は奴隷だった。（『法学セミナー』97年1月号）

この戸塚の立場に立つなら、韓国人慰安婦だけでなく戦前の日本人娼妓《しょうぎ》らに対しても日本政府は公式謝罪し個人補償をしなければならず、また責任者を処罰しなければならないはずだ。また、同じことが韓国の売春婦らに対しても成り立つことになる。

ところが、戸塚が国連人権委員会に「性奴隷」として告発したのは慰安婦だけである。それも日本人慰安婦のことはいっさい触れていない。ここにも戸塚の偽善が表れている。

なお、同じような偽善は、現在まで慰安婦=性奴隷説を唱え続けている吉見義明教授にもあった。彼も、上野千鶴子らの批判を受けて、公娼も性奴隷だったと主張し始めた。その点については拙著『増補新版よくわかる慰安婦問題』に書いたので、ぜひ併せて読んでほしい。

私は92年以来、この問題の論争に加わりながら、日本人も含む慰安婦とさせられた女性も、戦前、日本や朝鮮の遊郭で働かされた女性もみな著しく人権を侵された歴史と貧困の被害者であり、深く同情するという立場をつらぬいてきた。そのうえで、慰安婦は軍の強制の犠牲者だから人権侵害の度合いは遊郭で働かされた女性より著しく重いとする「性奴隷」説に反対してきた。

国連関係者や米国議会関係者、そして韓国の良識ある人々が戸塚の性奴隷説の転換を知るなら、「慰安婦=性奴隷」という日本への国際的非難は姿を消すはずだ。本来なら外務省がそのような国際広報をすべきなのだが、それがまったくなされていなかったため、戸塚らの国際謀略が成功したのだ。

第4章　戦時労働者不当判決と和田春樹教授

日韓関係を壊す「統治不法論」

本書のテーマである現在の日韓関係悪化の原因は、繰り返し指摘したように戦時労働者と慰安婦に対する韓国裁判所の不当判決だ。前者については、すでに2019年に拙著『でっちあげの徴用工問題』（草思社）で詳しく論じた。この判決の一番の問題点は、日本の朝鮮統治を不法なものと位置づけ、それを土台とする戦時労働動員も不法行為だから慰謝料請求権がある、と主張していることだ。

それを私は「統治不法論」と呼んで批判した。和田春樹東大名誉教授らは、日本政府にそれを認めさせようと、1984年の全斗煥《チョンドゥファン》大統領訪日時から継続して運動してきた。彼らはまず村山富市政権下で大きな影響力を発揮し、95年の「村山談話」を出させるという最初の結果を残した。しかし、「村山談話」は和田らが目指した統治不法論を認めなかった。だから和田らはその後も韓国の親北左派と連携を深めながら反日運動を続けた。

2010年、韓国併合100周年を迎え、和田らは日韓の知識人約1000人の署名を集めて共同声明を出して、菅直人首相が統治不法論に立つ談話を出すように運動したが、それもぎりぎりのところで失敗した。

和田らの動きを契機に、韓国では政界、言論界、学界の多くが和田らを良心的日本人として称賛すると同時に、「統治不法論」を日本に認めさせることを日韓関係の目標とする議論が多数出てきた。

その2年後、韓国の最高裁判所である大法院の小法廷が、戦時労働者らが日本企業に賠償支払いを求めて提訴していた裁判で、地裁、高裁の原告敗訴判決を覆す差し戻し判決を下した。その差し戻し判決で初めて韓国の裁判所が「統治不法論」を採用した。その延長線上で同じ「統治不法論」を最大の論拠として18年10月と11月、新日鐵住金と三菱重工の敗訴確定の大法院判決が下され、日韓外交関係の土台が揺るがされる異常事態が起きた。

和田らはこれを狙っていたのだ。その意味で和田は日韓関係悪化の演出家なのだ。和田自身が韓国の新聞紙上で、自分たちの日韓知識人共同声明が18年10月の大法院の戦時労働者不当判決を生み出したと自賛している。

20年8月14日、朝鮮日報は和田を登場させて、同声明で韓国側代表だった金泳鎬《キムヨンホ》教授と対談させた。そこで自分たちの声明が大法院判決を生んだと2人が自画自賛している。

和田　2012年と18年には大法院が日本企業の強制動員に対し賠償判決を下した。知識人声明と菅直人談話がここに影響を及ぼしたと思うか。

金　そういう意見が出ている。09年、韓国の高裁は強制動員被害の控訴審で日本の最高裁の原告敗訴判決（07年）をそのまま受け入れた。韓国の裁判所は、強制動員に対する日本の賠償責任認定に消極的だった。知識人声明で併合条約そのものが違法・無効だという事実が強調され、植民統治の性格に対する認識が変わったことで、憲法裁と大法院の判決が変わったのではないかと思う。

現在の日韓関係悪化の元凶は、和田らの持ち込んだ統治不法論なのだ。私はそのことを拙著『でっちあげの徴用工問題』などで繰り返し批判した。和田らもその批判を意識して、このように語っている。

金　このため、知識人声明が韓日関係を悪化させたという恨みの声も聞く。

和田　日本の保守団体からは、私を名指ししつつ、知識人声明が日韓関係を悪化させた主犯だという厳しい表現が出て久しい。だが誰かがどうしてもやらなければならないことだった。

和田こそが、65年に日韓の先人たちが知恵と勇気をしぼって構築した日韓友好の基礎である基本条約と請求権協定を根本から揺るがそうとする、日韓関係悪化の責任者だと強く批判しておく。

和田教授が主張する日独の違い

ここでは和田が何を考え、どのようなことを目標として反日運動を進めてきたのかを彼が書いたものから抜き出して、分析したい。今の日韓関係悪化は、ある意味で和田らの活動の「成果」と言える。だから、これ以上、彼らの思うとおりにさせないことが、日韓関係を再び正常化する道だ。

まず、「村山談話」を和田らがどのように評価していたのかを見よう。実は、本書を書くために過去の和田らの主張を調べていて驚くべき文章を発見した。和田が石坂浩一という少し下の世代の左派学者と2人で編著者になって「村山談話」の1年後の96年に出した『日本は植民地支配をどう考えてきたか』という本の冒頭1～5ページに「編者」の名前で「はじめに」と題する文章が収録されている。和田と石坂が同書の編者だから、この文章は和田が直接書いたのか石坂が書いたのかはわからないが、和田の考えを反映していることは間違いない。そこでは和田らの心の底にある日本への悪意が赤裸々につづられていた。主要部分を私の解説付きで引用する。

わたしたちが直面している歴史問題は歴史自体の問題ではなく、むしろ歴史に対するわれわれ日本人の対処の仕方の問題であることに間違いありません。（『日本は植民地支配をどう考えてきたか』梨の木舎・96年）

この問題意識は私のそれと重なる。本書第1章に書いたように、歴史認識問題は歴史そのものではなく、和田ら「反日日本人」が虚偽の発信をし、それを韓中両国政府が外交に持ち出して内政干渉を行うことによって発生したと主張し続けてきた。和田らも同じ見方をして、歴史問題で現代日本を彼らの望む方向に変えようと画策してきたのだ。

続けて、和田らはドイツと日本の過去への反省の比較を取り上げる。まず、よく言われる「ドイツは立派で、日本は恥ずかしい、どうして日本はドイツのようにできないのか」と書く。和田らは議論をここでやめず、日独の違いは戦争の終わり方の違いから生まれたという独特の議論を進める。ここに彼らの本音が出てくる。ドイツの敗北は国家の崩壊を意味したと、和田らは言う。

ことはドイツの戦争の終わり方と違う日本の戦争の終わり方からはじまっています。ヒトラーのドイツは敗戦によって粉砕されました。ヒトラー軍は降伏せずに首都決戦に突入し、ソ連軍の攻撃の中で壊滅しました。ヒトラー本人は総統官邸の地下室で自殺しました。国会議事堂にはソ連軍の赤旗が翻りました。ヒトラーの国家は崩壊し、それとの断絶の中で戦後ドイツ国家は形成されたのです。（同）

一方、日本は崩壊しなかったと、和田らは言う。

（…略…）日本では戦争をはじめた天皇の政府が本土決戦を回避して、連合国が出したポツダム宣言を受け入れて、戦争を終わらせました。国民は地上戦の惨禍を免れましたが、天皇の国家の崩壊も起こりませんでした。（同）

和田らは心の底では日本国の崩壊を望んでいるのではないか。そのような本音が透けて見えると感じるのは私の読み込みすぎだろうか。これに続く部分を読むと、和田らの本音がより露骨に出てくるように感じられる。

本土決戦が行われれば、米軍が九州に上陸し、ついでに伊勢湾をつき、最後に東京を攻めたでしょう。九州は全滅し、伊勢神宮は炎上し、星条旗が国会と皇居に翻ったでしょう。日本の国民の上にも大変な破壊が起こるわけですが、そうなれば、戦後の日本は全く違う国となったでしょう。

（同）

日本国が崩壊しなかったからドイツのような立派な反省ができないという主張だ。こういう主張を書く和田らの心の底には、古代から連綿と続く天皇を中心とする日本という国家を崩壊させたいという恐ろしい革命願望が潜んでいるのではないか。だから、あたかもインテリである自分たちは一般国民とは違うかのような口調でこう書いた。

しかし、本土決戦は回避されました。天皇の「聖断」でポツダム宣言の受諾がなされたことを国民はありがたいと思いました。玉砕したくなかったからです。しかし、ああいうふうに戦争が終わったということを受け入れたとき、断絶なき戦後がはじまることも受け入れることになったのです。

（同）

和田らは以上のような特異な歴史への見方を戦後日本の政治史にも適用する。占領軍が天皇と国民、官僚の戦争責任を問わなかったため、戦後の日本の保守与党は官僚の党となったと嘆いて、このように激しく戦後の日本を非難した。

（…略…）自民党政府は歴史について統一見解がもてず、戦争を反省することができず、植民地支配を反省するどころではありませんでした。したがって、戦争責任の認識に立つ戦後補償は一つも実現されませんでした。日本人の幸福な平和の歳月はアジアの人々に対する責任無視の長い歳月だったのです。（同）

しかし、戦後の日本は戦争を戦った米国らと対等な立場で講和条約を結んで独立を回復し、東南アジア諸国、韓国、中国などとも条約で過去を清算して関係を正常化した。和田らが「日本人の幸福な平和の歳月」と書いた戦後の日本の繁栄は、冷戦下で日米同盟を結んで自由陣営の一員として共産陣営と対峙したことによってもたらされた。和田らはそれに反対していた。ソ連崩壊で和田らの主張が間違っていたことが明らかになったが、ここでは和田らはそれを完全に無視して論を進める。

ベトナム戦争が終わったからアジアに日本への批判の余裕が生まれて82年の歴史教科書事件が起きたとして、「アジアに平和が訪れたあとは、日本はアジアの批判から逃げられなくなった」という驚くべき歪んだ見方を示した後、自分たちがそのアジアの批判を受け止めて、82年から朝鮮植民地支配謝罪の国会決議運動を始めたと記し、それが13年後に「村山談話」に結実したと自画自賛している。

和田らの謝罪運動の根底には、敗戦のときドイツのように国家が崩壊しなかったことへの無念さ、すなわち、日本国への憎悪が潜んでいる。日韓関係を悪化させた和田らの運動は、言葉の本来の意味で反日運動なのだ。

日韓併合条約は無効？

次に、和田が最終的に日韓関係をどのようにしようとしていたのかを検証しよう。和田は「菅直人談話」の3年後、2013年に、日韓関係で実現すべき目標を4つ具体的にあげていた。

同年初めに、和田らが編者になって岩波書店から『日韓歴史問題をどう解くか』という本が出版された。和田はその本で巻頭論文「『韓国併合』一〇〇年日韓知識人共同声明の今日的な意義」を書いた。そこで、和田は残された課題として、日韓関係に関して4つをあげた。

どれも驚くべき内容で、私は、日本の国益のためには阻止しなければならないと思っている。相手が何を考えてきたかを知らなければ、しっかりとした対応はできない。その意味で、和田論文の課題の部分を詳しく紹介、検討しよう。

まず、日韓関係に関する目標の1つ目を見よう。ここで和田は「統治不法論」を日本に認めさせることをあげる。すでに韓国の大法院はこの立場から戦時労働者不当判決を下しているが、和田は日本政府にも大法院判決と同じ立場に立てと要求しているのだ。その部分を引用する。

（…略…）第一はわれわれの声明［日韓知識人共同声明のこと］が主張した歴史認識確立の最終的な方策をとることである。すなわち日韓基本条約第二条の解釈の分かれを、強制された併合条約は当初より null and void であったとする韓国側の解釈で統一することである。このことは日韓両政府の交渉によらなければならない。（『日韓歴史問題をどう解くか』岩波書店・13年）

同条約第2条の日本語正文は「大日本帝国と大韓帝国との間で締結されたすべての条約及び協定は、もはや無効であることが確認される」とされている。英語正文では「無効」の部分に「null and void」という語が使われている。日本政府の解釈は、１９４８年に韓国が独立したことによって併合条約などは無効になったというものだ。

韓国政府は当初から併合条約が無効であることが確認されたという立場だった。その根拠の1つが、「null and void」という英語は「当初から無効」という意味を持つという主張だった。和田が論文でわざわざ英語の単語を使っているのは、韓国側に立っているからだ。

要するに、和田は、日本政府がこれまでの解釈を変え、併合条約は当初から無効だったと解釈し直すことを求めている。和田はこの論文で、日本が解釈を変えても賠償を求められたりはせず、ただ、当時の経済協力を「償いの行為だったと説明し直すこと」でよいと、次のように言っている。まったく甘い見通しだ。

（…略…）この解釈の統一がなされると、日韓条約に基づいて日本がおこなった経済協力は、併合条約は源泉的に否定されるべきものだと認識するところからなされた償いの行為であったと説明し直すことになる。こうすることが日朝国交正常化、日朝条約の締結をも可能にする。（同）

併合条約が無効であれば、統治は不法なものとなり慰謝料が発生する。18年の大法院判決が主張したとおりだ。そうなれば不法行為に対する慰謝料が無限に求められることになりかねない。日本もそのような要求に従わざるをえなくなるはずだ。

大法院判決を認めるような解釈変更のため、日本政府は韓国政府と交渉をせよと和田教授は主張している。日本国の国益に反する主張であり、到底、賛成できない。私だけでなく大多数の日本人もそう考えるはずだ。

際限なく強いられる償い

和田のあげた第2の目標は、日本政府に「自発的、道義的な償い」をさせることだ。具体的には政府、企業、国民からの拠金で特別基金を作って「償い事業」をせよというのだ。その部分を引用する。

> 第二に、日韓条約に基づいて日本がおこなった経済協力は、併合条約は源泉的に否定されるべきものだと認識するところからなされた償いの行為であったと言われても、韓国国民は割り切れないであろう。だから、日本側は日韓条約の経済協力と関連して、自発的な、道義的な立場から、日本側のあたらしい立場を表現する追加的な償いの行動を補完的にとらなければならない。(同)

ここでも和田の甘い見通しが暴露されている。繰り返し書くが、日本がまだ統治不法論を認めていない段階で出た大法院判決でさえ、不法行為の慰謝料請求権は請求権協定の適用対象に含まれないと主張して、原告の請求権を認めたのだ。そして21年1月には、慰安婦への賠償を日本政府が行えというソウル地裁の判決が下った。このままいくと、日本の国と民間の財産が無限に差し押さえられかねない。そこまで事態が悪化している。日本が解釈を変えていなくてもここまでのことが起きている。日本が「統治不法論」を受け入れた瞬間、どんな説明をしても無駄なのだ。そうなった瞬間から、不法行為に対する慰謝料請求権を限りなく受けることになることは、火を見るより明らかだ。

和田は、「自発的、道義的なあたらしい追加の償い」として特別基金を作ることを提案している。その部分を引用する。

（…略…）特別の基金を政府、企業、国民からの拠金でつくり、償いのこころをあらわす事業をおこなうことが必要である。（同）

和田は自分が運営に関わった慰安婦への「償い事業」のためのアジア女性基金が韓国で激しく非難されたことを忘れているのか。「償い事業」をすればするほど、まだ日本からカネが取れるというシグナルとなり、次から次に慰謝料請求がなされることは明白だ。絶対に基金構想に応じてはならない。

なお、和田は慰安婦問題等については特別基金とは別に、日本政府が努力すべきだと書いている。それが第3の目標だ。その部分を引用する。

第三は、日韓請求権協定で請求権の問題は完全に解決されたと宣言されているが、無視することができない深刻な問題が以後提起され、日本政府はいろいろと努力することを迫られてきた。サハリン残留韓国人の帰国問題、在韓被爆者に対する援護問題、慰安婦問題がその中心である。この中で慰安婦問題がもっとも先延ばしできない問題である。日韓首脳会談での協議が望まれる。（同）

前述したようにこの論文は13年に書かれている。民主党政権が倒れた後の第2次安倍内閣時代だ。韓国では朴槿恵《パククネ》政権が慰安婦問題の解決がないかぎり、日韓首脳会談を持たないという、おかしな反日外交を展開していた。和田はその朴政権の姿勢を支持するかのようなことを書いていた。

結局、15年12月に安倍・朴槿恵慰安婦合意がなされ、日本は10億円を韓国が作った財団に拠出したが、文在寅《ムンジェイン》政権になってその財団が解散され、合意は事実上、破棄された。そして繰り返し書くが、21年1月には慰安婦問題で日本国の賠償を求める判決が下った。慰安婦問題でも和田の言うように統治不法論を日本が認めたら、財団への拠金などではなく莫大な慰謝料が求められるのは明白だ。その点でも和田の認識は甘すぎる。

日本の竹島領有も不法？

ここまで、歴史問題に関して和田が考えていた課題を見てきた。和田が論文で提起した目標の４つ目は竹島問題だ。驚いたことに和田は、「韓国が日本を説得して、独島＝竹島を独立朝鮮の領土として認めさせること」を日韓関係の目標にあげている。元国立大学教授が固有の領土を他国に譲るべきだと堂々と論文に書いているのだ。その部分を引用する。

第四は日韓条約締結時には棚上げされた領土問題、独島＝竹島問題である。植民地が独立するとき、新しい独立国と旧支配国の間で、領土をどのように区分するか、合意が必要とされる。（…略…）政府間の交渉をおこなうのが望ましいが、韓国政府・国民はこのような交渉を認めないとすれば、当面は民間での対話、学術的な検討をおこなうのがよいであろう。韓国側は討論や交渉を恐れることはない。民間の討議であれ、政府間の交渉であれ、その内容は、韓国が日本を説得して、独島＝竹島を独立朝鮮の領土として認めさせること、島の周辺の漁業、資源の利用については日韓両国の利害の調和をはかる合意を導くこと以外にはないのである。（同）

そもそも、表記からして「独島」を先に書いて、韓国の主張により多く与《くみ》している。韓国が、竹島が自国の領土だと日本を説得できると和田は信じているのだ。ここではその根拠を具体的には書いていない。しかし、韓国は日本の明治政府による１９０５年の竹島領土編入は、「不法な植民地支配」に先立つ「領土強奪」だと主張している。併合条約無効論に立つ和田は、日本の竹島領有をも「不法」だと考えているらしい。

実は和田は、日韓関係に関する以上で見た４つの目標に続いて、日朝国交正常化による北朝鮮との過去清算を進めよと論じている。和田は、北朝鮮との交渉にあたって「北朝鮮が死亡したと通告してきた拉致被害者は死亡の根拠がないのだから、全員生きていると考えて、そのすみやかな帰国を要求するという政策を改め（よ）」「北朝鮮が拉致した被害者を帰さないという理由で国交正常化交渉を中断してはならないし、国交正常化自体をやめてはならない」と書いている。拉致被害者を助けることより北朝鮮と国交正常化して賠償金を払うことを優先しようという、とんでもない主張だ。

以上検討してきたように、和田らは、30～40年前から、日本に朝鮮統治の不法性を認めさせ、莫大な賠償をするために政府と企業などが出資する基金を作らせることを目標として設定して、政治への働きかけや調査研究運動を粘り強く継続してきた。その結果が、現在の日韓関係の悪化なのだ。

私が第1章で提起した歴史認識問題の4要素（⇒21頁）のうち、和田らのやってきたことは、第1要素の「日本国内の反日マスコミ・学者・運動家が行う事実に反する日本非難キャンペーン」に属するものだ。彼らがやったのは単純なキャンペーンの次元を超えたもっと深刻なものだった。彼らが発案、普及させた「統治不法論」は今、韓国大法院判決の論理となってわれわれの目前に現れた。

第1要素の日本国内の反日勢力の長年の活動に対抗するためには、まず、こちら側にも調査研究を組織的にできる体制が必要だ。彼らは30年、40年、歴史認識問題で日本を貶める活動に力を尽くしてきたのだ。逆転するためには少なくとも10年から20年はかかると覚悟を決めて、そのための体制作りを急ぐべきなのだ。

輸出規制ではなく優遇解除

19年7月に日韓関係悪化に大きな責任がある和田らがまた、事態を悪化させるおかしなことをした。和田らが70名あまりの同調者と連名で、19年7月25日に、日本政府を非難する声明を出したのだ。日本のマスコミではほとんど無視されたが、韓国ではあいかわらず「良心的日本人」の活動として称賛された。その結果、なぜ大多数の日本人が日本政府の対韓政策を支持しているのかについて、韓国で正しく理解されなくなってしまった。そもそも、ここまで日韓関係を悪化させた責任がある和田がその責任を日本政府に問うこと自体、まさに「マッチポンプ」式の許しがたい主張だ。その罪は大きい。

以下、その声明を具体的に批判していく。声明はその題に「韓国は敵なのか」とつけ、「はじめに」で、日本政府が韓国を敵とみなし、「敵対行為」をしたと非難した。

私たちは、7月初め、日本政府が表明した、韓国に対する輸出規制に反対し、即時撤回を求めるものです。半導体製造が韓国経済にとってもつ重要な意義を思えば、この措置が韓国経済に致命的な打撃をあたえかねない、敵対的な行為であることは明らかです。

この主張は、事実を大きくねじ曲げている。和田らが「敵対的な行為」と決めつけた半導体生産に使われる3つの素材の対韓輸出の扱い変更は、端的に言って、輸出規制ではなく、それまで韓国の戦略物資管理を信頼してアジアでは唯一韓国だけに与えていた優遇措置から除外しただけだ。だから、日本政府は「輸出管理の運用の見直し」という用語で説明している。私はよりわかりやすい「貿易優遇除外」という用語を使っている。

韓国にその優遇措置を与えたのは04年だから、それを元に戻しただけだ。和田らが政権中枢部と近かった村山政権でも優遇措置は与えなかったのだ。和田らは04年以前に日本政府が韓国に敵対行為をしていると一度でも声をあげたことがあったか。
そのうえ、和田らは声明で自国の政府の説明についてはきちんと引用せず、「……と受け止められていました」などという言い方で不正確に記述しながら、韓国の文在寅大統領の日本非難はカギ括弧をつけてきちんと引用している。とにかく日本が悪いという先入観に立ちたがる彼らの思考方式がここに表れている。

日本政府の措置が出された当初は、昨年の「徴用工」判決とその後の韓国政府の対応に対する報復であると受けとめられましたが、自由貿易の原則に反するとの批判が高まると、日本政府は安全保障上の信頼性が失われたためにとられた措置であると説明しはじめました。これに対して文在寅大統領は7月15日に、「南北関係の発展と朝鮮半島の平和のために力を尽くす韓国政府に対する重大な挑戦だ」とはげしく反論するにいたりました。

文在寅発言は、この措置を「自由貿易への挑戦」ではなく、韓国政府が「南北関係の発展と朝鮮半島の平和のために力を尽くす」ことへの「挑戦」だと断定している。韓国の左派メディアではこの時期しきりに、文在寅政権の対北対話政策が成功しつつあり、南北関係が発展して強大な民族として日本の前に出現しそうで、安倍政権が焦っているという趣旨の説明が多数出ていた。
しかし、日本が心配しているのはそのようなことではない。北朝鮮に甘い文政権の姿勢によって、日本産の戦略物資の管理が甘くなり、結果としてそれが北朝鮮に不法に輸出されることが起き、日本と東アジアの平和を乱すことを心配して優遇措置から除外したのだ。和田らは日本にいながら、なぜこのような基本的な事実関係をきちんと説明しないで、韓国の不正確な日本非難に肩入れするのか、まったく理解できない。

次に和田らは〈1　韓国は「敵」なのか〉という部分で、歴史的過去を理由に韓国に対しては「特別慎重な配慮が必要だ」と言う。「韓国特別扱い」論だ。

> 国と国のあいだには衝突もおこるし、不利益措置がとられることがあります。しかし、相手国のとった措置が気にいらないからといって、対抗措置をとれば、相手を刺激して、逆効果になる場合があります。
> 特別な歴史的過去をもつ日本と韓国の場合は、対立するにしても、特別慎重な配慮が必要になります。それは、かつて日本がこの国を侵略し、植民地支配をした歴史があるからです。日本の圧力に「屈した」と見られれば、いかなる政権も、国民から見放されます。日本の報復が韓国の報復を招けば、その連鎖反応の結果は、泥沼です。両国のナショナリズムは、しばらくの間、収拾がつかなくなる可能性があります。このような事態に陥ることは、絶対に避けなければなりません。

繰り返すが、半導体素材3品目に対する優遇除外も、その後の戦略物資輸出全体での優遇除外も、戦略物資がテロリストやならず者国家に渡らないようにするという国際義務に基づくものである。04年に日本は、韓国がその国際義務を守るための十分な国内体制を整備したと認定して優遇措置を与えた。しかし、文政権が国家間で締結した条約・協定や合意を守らない事例が多発して政府同士の信頼を喪失したうえに、3品目の扱いで不適切な事案があり、さらには不正輸出を防止するための実務協議を3年間拒否しているという事態を、優遇除外の理由としてあげている。

和田らに聞きたい。「過去の歴史」のため、日本政府が戦略物資管理を甘くして、結果的にテロリストや「ならず者国家」を助けてよいと考えているのか。この問いに答えられないなら、和田らは国際社会のテロ防止の努力を妨げていると批判されてもしかたあるまい。

また、和田らの韓国政治に関する事実認識も間違っている。「日本の圧力に『屈した』と見られれば、いかなる政権も、国民から見放されます」と言うが、朴正熙《パクチョンヒ》政権は、日本の圧力に屈した「屈辱外交」だという激しい批判にさらされながら、衛戍令と戒厳令を発動して軍の力で反対デモを抑え、日韓条約を結んだ。その結果、韓国は奇跡的な経済成長を成し遂げ、朴正熙大統領はいまだに韓国世論調査で、尊敬する歴代大統領1位だ。

引用は省略するが、和田らは、東京オリンピックがあるから周辺ともめるべきではない、などと言っている。オリンピックの安全も、テロとの戦いの上に築かれているという事実を無視した暴論であり、韓国の反日勢力が参加ボイコットをちらつかせて圧力手段にしようとしていることに呼応したスポーツへの冒瀆だ。

意図的に悪化を狙う文政権の対日外交

当時の安倍首相が19年の施政方針演説で韓国に言及せず、G20で文大統領との首脳会談を持たなかったことなどを持ち出し、韓国を敵扱いしたと、和田らは非難する。

まるで韓国を「敵」のように扱う措置になっていますが、とんでもない誤りです。韓国は、自由と民主主義を基調とし、東アジアの平和と繁栄をともに築いていく大切な隣人です。

18年10月の韓国大法院の戦時労働者不当判決により、日本企業の財産権が侵されるという重大な国際法違反が起きていたのに、文政権が協定に基づく協議や仲裁委員会の立ち上げさえ拒否して、事態を悪化させ続けていることが、韓国をパスした原因だという事実を見落としている。

安倍首相が施政方針演説で韓国について言及したり首脳会談を開催したりすれば、当然、「文政権が国際法違反状態を放置している」という日本の立場を、首相が明言することになる。そこまでいくならば、本当に事態がこじれ切るので、なんとか外交で事態を改善したいという配慮から施政方針演説と首脳会談で韓国をパスしたのだ。

日本政府は日韓請求権協定に基づく仲裁委員会の立ち上げを提案したが、協定に基づく韓国の回答期限がG20の前になるようになっていた。韓国がそれに応じれば、首脳会談で日本首相が韓国のトップに「国際法違反」という厳しい批判をしなくてもすんだのだ。それなのに、文政権はG20の前に、敗訴した日本企業に出資を求める財団設立を条件とする外交協議を逆提案し、その場で日本に拒否された。当初はその提案は非公開でなされたのだが、G20の直前に再度、文政権が同じ提案を公開的に行った。

G20で日本と首脳会談ができずに国内で外交失敗という批判が出ることを予想して、「悪いのは日本だ」と国内向けに説明するためにわざわざ同じ提案を2回行ったとしか思えない。それでは、事態を悪化させないため文在寅政権をパスせざるをえない。

和田らは、韓国は敵でなく「自由と民主主義を基調とし、東アジアの平和と繁栄をともに築いていく大切な隣人」だと主張する。しかし、韓国の良識的保守派は、本書第7章で詳しく書くように、「文在寅政権は日韓関係を意図的に悪化させて、韓米日の三角同盟関係を弱体化させ、北朝鮮に有利な情勢を作ろうとしている」「是々非々の親日は愛国、無条件的反日は利敵だ」と指摘している。私も、繰り返し、文政権の反日は、大韓民国の現代史を否定して、北朝鮮独裁政権を民族史の正統な継承者と見る「反韓自虐史観」に基づく危険なものだと指摘してきた。韓国国内でも自由民主主義、反共という韓国の国是《こくぜ》を守れと文政権を激しく批判する反文在寅勢力は厳然と存在する。その人々こそ「大切な友人」だと私は考えている。

また、和田らは声明の〈2　日韓は未来志向のパートナー〉で、金大中《キムデジュン》元大統領を激賞している。しかし、そこにも重大な事実誤認がある。和田らは金大中が「軍事政権に何度も殺されそうになった」という。軍事政権とは、クーデターを起こした軍人が、軍人の身分を維持しながら政権に就き続けていることを指す。金大中の政敵だった朴正熙や全斗煥は軍籍を離れ、民間人として憲法に基づく大統領選挙を経て政権の座についた。その意味で「軍事政権」ではない。軍人出身者政権であり、欧米でも軍の英雄が軍服を脱いで大統領になった例は多い。

また、金大中は口癖のように「軍事政権に何度も殺されそうになった」と語っているが、朴正熙政権時代の交通事故や日本からの拉致強制帰国でも、殺害は企図されていなかったことは、韓国を代表するジャーナリスト趙甲済《チョガプチェ》らの緻密な取材によって証明されている。

80年、全斗煥将軍らが戒厳令を全国に拡大して設置した軍事法廷で死刑判決を受けたときが1回「殺されそうになった」と言えるかもしれない。しかし、韓国の歴代政権は、政敵に死刑判決を下すことはしばしばあっても、実際に死刑執行を行うケースは北朝鮮と内通していたケースに限られていた。それを考えると、金大中のケースも「殺されそうになった」わけではないという見方が成り立つ。

そのうえ、金大中は日本人拉致の実行犯、辛光洙《シングワンス》を北朝鮮に送り出して拉致問題解決を妨げた。辛光洙は、原敕晁《ただあき》さんと地村保志《ちむらやすし》さん富貴恵《ふきえ》さん夫妻拉致の警察認定実行犯で、横田めぐみさん拉致の重要容疑者だ（曽我ひとみさんに辛光洙がめぐみさん拉致を告白）。私たち「家族会・救う会」は辛光洙を日本に送還せよと申し入れたが、金大中は南北首脳会談で金正日に約束したことを守るとして、２０００年9月に辛光洙を北朝鮮に送還してしまった。

和田は、辛光洙が北朝鮮に送還された頃、横田めぐみさん拉致は事実ではないと主張する論文（「『日本人拉致疑惑』を検証する」『世界』01年1月号、2月号）を書いていた。その意味で和田と金大中は、拉致問題解決を邪魔した親北派だという共通項がある。

和田は最近になっても（『世界』19年8月号）、拉致問題を最重要課題としている日本政府を批判する言説を繰り返している。和田は、北朝鮮が死亡の証拠として偽の遺骨や死亡診断書などしか提出できなかったので、めぐみさんたちは全員生存していることを前提に帰国を求めるという政府方針を「相手がウソをついていると決めつけた結果、外交交渉はできなくなった」などと非難して、事実上、被害者死亡を受け入れよと迫っている。

日韓併合条約はあくまで有効

和田らは〈3　日韓条約、請求権協定で問題は解決していない〉の項で、相変わらず統治不法論を持ち出して、日韓外交関係の根幹を覆す主張をしている。

日韓基本条約の第2条は、1910年の韓国併合条約の無効を宣言していますが、韓国と日本ではこの第2条の解釈が対立したままです。というのは、韓国側の解釈では、併合条約は本来無効であり、日本の植民地支配は韓国の同意に基づくものでなく、韓国民に強制されたものであったとなりますが、日本側の解釈では、併合条約は1948年の大韓民国の建国時までは有効であり、両国の合意により日本は韓国を併合したので、植民地支配に対する反省も、謝罪もおこなうつもりがない、ということになっているのです。

しかし、それから半世紀以上が経ち、日本政府も国民も、変わっていきました。植民地支配が韓国人に損害と苦痛をあたえたことを認め、それは謝罪し、反省すべきことだというのが、大方の日本国民の共通認識になりました。1995年の村山富市首相談話の歴史認識は、1998年の「日韓パートナーシップ宣言」、そして2002年の「日朝平壌宣言」の基礎になっています。この認識を基礎にして、2010年、韓国併合100年の菅直人首相談話をもとりいれて、日本政府が韓国と向き合うならば、現れてくる問題を協力して解決していくことができるはずです。

ここで、日本の解釈に関して、和田らは重大な事実誤認をしている。日本政府は65年の時点で、椎名外務大臣のステートメントを通じて、日韓併合が現在の価値観からすると「不幸なできごとで遺憾だ」という立場を表明した。それは84年の全斗煥大統領訪日の際の昭和天皇のお言葉にも引き継がれた。

しかし、法的には併合条約は有効であり、日本の統治は不法行為ではないから賠償責任は発生しないという、当時の価値観における評価を変えていない。

和田らは「村山談話」や「菅直人談話」を持ち出しているが、この2人の首相でさえ、併合条約は国際法上有効だったという立場は崩していないのだ。村山首相は、謝罪を繰り返した「村山談話」を出した直後の国会でも、条約は有効だったと答弁している。

すなわち、95年10月5日、衆議院本会議で、「韓国併合条約は当時の国際関係等の歴史的事情の中で法的に有効に締結され、実施されたものであると認識いたしております」と答弁している。韓国の金泳三《キムヨンサム》大統領らから激しく非難されたが、基本的立場は変えなかった（詳しくは拙著『コリア・タブーを解く』亜紀書房・97年参照）。

菅直人首相も２０１０年８月、併合１００周年で出した談話で「百年前の８月、日韓併合条約が締結され、以後36年に及ぶ植民地支配が始まりました」と述べている。その後、反省や謝罪の言葉が続く。併合条約締結を既成事実として位置づけて、歴代日本政府が堅持してきた「併合条約有効論」を変えなかった。

和田らが同条約を当初から無効だと言わせようとして行ったさまざまな働きかけは失敗した。それなのに和田らは今回の声明で、村山、菅政権を含む歴代政府が維持してきた「併合条約有効論」を無視している。

次に、和田らは18年10月の韓国大法院の戦時労働者不当判決を堂々と擁護して、次のように主張する。

問題になっている元徴用工たちの訴訟は民事訴訟であり、被告は日本企業です。まずは被告企業が判決に対して、どう対応するかが問われるはずなのに、はじめから日本政府が飛び出してきたことで、事態を混乱させ、国対国の争いになってしまいました。元徴用工問題と同様な中国人強制連行・強制労働問題では1972年の日中共同声明による中国政府の戦争賠償の放棄後も、2000年花岡（鹿島建設和解）、2009年西松建設和解、2016年三菱マテリアル和解がなされていますが、その際、日本政府は、民間同士のことだからとして、一切口を挟みませんでした。日韓基本条約・日韓請求権協定は両国関係の基礎として、存在していますから、尊重されるべきです。しかし、安倍政権が常套句のように繰り返す「解決済み」では決してないのです。日本政府自身、一貫して個人による補償請求の権利を否定していません。

民事訴訟だから政府が口を出すなという和田らの主張はあきれるしかない。自国企業の私有財産が不法に侵害されようとしているとき、政府が自国企業を保護するのは当たり前ではないか。国際法では条約は司法を含む国家全体を拘束するという原則がある。

清算はとっくに終わっている

そもそも、中国との戦後処理と韓国との請求権処理は根本的に異なっている。中華人民共和国は戦勝国としての賠償を放棄した。その結果、日本政府は、元労働者らへの個別補償をすることができなかった。そこに企業と当事者が和解する余地があった。

ところが、韓国は自国民の補償を個人にするのではなく一括して韓国政府に払ってほしいと要求し、日本はそれを受け入れた。日韓両国は日本が提供した3億ドルの無償資金によって請求権問題を完全に解決することで合意した。65年、日本の国会は韓国人の個人が持っていた日本に対する請求権をすべて消滅させる法律を制定した。

日本は請求権協定発効と併せて、65年12月17日に新しい法律「大韓民国等の財産権に対する措置に関する法律」を制定して、韓国と韓国人が日本に対して持つ財産や債券などのすべてを消滅させた。これは国会を通じて行った日本国の主権行使であり、韓国政府は外交保護権の行使を放棄しているので何も言わず認めた。請求権協定の第2条の3項にはこう記されている。

（……略……）一方の締約国及びその国民の財産、権利及び利益であってこの協定の署名の日に他方の締約国の管轄の下にあるものに対する措置並びに一方の締約国及びその国民の他方の締約国及びその国民に対するすべての請求権であって同日以前に生じた事由に基づくものに関しては、いかなる主張もすることができないものとする。

ここで言われているのは、65年の時点で日本の管轄下にある韓国国民の「財産、権利及び利益」に対して、日本が、それらすべてを消滅させる立法措置をとった場合、それに対して、韓国は「いかなる主張もすることができない」ということだ。なお、中国や台湾に対してはこの種の立法措置はとられていない。

だから、戦時労働者や慰安婦らが何らかの理由で日本企業や日本政府から補償や賠償を受け取るべき権利を持っていたとしても、その権利は65年に日本国の立法措置によって消滅し、それを韓国政府も認めていたということになる。朴正熙政権が請求権資金3億ドルの約10パーセントを使って郵便貯金や未払い賃金の清算や動員死亡者への補償などを実行した理由も、この日本の措置を認める代わりに資金を得たからなのだ。だから、これで清算は本当に終わっているのだ。

日本共産党なども同じだが、和田らは、韓国と中国のケースが異なることを無視して日本企業の私有財産を犯す議論をしている。

趙甲済をはじめとする韓国の良識的保守派は、「裁判所が条約を無視する判決をつぎつぎ出すなら、外国が韓国と条約を結ぶ際、政府だけでなく大法院とも交渉しなければならなくなる。文政権は、個人補償は韓国政府の責任で行うか、協定に基づく調停を受け入れると表明すべきだ」と主張し続けている。

全国紙『国民日報』も19年8月2日社説で「文大統領が『1965年体制』尊重の立場を明らかにして大法院判決に伴う徴用賠償問題は韓国政府が解決するという意志を公表すべきだ」と書いた。

当時の第2野党「正しい未来党」孫鶴圭《ソンハッキュ》代表は19年8月7日、「物質的賠償要求を放棄して精神的な歴史清算を要求する方式で道徳的優位に立った対日外交をしよう。対日賠償と補償などいっさいの物質的要求は永遠に放棄し、すべての植民地支配と関連した被害者救済問題は韓国政府の責任の下で遂行しよう」と提案した。

日本政府や企業は補償に応じよとする和田らの主張は、韓国内で出てきたこのような国際法を守る正論の立場を弱くする。その意味で百害あって一利ない声明だと言いたい。

和田らは声明で、「サハリンの残留韓国人の帰国支援」「被爆した韓国人への支援」「日韓慰安婦合意」などをあげて日本政府が「補償に代わる措置」を行ってきたことと、盧武鉉政権が「植民地被害者に対し法律を制定して個人への補償」を行ったことを例に出して、戦時労働者への経済的支援に日本政府や企業も加われと主張している。

日本政府がこれらの措置を行ってきたのは、韓国が「統治不法論」を日本に強要しないという前提で、戦前の日本の国策に協力してくれた韓国人らへの同情と感謝を込めた人道的措置であった。ところが、いくら人道的措置を繰り返しても、韓国は過去の問題を継続して持ち出し続けてきた。慰安婦合意がわずか数年で事実上、破棄されたことを和田らはどう考えているのか。

大使館・領事館前の慰安婦像撤去の動きがまったくないまま、慰安婦財団が一方的に解散されたではないか。また、財団や基金などを作っても同じことが繰り返さないという保証はない。そのうえ、21年1月には慰安婦に対して日本政府が慰謝料を払えと命じるソウル地裁不当判決が出たではないか。これらを和田らはどうするつもりなのか。

繰り返し強調するが、和田らが火をつけた「統治不法論」をついに18年10月、韓国の司法が戦時労働者判決で公式に採用し、文政権もそれを放置したため、21年1月に慰安婦に対しても同じ立場から不当判決が下ってしまった。

現状で、人道的措置をとれば、日韓関係の根幹である基本条約体制が崩壊する。だからこそ、日本政府は国際法違反状態を韓国政府が放置していることを批判し続け、「約束を守れ」という原則を主張し続けているのだ。この原則が崩れれば、日韓関係は国交回復以前の無秩序に戻ってしまう。和田らは日韓関係を大切だと言いながら、実は日韓関係の根本を崩そうとしていると言わざるをえない。

和田らは声明の最後につけた「おわりに」で、「ネトウヨやヘイトスピーチ派がどんなに叫ぼうと、日本と韓国は大切な隣国同士であり、韓国と日本を切り離すことはできないのです」と書いている。

私は和田ら「反日日本人」がどんなに叫ぼうと、日韓関係の根本である65年の基本条約と請求権協定を否定してはならず、韓国政府が約束違反を認め、国際法違反状態を是正することだけが日韓関係正常化の道だと強調する。

ソウル地裁が大法院判決を覆す画期的判決

2021年6月7日、韓国ソウル地裁が朝鮮人戦時労働者問題で正当な判決を下した。元労働者ら85人が日本企業16社を相手取り、慰謝料1億ウォン（約1000万円）ずつを求めた訴訟で、訴えを却下したのだ。

43ページにわたる判決全文を読み、裁判長を務めた金亮澔《キムヤンホ》部長判事のバランス感覚と愛国心に心を打たれた。

繰り返すが、現在の日韓関係の悪化の発端は18年10月の韓国大法院の戦時労働者判決だ。同判決の根本的問題は、日本の朝鮮統治を不法なものと断定して、不法行為に対する慰謝料は1965年の日韓基本条約と請求権協定で「最終的に解決」された請求権の問題に含まれないとする独善的な主張を展開したことだ。

今回のソウル地裁判決の一番の功績は、この大法院判決を覆したことだ。すなわち、「条約不履行を正当化するために国内法規定を援用してはならない」という国際法の原則を確認したうえで、「大法院判決は植民地支配の不法性とそれを理由とする徴用の不法性を前提としているが、それはただ国内法的な解釈に過ぎず、このような国内法的な事情だけで、植民地支配の適法または不法に関して相互合意を得られないまま一括して被害者の請求権等に関して補償または賠償することで合意に至った『条約』に該当する請求権協定の『不履行』を正当化できない。従って、大韓民国は依然として国際法的には請求権協定に拘束される」と明確に書いた。そのうえで、原告の求めるとおり強制執行を行い日本企業の財産を侵害した場合、「大韓民国の文明国としての威信が地に落ちる」とまで書いた。

21年4月21日に同じソウル地裁（裁判官は異なる）は、元慰安婦が日本国に対して起こした裁判で、国家は他国の裁判の被告にならないという「主権免除」原則を適用して原告の訴えを退けた。人道に反する国家犯罪だから主権免除の例外だとして日本国に賠償支払いを命じた1月の判決を覆すものだった。

1月の判決の問題点は第11章で批判した。

日本側が勝訴した最近の二つの判決を見て、文在寅政権が日韓関係を改善したいと動いており、韓国司法がそれに影響を受けたのではないかとの観測が出ているが、私はその見方に反対だ。4月の慰安婦判決は、慰安婦の公権力による強制連行を事実とし、国家犯罪だから主権免除の対象になるが、慰安婦の賠償請求権はいまだに残っているので外交で解決せよと命じていた。これでは日韓関係の改善にはつながらない。

一方、戦時労働者に関する金亮澔部長判事の堂々たる判決は、任期残り1年を切った文在寅政権のレームダック化により相対的に反日左派の力が落ちてきた結果ではないか。また、『反日種族主義』や拙著『でっちあげの徴用工』韓国語版などが出版され、戦時労働者問題で事実認識が広まってきたことも影響を与えたかもしれない。韓国与党と左派メディアは金《キム》判事を売国奴だと激しく批判したが、通常は反日ポピュリズムに流される朝鮮日報などが判決を支持し、世論は割れている。

ただし、原告らはすぐ高裁に控訴したので、大法院の国際法違反の確定判決の下で、韓国の判事らがどこまで良識を示すことができるのか、見守り続けたい。

日本への渡航は出稼ぎが多かった

本書では、「はじめに」でも触れた戦時労働者強制連行プロパガンダの歴史的経緯については、拙著『でっちあげの徴用工問題』を読んでいただくことを前提にほとんど取り上げてこなかった。

しかし、このプロパガンダの生まれる過程についての重大な事実を最近知ったので、そのことをここに書いておくことにする。このプロパガンダの生みの親とも言える人物が在日朝鮮人歴史学者で元朝鮮大学教員の朴慶植《パクキョンシク》だ。彼が65年に出した『朝鮮人強制連行の記録』（未来社）はこの問題のバイブルのような扱いを長く受けてきた。私も大学生時代、むさぼり読んだ記憶がある。

その朴が自身とその家族の渡日過程、終戦後家族は皆帰国したのに1人だけ日本に残った理由、「朝鮮人強制連行」という概念を作り上げた契機などについて率直に綴った『在日朝鮮人 私の青春』（三一書房・1981年）を最近読んで、どうしても本書読者に知らせたい事実をいくつか知ったので、ここに書いておく。

朴慶植と彼の父などその家族は、彼の言うところの「強制連行」すなわち戦時動員で日本に渡ったのではない。朴は１９２２年、朝鮮忠清北道丹陽郡の農村に生まれた。彼が生まれて数年後、まず父が出稼ぎのため日本に渡った。駐在所の巡査に渡航証明をもらった白発渡航だった。そして、29年、朴が7歳のとき、父に呼ばれて朴の一家全員が大分県に移住した。

朴は大分県で小学校、私立教員養成所に通い、小学校の教員資格を得た。すでに大東亜戦争が始まり、朴の言うところの「強制連行」、実際は募集による戦時動員が始まっていた40年に東京に出て日本大学夜間部に入った。42年には兵隊として出征した日本人教員を補充する小学校代用教員になる。その頃、朝鮮では、官斡旋による戦時動員が実施されていた。その動員が朴の言うような奴隷狩りのような労働者強制連行だったのなら、なぜ日本国内にいた朴のような朝鮮人青年は連行されないのかと思ってしまう。

45年に入り、朴は日本人女性と恋愛関係になり、その女性と離れたくないことが理由で、終戦後の46年に家族が朝鮮に帰るとき同行しなかった。自分の意志で日本残留を決めたのだ。そのような朝鮮人にも日本国は永住許可を与えている。その後、朴はその女性に失恋したが、左翼思想にかぶれ、総連の民族学校の教員となって、日本に住み続けた。

在日朝鮮人が日本に居住している理由が日本帝国主義による強制連行のためという理屈は、朴にはあてはまらない。

ここで統計を確認しておく。労働者戦時動員期間である39年から45年の間に、２４０万人の朝鮮人が日本に渡っているが、そのうち戦時動員対象者は60万人だけだ。全体の4分の3は、朴一家のように出稼ぎのため自発的に日本に渡航していた。

終戦時に日本（内地）には約２００万人の朝鮮人がいた。そのうち43万人（労働者32万人、軍人軍属11万人）だけが戦時動員者だった。戦後、戦時動員者をはじめとする大多数の朝鮮人が朝鮮に戻ったが、さまざまな理由で自分の意思で日本に残ったのが約60万人だった。日本国はそれらの人々とその子孫に対して無条件で永住許可を与え続けている。

朴は戦後すぐ、「朝鮮人強制連行」を告発したのではない。彼が言うような日本国政府と軍による過酷な強制連行と強制労働があったのなら、多数の被害者やその家族が戦後すぐ告発していたはずだ。ところが、そのような動きはなかった。朴がこの問題を調査しようと考えたのは１９６０年だった。その経緯を朴はこう書いている。

（…略…）私が朝鮮人強制連行について本格的に調べてみようと考えるようになったのは、一九六〇年五月号の『世界』誌に掲載された「戦時中における中国人強制連行の記録」という報告書を読んで烈しく心をうたれたからである。私はさっそく前記報告書をつくった「中国人殉難者名簿共同作成実行委員会」（新橋・華僑総会ビル内）をたずねたところ、事務局の赤津益造、矢口延氏らの厚意によって、そこでの研究会に参加させてもらうことができた。（朴慶植『在日朝鮮人 私の青春』193頁）

捕虜として日本に連れてこられて労働をさせられた中国人労働者のケースでは、多数の自発的渡航者がいるなか、炭鉱など戦争遂行に必要な会社に優先的に労働者を回そうとした朝鮮人労働者のケースはまったく性質が異なっている。前者の場合には権力による強制という要素がたしかに存在するから「強制連行」という言葉が使われてもそれほどおかしくはない。しかし、後者は軍事産業への集団就職であって、1944年から実施された徴用の時期も、合法的な戦時動員であり、当時の国際規約であり日本も加盟していたILO（国際労働機関）の条約でも、戦時労働動員は、条約に反する強制動員に含まれないと明記されていた。

「朝鮮人強制連行」という言葉はまったく性格の異なる中国人捕虜のケースからの借用語として誕生したのだ。歴史用語として大変不適切であり、まさにウソ宣伝という意味で「朝鮮人強制連行プロパガンダ」と私たちが名付けたとおりだった。

この『在日朝鮮人 私の青春』は、朴が『朝鮮人強制連行の記録』を出してから16年間、それなりに研究調査を積んできたはずの81年に出されている。そこでの朴の強制連行の説明が、次に見るようにあまりにもでたらめだったことをここで確認したい。

強制連行というのは一九三八年四月、日本政府が中国への侵略戦争拡大にともなって「国家総動員法」をつくり、その具体策として翌年七月国民徴用令を公布し、一九四五年八月までに約百五十万人の朝鮮人、約四万人の中国人を強制的に日本内に連行して、炭鉱・金属鉱山・軍需工場・軍事施設工事などで強制労働に使役したことをいう。（同191頁）

一九三八年までの朝鮮人の日本への渡航も自由な移住としてではなく、日本の植民地被圧迫民族として一切の政治的権利の剥奪、社会的に民族差別をうけてきた状況下での渡航であった。一九三九年からの渡航は戦時労働力として国家権力の発動である国民徴用令の適用による、まさに文字どおりの強制的な連行であった。（同191頁）

ここで朴は、1939年から45年まで徴用令によって150万人の朝鮮人が「強制連行」されたと、まったく事実に反することを堂々と書いている。朝鮮では44年8月まで徴用令は適用されなかったのに、その事実に触れていない、「百五十万人の朝鮮人」はでたらめな数だ。動員数の統計はいくつかあるが、一番多い大蔵省調査でも72万5000人だ。動員された労働者は民間企業と2年契約を結び比較的高賃金を得て働いたから「強制労働に使役」されていない。日本に移住した朝鮮人には選挙権、被選挙権も与えられたから、「一切の政治的権利の剥奪」は間違いだ。

朴はこの記述のすぐ後ろに吉田清治のウソ証言を事実だとして自説の根拠に使っている。学者として失格だと言わざるを得ない。

第5章　岩波書店と「T・K生」の罪

ウソだらけの「韓国からの通信」

第1章で書いたように、日韓「歴史認識問題」は１９８２年の歴史教科書事件から始まった。それを仕掛けたのが朝日新聞や和田春樹らだった。しかし、それ以前の70年代、日韓は激しい対立を経験していた。その中心にいたのがやはり朝日や和田だった。当時、朝日や和田らは韓国の朴正熙《パクチョンヒ》政権を軍事独裁政権だとして激しく批判していた。和田らの朴正熙批判は岩波書店の月刊誌『世界』が作り出したものだった。

『世界』は73年から朴正熙政権を激しく批判する「韓国からの通信」という連載を始め、それを岩波新書でつぎつぎに出版していった。同通信は韓国在住の匿名の知識人という触れ込みの「T・K生」という人物が書いていることになっていた。和田らはこの通信を読み、それを事実だと信じて朴正熙政権批判を続け、その結果、日韓関係が悪化していった。

『世界』は北朝鮮の独裁体制に対する批判をいっさいしていない。それどころか、同誌編集長の安江良介らが繰り返し訪朝して、72年から91年の20年間になんと合計9回も金日成の会見録や論文を掲載している。日本における朝鮮労働党の機関誌のような存在だった。

『世界』が「韓国からの通信」を連載し始める直前、72年12月号に載せられた金日成会見記の「編集部まえがき」に安江は次のように記している。

（…略…）会見録にもあるように「日本の言論は南朝鮮の野党の声を紹介してほしい」という首相［金日成］の希望は印象深く思えた。（…略…）本誌前号に韓国の野党のリーダー、金大中氏の発言を紹介していることを私が話したと同時に「カムサハムニダ」（感謝します）という大きな声がはねかえった。いまも私の耳に残っている。

『世界』は、金日成の依頼にそって、北朝鮮評価抜きの韓国批判である「通信」を連載したのだ。当時の金日成からすると、金大中ら韓国の「民主化勢力」は北朝鮮の味方だと見えていた。

本章では日韓関係悪化の始発点とも言える「韓国からの通信」を取り上げる。

私は88年7月号の『諸君！』（文藝春秋）に、「『T・K生』は『北』の手先だったか」という論文を書いた。それを92年に出版した拙著『日韓誤解の深淵』に収録した。同論文は、『世界』に73年5月号から88年3月号まで連載されていた「韓国からの通信」が、「特定の政治的立場の人たちに都合のいいように事実を歪曲しようとした作為の跡が、はっきりと出てくる」ことを、具体例を列挙しつつ批判したものだった。

ちなみに、雑誌掲載時に編集部がつけたリードは「40パーセントは事実でない、と『世界』編集長も認めざるをえなかった。日本人の韓国理解を十年遅らせたその罪を具体的に挙げよう」となっていた。

これは、韓国の『月刊中央』（88年4月号）のインタビューで、当時の安江良介『世界』編集長が、T・K生の報道のうち、何パーセントが事実なのかと問い詰められて、「だいたい七〇〜八〇パーセントは事実だと思う。言論がたいへん自由である日本でも、記事内容が全部事実ではない。T・K生という人物は民主勢力であるため、不自由な環境の中で通信を送って来ており、間違いも多いと思う。六〇パーセントぐらいは事実だ。彼（T・K生）は八〇パーセントぐらいが事実だと言っているが」という発言をしたことをとらえてのものだった。40パーセントはウソであることを承知の上で、15年間もT・K生の通信を連載したことの責任は重いというのが88年の拙稿の結論だった。

そのとき指摘したこと――「証言」と称するものは流言蜚語《りゅうげんひご》の寄せ集め、北朝鮮への無批判体質等々――がおおむね正しかったことは、『世界』の2003年9月号に掲載された池明観《ジミョンクワン》のインタビュー記事「国際共同プロジェクトとしての『韓国からの通信』」から明らかになった。池は『世界』で、T・K生が自分であったことを明かした。ウソを発信し続けたことへの反省がまったくなく、ただ自画自賛だけを繰り返していて、それを読んだ私は強い不快感を持ったことをよく覚えている。

歪んでしまった日本人の韓国理解

ここで個人的なことを少し書くことをお許し願いたい。私は連載開始と同時に「韓国からの通信」を読み始めた世代である。父親が『世界』を購読しており、高校生のときからリアルタイムで読んでいた。つまり愛読者だったのである。連載が始まるやいなや、金大中拉致事件（73年8月）が起こり、T・K生に触発されて、当時高校生だった私は、和田らが主催した韓国大使館への抗議デモに参加したこともあった。つまり、私の対韓国認識の第一歩はT・K生によって形成されたと言っても過言ではないのである。

韓国の民主化運動を弾圧する朴正熙政権への怒り、詩人金芝河《キムジハ》の死刑を許すな、といったT・K生の主張に、多くの日本人が共感を覚えた。ある程度年長の本書読者なら当時の日本の反朴正熙ムードを覚えているはずだ。

そうした朴正熙政権への怒りの根拠となった韓国からの数々の「証言」なるものが単なる流言蜚語でしかなかったために、そのときから日本人の韓国理解はいびつなものになってしまった。

また、池明観が認めているように、「北朝鮮批判はほとんどしなかった。我々は南の軍事政権と闘っているのだから、北の問題を強調しすぎることで戦線を分断させてはならないと考えた」（朝日新聞03年7月26日）ために、少なからぬ日本人が、韓国よりはるかに人権弾圧の厳しかった北朝鮮に対して健全な批判精神を持つことができなかった。韓国は金大中拉致事件のように何をするかわからない危険な国であるが、北朝鮮は何の問題もないといった対応をT・K生や『世界』がとったからでもある。

そうした偏った姿勢によって日本人拉致問題が長年、事実上放置されてきたことを、池たちはきちんと認識しているのだろうか。さらに、『世界』は和田春樹らを使って、拉致はでっちあげだと言わんばかりのキャンペーンまで展開した。そのため、拉致問題は長い間、北の犯行であるという事実が隠蔽されることにもなった。

『世界』2003年9月号のインタビューで池は、「私が書いた『韓国からの通信』のなかには、北に対してかなり肯定的な文章が入っているのですが、それはそうすることによって北を動かしたいという気持ちがあったからです。いまから考えると純真な話ですけどね。だから、北は『韓国からの通信』に対してとても好意的でした」とあっけらかんと述べている。

だが、そう言うならば、韓国や朴大統領に対しても肯定的な文章を書いて韓国を動かすようにすべきだったのではないか。北には「太陽政策」、南には「北風政策」とは、なんという二枚舌、ダブルスタンダードであろうか。

朴派も反朴派もどちらも反共

私がT・K生の韓国論に疑問を抱くきっかけになったのは、77年、大学3年生のときに交換留学生として韓国の名門大学である延世大学国際学科に留学した際のさまざまな体験である。

当時の日本は不景気で、学生の就職もあまりよくない状況だった。ところが、韓国は好景気に沸いていた。私の留学先の学生たちも反朴正煕政権のデモはもちろんやっているものの、4年生にもなれば、「現代《ヒュンダイ》」や「三星《サムスン》」といった大企業の青田刈りの対象になって、春先にすでに内定が出て、他企業に行かせないように高級ホテルで合宿をさせられていた。農村などではまだ貧しい状況は見られたものの、経済自体は高度成長下だったし、国家としての秩序も守られており、国民の多くは、がんばって働けば貧しさを克服し、より豊かな生活を獲得できるという目的意識を強く持っていた。

こうした国民の強い思いは、朴大統領が韓国人に「やればできる」という精神を植えつけたからこその結果だったと言える。T・K生が連載でしばしば英雄視している金大中も、大統領になった後に、「近代化もしたが、国民たちに新しい目を開かせ革新を持って『我々もやればできる』という自信感を持たせたことは大きな功績」と認めていた（99年5月13日、大邱での発言）。つまり、学生にしても、反体制派の政治家や文化人も、共通分母として朴大統領が経済上大きな業績を残したと評価していたのだ。

政治的に見れば、当時の維新憲法では、国会議員の3分の1は大統領が任命する形であったし、大統領選挙も間接選挙で、政党の党員は選挙人になれないとされていて、間接選挙で投票するのは与党支持の地域の有力者だけだったので、朴大統領が出馬すれば必ず勝つ仕組みになってはいた。

ただ、これでも北朝鮮のような一選挙区に候補者1人、投票率100パーセント、得票率100パーセントといった茶番劇よりは「民主的」であったのは間違いないのだが、そうした北朝鮮の非民主主義的側面をT・K生が、「戦線を分断させてはならない」からという理由で批判しなかったのはあまりにもバランスを欠くと言うしかない。

それはともかく、言論の自由や民主主義の手続きの面で制限があったのは事実であるものの、史上初めて国民を飢えから解放する経済成長を達成したという点で、韓国内では朴大統領に対する肯定的評価が確立されていたことを、私は留学中に見聞したのである。朴大統領の死去（79年10月26日）直後から今に至るまで、ソウルの国立墓地にある朴大統領の墓に参拝に訪れる韓国民の列が絶えないのもそのためだ。T・K生の言うような「独裁者対民衆」という単純な描き方ではくくれない、複雑な現実を抱えて苦悩する韓国の姿がそこにはあった。

朴を支持する側は、北朝鮮がいつ侵略してくるかわからない以上、国家としての統一を保持するために、ある程度民主主義を制限するのはやむをえないと主張していた。朴自身は、それを「韓国的民主主義」と称していた。

一方、批判する側は、北朝鮮の脅威に対抗するためにも、韓国がより民主的な国家になることが国民の団結につながり、自由主義諸国も支持してくれるようになるという考えだった。民主主義を制限していては、諸外国の支持も得られなくなるという危惧を抱いており、その立場からの反独裁、民主化要求でもあった。

つまり、双方とも北朝鮮が韓国にとって脅威であることを認識したうえで、どんな体制が北の脅威に対して有効かという争いでもあった。反共という点では一致していたのである。

韓国に留学してウソに気づいた

留学していた頃、親しくなった韓国人学生と話していたとき、彼が、「夜、机に向かって勉強していると、突然空しさがこみ上げてくることがある。いくら一生懸命に勉強したとしても、北朝鮮が攻めてきて韓国を占領すれば、自分のようなインテリは全員処刑されてしまうはずだ」と言ったことがある。

彼自身は、朴大統領に距離を置いていたが、北の脅威はひしひしと感じていたのである。

彼とは、カンボジアのポル・ポトの大量虐殺は本当かどうか議論したこともあった。当時はまだ、アメリカの一部保守派マスコミが虐殺を指摘し始めていた頃で、完全な検証が行われておらず、恥ずかしながら私自身は疑問に思っていた。すると、彼はこう反論した。

「俺は虐殺があったと思う。朝鮮戦争のとき、北朝鮮軍が韓国の大部分を占領して人民裁判で次から次へと粛清をやったからだ。両親はそれを目撃した。だからカンボジアのポル・ポトも金日成がやったのと同じことをやっているに違いない」

学生たちもそういう葛藤に悩んだ末の民主化要求であり、政権側も北の軍事的脅威から国をいかに守るかを考えての民主化制約だった。韓国はそういう苦難の状況をのりこえて、経済成長を達成し、民主化も徐々に実現していった。

それゆえに、ジミー・カーターが76年に米国大統領に当選し、在韓米軍を撤退しようと言明すると、朴大統領はもちろんのこと、民主化勢力の人々も必死になって反対したのである。反朴大統領派だった金大中も金泳三も撤退反対論者だった。彼らは、自分たちが大統領になって韓国の民主化が進めば、アメリカ世論も朝鮮半島からの米軍撤退を支持しないだろうという論理を展開していた。

このように、当時の韓国人はほとんど、75年のサイゴン陥落による南ベトナム崩壊、北ベトナムによる共産統一、そして難民の大量発生に、自分たちの将来の運命を見ていたのである。このままだと韓国も同じ運命をたどることになるのではないかという危機感から、右も左も米軍撤退に反対し、アメリカの信頼を勝ち取るためにはどうすべきかを必死になって模索していた。

ところが、T・K生はそういう現場の苦悩を無視して、反韓国・親北朝鮮的な立場から、『世界』を通じて韓国だけを貶める流言蜚語をあたかも真実であるかのように装いながら一貫して撒き散らした。

T・K生の連載を読むと、不思議なことに、当時の韓国に住んでいれば常識として有している北朝鮮への脅威感や朴大統領に対する一定の評価、独立国家を維持できるかどうかという焦燥感といったものが微塵も感じられなかった。そのことに留学して初めて気づいたのである。

T・K生はあたかも自分が韓国内にとどまっている知識人のようにふるまっていたが、北朝鮮の民主化には無関心を決め込み、ひたすら韓国の朴正熙政権の悪のみを強調するという極端な反朴論は、大多数の韓国国民の感覚と適合していなかった。だから私は、本当は日本にいる人間が書いているのではないか、単に反体制派団体の地下文書やビラや噂や流言蜚語や虚偽を混ぜ合わせたものでしかなく、「北の手先」でしかないのではないかという疑問を88年論文でも指摘しておいた。

実際、私の予測どおり、T・K生は韓国に住む知識人ではなかった。72年から93年まで日本に半ば「亡命」していた、つまり韓国にはいなかった池が筆者であった。それを知って私の留学時代からの疑問の一端が氷解した。

北の政治工作の片棒を担いだのか

池明観は、前掲の『世界』のインタビューで、日本のある保守系雑誌（月刊『自由』）の招聘で60年代からしばしば日本を訪れていたと語った。月刊『自由』は反共保守の雑誌だったから、彼もその頃は韓国の知識人らしく反共保守だったはずだ。ところが、北朝鮮シンパの『世界』の安江良介編集長や隅谷三喜男（当時東京女子大学学長）などと付き合うようになり、その悪影響を受けたのだろう。

私はT・K生は安江編集長ではないかと内心思っていた。というのも、池のような朝鮮戦争を体験しているはずの古い世代の韓国人が、T・K生のように国を裏切るような物言いをするとは思えなかったからだ。池は北朝鮮の政治工作の片棒を担いだと言われても反論できまい。

同じことは金大中にも言えよう。彼とて反共派であったから、71年に大統領選挙に敗れて日本によく来るようになったときも、最初はもっぱら田中角栄など自民党主流の政治家と接触し、軍人の朴より自分のほうが韓国の舵取り役にふさわしいとアピールしていた。しかし、野党の元大統領候補など相手にされず、次第に宇都宮徳馬など自民党内親北派や社会党系とつき合い出す。

当時、日本にある韓国系の在日韓国人組織、民団（在日本大韓民国民団）のなかに、「ベトコン」と呼ばれるグループがあった。民団を名乗っているものの、在韓米軍撤退を唱えており、実は北朝鮮とのつながりがあるという意味で、「ベトコン」と呼ばれていたのだが、金大中は彼らに近づいていった。

日本における韓国政治研究の第一人者である故田中明は、60年代後半から金大中とのつき合いがあった。田中から私が直接聞いたことによると、田中は金が73年に東京から拉致される直前に、「現在のあなたの支持勢力は、連共左派と目されている在日韓国人と、北朝鮮から友好人士とされている日本の政治家であるが、その基盤に立って日本での運動を進めていくと、反共の国、韓国の政治家として今後困ったことにならないか」と忠告していた。金大中は「支持勢力にきちんと話をしている」と反論したというが、「ベトコン」の協力を得て、韓民統（韓国民主回復統一促進国民会議）という事実上の亡命政権を作り、自分が議長になる寸前に、韓国当局に拉致されてしまった。

当時の日本のマスコミや和田ら左派知識人たちは、ベトナム同様、朝鮮半島でも北の政権の問題点は看過して、南の政権の民主化のみを追求していた。その発想は、南の民衆は自発的に独裁政権を打破しようとしているのに、日本の独占資本やアメリカが干渉して韓国内の民主化運動を妨害しているという単純な幻想に立脚していたのである。

そういうイメージを強化し固定化したのが金大中拉致事件だった。そのために日本の公安警察とKCIA（大韓民国中央情報部。現・国家情報院）の連携もストップしてしまった。自分の庭を荒らされた日本警察が感情を害したのは当然だが、その結果、70年代半ば以降、日本人拉致事件が頻発してしまったといえる。日本を舞台にした北朝鮮の浸透工作を、日本の警察と韓国のKCIAが緊密に協力して捜査することがしばらくできなかったことが、この問題の背景としてあるからだ。

それはともかく、金大中拉致事件によってT・K生の連載が俄然注目を浴びる結果になった。悪辣な朴政権とそれと闘う民主化勢力のシンボルが金大中だという俗耳に入りやすい構図が、不幸なことに多くの日本人にスンナリ受け入れられてしまったのである。

池が正体を暴露してあらためてT・K生の連載を再読してみたが、「40パーセントは事実ではない」「60パーセントが事実だ」という評価を下していたこと自体が甘すぎたと痛感せずにはいられなかった。そもそも、分析の基本的な枠組みが大きく崩れていたのだから、60パーセントは正しいという言い方自体、正確ではなかった。

以下、①第2次人民革命党事件（75年）、②光州事件（80年）、③大韓航空機爆破事件（87年）、④大統領選挙（87年）をT・K生がいかに事実を歪曲して報告していたかを検証しておきたい。

「第2次人民革命党事件」とは、北朝鮮と結びついていたとされる人民革命党（人革党）に所属していた8人が、朴正熙政権下の75年に死刑判決を受けて処刑された事件である。当時は、反体制派詩人の金芝河にも死刑判決が下り、日本人留学生の早川嘉春、太刀川正樹の両人がスパイ容疑で逮捕されたりもした。しかし、当時の朴正熙政権は、死刑判決が出たとしても金芝河のような北朝鮮とつながりのない者に対しては数年後に特赦にして、処刑することはなかった。その信頼感が韓国には存在していた。田中明の友人であった鮮于輝《ソヌフィ》朝鮮日報主筆（当時）も74年、日本で講演してそのことを述べていた。

だが、共産主義革命活動をやっている正真正銘の職業革命家に対しては国家保安法、反共法に基づいて死刑を執行していた。人民革命党もそういう存在であったからこそ、死刑が実施されたのである。それに対して、T・K生はこう口汚く批判している。

> まさかこんなことができるとは思わなかった。朴政権にたいする見方がこんなにも甘かったのだ。われらは暴力政権だというくらいにしか思っていなかったといえよう。しかし、それは殺人政権であった。われらは大統領をまだ人間だと思っていた。夫人を失った悲しみを彼は知っているはずだと思っていた。だが、もはや、彼こそがその夫人の死の謎の背後にいる人だと国民の間にあった噂をふり返ってみなければならないのかもしれない。（…略…）いずれにせよ、「人革党」事件の八人の処刑で朴正熙はまた政治的延命をねらったが、その成功如何はともかく、彼はもはや獣になってしまったのであろうか。（…略…）
>
> 政治的な信念で死んだのではなく、平凡な市民が何も知らずに政府転覆、赤色政権樹立の「革命家」として殺された。彼らはそれを認めたらそれこそ死刑になると思って抵抗したであろう。それによって彼らは「屠殺」されたようなものである。（『続 韓国からの通信 1974・7〜1975・6』岩波新書）

つまり、これは完全にでっちあげの事件で、平凡な市民を共産主義暴力革命家として処刑したと批判しているのだ。

しかし、これは事実ではないと私は考えている。処刑された8人の1人に人民革命党のリーダーの都《ト》礼鍾《イエジョン》という男がいる。彼は60年代からの共産主義革命家で、地下活動を展開していた猛者《もさ》だった。

この都《ト》と同時期に地下で革命活動をし、都から人民革命党への参加を求められたこともある、元職業革命家の金正鋼《キムジョンガン》から、私は都と人民革命党について、詳しい証言を聞いたことがある。証言をしてくれた元革命家の金正鋼は、80年代には転向し、保守系評論家として活躍していた。私とはかなり親しい間柄だった。

金は、60年代初めに人民革命党が地下で結党されたとき、合流を求められたが、前衛政党より先に労働者を組織することが必要だとして、その提案を断り、偽装労働者として工場に就業して労働運動を指導した人物だ。

韓国では、人民革命党事件とは別に統一革命党事件（68年）があったが、この統一革命党は完全に北朝鮮が作った韓国内の地下政党だった。それに対して、人民革命党は韓国内の自主的な共産主義者が作った暴力革命を目指す地下政党であったが、金によれば、結党後に北朝鮮に使者を送り連絡をとっていた。北朝鮮と結びつきがあったのはまぎれもない事実だという。64年に第1次摘発を受けたが、そのメンバーは革命家としての活動を続けていて、第2次摘発を受けたのだ。

当時の韓国では、単に反政府活動をしている者に対して死刑を執行することはなかったが、人民革命党のような暴力革命を目指す地下政党を作り、北朝鮮と連携するような共産主義職業革命家を処刑することはやむをえないこととされていたのである。

朝鮮戦争を経験し、北の暴虐な体質を認識したうえで民主化運動をしている人たちは、共産主義、あるいは北朝鮮と闘うために民主化が必要だと言っていた。だから韓国内で共産主義革命を鼓舞する人々は敵であり、共闘はもちろん同情もありえなかったのである。

朴正熙大統領は、通常の民主化運動家を誰も死刑にしていない。自分の妻を殺害した文世光《ムンセグァン》はテロリストだから死刑にしたのだ。民主化運動家と共産主義革命運動家とは異なる存在であることを韓国人なら誰しも認識していた。ところが、日本に住んでその容共的雰囲気に毒されていったT・K生はそういう区別もつけずに、普通の市民が拷問を受けてでっちあげの裁判が行われたと、いたずらに朴政権を罵る。T・K生の正体見たりと言うしかない。

もちろん、拷問はあったかもしれない。韓国の取り調べは全斗煥《チョンドゥファン》政権頃まで「証言第一主義」で、本人の自供・自白を重視していた。口を割らない人間に対して手荒なことをやったこともあっただろう。刑事犯に対しても、不当に乱暴な取り調べがあったことは事実だ。社会全体の敵と認識されていた共産主義革命家らに対してはより手荒になったはずだ。しかし、社会が成熟、民主化するにつれ、そういうことはなくなった。

なお、07年、第2次人民革命党事件について再審で無罪が宣告されている。親北左派の盧武鉉政権が04年に国家情報院（KCIAの後身）に、国家保安法廃止論者の牧師が委員長となって左派の運動家や学者らが委員となった「過去の事件の真実究明を通じた発展委員会」を設置し、同委員会は05年に「人民革命党事件は、KCIAによる捏造であった」とする調査結果を発表した（委員会の偏向ぶりについては、金成昱「集中取材『大韓民国現代史』ひっくり返しの主役たち　宋基寅がリードする『真実・和解委』が主力　青瓦台・国会の在野出身が支援」『月刊朝鮮』06年6月号に詳しく書かれている)。

これを受け、裁判所が07年に第2次人民革命党事件の再審で、拷問などによる自白強要などを理由に「証拠不十分」として処刑された8人に無罪を宣告した。ただ、T・K生と調査委員会が主張した「KCIAによる捏造」という立場はとらなかった。

第2次事件が起きた70年代当時の韓国は、北朝鮮によるテロや武力侵攻などの脅威にさらされていた。事件の前年の74年には、北朝鮮工作機関によって洗脳された在日韓国人、文世光による大統領狙撃テロ事件が起き、大統領夫人が殺された。そのような準戦時環境下で情報機関の捜査は人権への配慮は、平時に比べれば不足していたかもしれない。再審はそのことを理由にしていた。しかし、過去事件委員会と再審でも、人革党事件そのものが捏造だとは言っていない。いくら調査しても捏造と断定できなかったということを強調しておく。

否定された「流言蜚語」の数々

次に、全斗煥政権時代の光州事件(80年5月)について、T・K生はどう発言していたかを見よう。

一九日の月曜日にデモに参加した学生はわずか二〇〇余名であった。それに対して軍隊はヘリコプターなどを動員してペパー・フォグ〔催涙弾〕をうちこんだので、学生たちは一つに固まらざるをえなかった。そこに、軍隊が突入して銃剣でつき刺した。

その時は学生たちが軍に追われて、解散している時であった。そしてこの輪の中に入った全員が殺害されたのであった。（…略…）

それを見かねて一人の警官が、それはあまりにひどいではないかと一言抗議すると、彼もただちに銃剣につき刺されて倒れ、息を引きとった。一人の老人が学生たちが逃げてゆくのにあまりにひどいではないかというと、その老人も刺し殺された。（…略…）

兵士たちは、ほとんど無差別に銃剣で刺した。彼らは「全羅道《チョルラド》の連中は滅種してもかまわないんだ」と叫びながら、子供たちもつき刺した。タクシーのドアをあけて運転手をつき刺した。（…略…）

二〇日には、路上で五人の女子学生が銃剣に刺されて死んだ。女子高校の校門からデモ隊の女学生たちが街頭にとび出そうとすると、二人の女子学生を裸にして校門に立たせ、こうされても出てくるのかと脅迫した。最初の衝突があった日、死体と重傷者が道庁の前に集められたが、兵士たちがそれを軍靴であしらい踏みつけた。重傷者たちはこうして踏み殺されたのであった。デモ隊が逃げまどうと、銃剣をその背に向けて投げつけて殺したこともあった。（…略…）

光州キリスト教病院では、銃剣で重傷を負わされた学生たちを治療している時に、軍隊が乱入してきて、銃で医師や看護婦を殴り、追い散らし、手術中の重傷者を二階から下に投げ捨てたという。

（『軍政と受難―第四・韓国からの通信』岩波新書）

まるで反日左派が言いつのってきた「南京大虐殺」をも上回るような凄まじい光景だ。

さらに、カトリック教会や牧師の証言として、次のようなすさまじい内容を事実として紹介している（以下は『世界』80年8月号に掲載されたが、岩波新書には収録されていない）。

無差別虐殺をした軍人たちは、丸一日食を与えられず、何か薬を入れた酒を飲まされてきたと自白した。一個中隊の兵力が学生たちの手によって武装解除されたのは、彼らが酒からさめて、自分たちが犯した惨劇に驚いたからであった。彼らの半数以上が下士官であった。彼らはひもじいと訴え、市民から十分な食事を与えられた。

軍人たちは、逃げまどう若い人々を民家から引きずり出し、その家の家族の中に若い人がいれば捕えては殴打し銃剣《マヽ》でつき刺した。空輸部隊員たちは、大学生一人を軍用トラックで引きずって無惨にも殺した……。それだけではない。私は尚武洞付近で、傷ついた顎から流れ出る血をふきながら泣いている市内の中央女子高校生にであった。その女学生はただ茫然としていたが、何度もたずねる私に、十分あまりもたった頃か、多少気を鎮めてこう語った。「私の学校の学生たちが授業を拒んでデモをしようとしたら、軍人が校門を囲みました。授業を終えて正門を出ようとすると、軍人たちが銃につけた剣で私たちをつき刺したのです。校門のところでお友達二〇名が血を流して死にました。教頭先生も軍人たちの剣につき刺されてなくなりました。ああなんて恐ろしい」……。

（…略…）教会代表として光州を訪ねた或る牧師は、茫然とした顔で次のように呟くのであった。

（…略…）「何を助けてあげましょうかときいた。返ってきた答えは実に冷たいものであった。われわれ光州市民が死んでゆく時、あなたたちは何をしてくれたのですか。そして、いまさら何を助けるというのですか。われわれにはまだ負傷したわれわれの市民を助ける血があります。残り少ないが食糧もあります。お互い少しずつ分かちあいます。援助物資なんかいりません。その時の彼らの沈痛な面持、憎しみのただようような目つきを忘れることができない。光州市民たちが五つの班に別れてひそかに調査したところによると、死者は二千名に上るというからね。負傷者、投獄者は数え切れないであろう。死亡したというのに遺体が帰ってこない。同僚の牧師も一人、神学生の息子を失った。その遺体も帰ってこなかった。血に飢えた軍人の存在自体が問題かもしれない。こんな小さい国にそんな軍隊を六十万ももっていては、民主主義も平和もありえない。残忍な時代の幕開けだよ」

これらの「証言」が事実だとすれば、恐るべきことと言うしかないが、事実ではなかった。

T・K生は「このような報告に対しても、悪魔的な権力は、それは北のスパイのでっちあげであると平然とうそぶくであろう」と述べてもいた。だが、88年の盧泰愚《ノテウ》政権成立から文在寅政権に至るまで、この光州事件に関しては詳細な調査が続いている。かつて弾圧された側が調査したにもかかわらず、当時の韓国軍が無差別虐殺をしたという事実はまったく出てこなかった。「中央女子高校」という特定の高校名も出てくるのに、その学校でもそんな虐殺がなかったことが金大中政権下の調査によって証明されている。

つまり、軍人が、自国民に対して虐殺をした、2000名殺した、無抵抗な女子高生を刺し殺したといった「証言」は真っ赤なウソでしかなかったのである。ソウル地検が95年に発表した死亡者は193人、うち民間人は166人、軍人23人、警察官4人だった。だが、このT・K生の文章から日本人読者がイメージするのは、韓国軍の恐るべき残虐さである。T・K生は、何としてでも韓国の軍隊そのものを否定し、韓国軍が存在しないほうが韓国（あるいは北朝鮮？）にとっていいことなのだという政治的意図を主張したくてウソを書いたのではないかと疑ってしまう。

T・K生が「匿名」だったから、光州事件に関する詳細な調査結果が公表されてその主張がウソだったことが明らかになっても責任から逃げることができた。『世界』編集部も、ウソ記述の責任を追及されても、情報源を明かすとT・K生や関係者が処罰されるという美名の下に、根拠のないウソをばらまいていられた。しかし、T・K生の正体が池だと明らかにした以上、池と『世界』はウソを訂正する義務がある。

『世界』の池インタビューでは、聞き手の岡本厚『世界』編集長が、「民主化運動は、大変な犠牲を払いましたね。捕まって拷問を受けたり、死刑になった人もいる。光州事件では二〇〇人近く殺されました」と語っている。

突如として、光州事件の死者が2000人から政府発表の200人にされている。そう発言するなら、まずかつての「2000人虐殺」のウソを訂正し、謝罪すべきであろう。ところが、この質問に対して、池は自分の光州事件記述の過《あやま》ちには何も触れずに、「私には生き残った者の恥という感じが強くありました。それでこの通信の筆者という発表にも尽きないためらいがありました。亡くなった人の眼差しを感じるのです」と述べている。恥と言うなら、まず外国でウソを書きちらし韓国の名誉を傷つけたことこそ恥と感じるべきだ。

光州事件は殺戮ではなく不幸な衝突

『世界』の岡本は、池インタビューを載せた03年9月号の編集後記で光州事件に触れてこう書いている。

一九八〇年五月、非常戒厳令に反対して残忍な弾圧を受けた光州市民は、武装して蜂起、一〇日間の抵抗の後、戦車を先頭にした戒厳軍に鎮圧された（光州民衆抗争）。四半世紀に及ぶ韓国民主化運動における、最大の流血事件である。

望月洞は、そのとき殺された学生、市民を軍が清掃車で運んで埋めた場所。軍政時代には、犠牲者は〝暴徒〟とされ、打ち捨てられた墓地に遺族が行くことさえ憚られたという。現在は、犠牲者は誇るべき〝民主人士〟となり、同墓地は韓国民主化運動の〝聖地〟となった。美しく整えられたばかりでなく、参拝者を国軍のラッパ吹奏が迎えている。

歴史評価の一八〇度の転回、正統性の逆転。これはまさに「革命」といわなければならない。殴られても、拷問にかけられても、叩きのめされても、次から次に立ち上がっていく韓国の人々の勇気と強さに、当時私たちは圧倒される思いだった。少数の例外を除いて、ほとんどが非暴力の抵抗であり、武器は「言葉」だった。まさに「パロールの革命」（池明観氏）であり、私たちはその倫理性の高さにも圧倒された。

一五年間、「韓国からの通信」が伝え続けたのは、つまりはこの「言葉」だった。そして、今回明らかにされたように、その「言葉」は、おびただしい人々の私心ない協力があって、初めて日本にもたらされたのである。「T・K生」とは池明観氏個人のことではなく、韓国民主化運動総体のことといえるのではあるまいか。

彼もT・K生同様、光州事件についてウソを述べている。私は光州事件の後、82年から84年にかけて光州に6回調査に入った。詳しくは拙著『日韓誤解の深淵』(亜紀書房・92年)に書いたが、望月洞《マンウオルトン》墓地にも何度も行ったことがある。同墓地は光州事件の起きる前から市民の共同墓地だった。光州事件の犠牲者を「清掃車で運んで埋めた場所」でも「打ち捨てられた墓地」でもない。当然のことだが、光州事件の犠牲者以外の墓が多数あった。

光州事件の犠牲者で身元がわかっている場合は、ちゃんと遺族が埋葬をしている。「遺族が行くことさえ憚られた」という記述もウソだ。私は当時、望月洞で光州事件の遺族というお婆さんたちに何度も会った。

光州事件の真相は、岡本やT・K生の言うような単純な構図ではない。戒厳令下で軍が治安を維持するために出動したとき、学生たちが戒厳軍に投石するなどの暴力的抵抗をした。軍隊は機動隊と違ってデモを鎮圧するノウハウを持っていない。だから過剰反応をした面もあり、そのために死傷者が出たのは事実だが、計画的な殺戮を行ったわけではない。前述のとおり、鎮圧側でも軍人23人、警官4人が死亡している。

83年5月に光州で私が会ったタクシー運転手は、全斗煥批判を口にしつつも、目にした一番残虐なシーンは、「軍人が学生のデモ隊を頭から殴っているもの」だったという。そういった姿を見て興奮した市民が軍人に向かってビルの上から花瓶を投げつけたりした。その中で「軍人たちが酒を飲んでいる」「全羅道の人間を皆殺しに来た」という根拠のない悪質な噂が広まり、市民の興奮はいよいよ高まった。タクシーとバスが隊列を阻んで機動隊やその後ろにいる軍隊めがけて突っ込んだ。しかし、軍は発砲命令が出ていないので阻止できず、機動隊員4人が轢き殺された。その場の判断でやむをえず正当防衛として運転手に向かって銃撃を加えた。すると、今度はデモ隊が武器庫を襲って奪った銃で反撃した。被害の拡大を恐れて軍が撤収すると、武装したデモ隊は刑務所を襲撃し、そこでも銃撃戦による死者が出た。デモ隊同士の誤射でも死者が出た。混乱に混乱が重なった不幸な衝突、それが光州事件だった。

ソウルの国立墓地にはそのとき殉職した軍人と警察官の墓がある。しかし、彼らに対する追悼行事は行われなくなった。一方、光州の望月洞墓地では今も毎年大々的な追悼行事が行われている。

大統領選挙に不正はなかった

最後に、87年12月の大統領選挙に関するT・K生の主張を検証しておきたい。

このとき韓国は完全に民主的な大統領直接選挙制を導入した。政治活動の制限を受けていた金大中も自由の身となり、言論の自由も保障されて、自由で民主的な選挙が行われた。

その結果、与党の候補、盧泰愚が当選した。当時、私は光州に滞在して選挙を観察した。言うまでもなく選挙に不正はなかった。韓国マスコミも多数の記者を送り込んだ日本、米国をはじめとする海外メディアも不正選挙はないと判断した。
ところが、T・K生は連載の最終回（88年3月号、岩波新書未収録）で不正があったと強弁した。まず、高麗大学の尹溶《ユンヨン》教授が大統領選挙は不正であったとする声明（「大統領選挙無効宣言」）を出したとして、「勇気ある良心の声」として高く持ち上げた。声明では、ソウルの九老《クロ》区で開票の際に不正があり、それを阻止しようとした人々に対して機動隊が無差別に催涙弾を発射し数十人が絶命したが、韓国のマスコミはまったく報じようとしていないと非難する。T・K生は次のような声明の一節を真実だという前提で引用した。

一九八〇年五月、光州の虐殺者たちと官製言論は二、〇〇〇余名を殺しておいて「三名死亡」としらを切ったが、五年後にいたって、ようやく一九〇名と訂正報道する欺瞞術策を使いました。今度の九老区庁の群をなした死も同じように数十名を殺しておいて、「流言蜚語」といってかえってわれわれに罪を着せようとするのだから、ほんとうに天人共怒〔誰でも憤慨し許すことができないこと〕すべき犯罪行為であるといわざるをえません。

結論から言えば、これはウソだった。たしかに、九老では不正があったのではないかと騒ぎが起こり、機動隊ともみ合いがあったが、結局、不正はなかったし、死者は出ていない。現地には朝日新聞をはじめとする全斗煥政権に批判的な記者が多数いたが、そんな報道はしていない。事実ではないからだ。
この選挙に関して、T・K生は「コンピューター・クーデター」と題して奇妙な批判もしている。

（…略…）盧泰愚は執権のためにもう一つの光州事件を起こしたわけである。そして第一の光州事件のときのように、言論は沈黙し、盧泰愚の当選を既成事実化することに大童であった。九老区庁事件を取り上げるどころか、不正選挙に対する抗議に対して、両金氏が一本化しなかったから敗北したと大々的に書き、「不正非難は事実を根拠とせよ」などと社説を掲げた。民主勢力があげる不正選挙の数え切れないほどの事例も、あの九老区庁事件も、彼らのいう「不正非難」の「根拠」にはならないというわけであった。（…略…）

盧泰愚は八〇〇余万票を獲得したというが、民主勢力側はせいぜい四〇〇万票ぐらいが実際の得票数であろうと見ている。コンピューターも不正に操作された。こんなときコンピューターは人間のように抵抗することを知らない。政府発表の数字までがちがっていることが指摘されている。全羅南道の場合、投票者数は候補者得票数と無効の合計と一致しなければならないのに、投票者数が後者の二つを合せた数よりも三万八八八五票も多いことになった。全・盧一派は数字の計算もろくろくできないコンピューターを使ったのかと嘲笑されても、彼らは一言も答えていない。全国で不正選挙も暴力沙汰も一件もなかったというような涼しい顔である。

また、「国民運動全南本部等の声明」から次のように引用する。

最初の不在者投票の開票過程から一定した得票率に構成されていた。（…略…）このコンピューター開票操作は地域感情をあおるために全羅道、慶尚道、忠清道が一人の候補に票が集中するようにし、盧泰愚は全国どこにおいても二位以上を占めるようにするという、ひじょうに緻密なものであった。

当時の韓国人には、コンピューターを使えば何でもできるという妄想があった。コンピューターは単なる集計マシーンとして使われただけであり、「開票過程から一定した得票率に構成」するなどということは不可能なのである。

日本にいたT・K生は知らなかっただろうが、私は光州でさまざまな〝珍風景〟を目撃した。例えば、光州では金大中の出身地ということで金大中派が優勢だったが、それでも金大中支持派の学生たちが勝手に「選挙監視団」を名乗って投票所に詰めかけていた。その「監視」を恐れて、与党系の人たちは投票所で「金大中に入れましたよ」と言いながら、「金大中」のところに印を押した投票用紙を監視団に見せてもいた。これでは「選挙監視」ではなく「投票強要」である。そういう異様な雰囲気だった。

結局、金大中は全羅道ではトップだったけれども、他の道では不振で3位に終わった。

当時の政府や一部マスコミは、全羅道の開票が先に済むことを恐れていた。なぜなら、そうなると一時的に金大中がトップに躍り出てしまい、それが開票途中で他地域の票により逆転されるからだ。それを見たら、熱烈な金大中支持者の多い光州などで「不正だ」という大騒動が起きるのではないかと心配していたのだ。

結果的に、全羅道は開票が遅れた。それは、政府による操作ではなく「選挙監視団」が執拗に開票にあたっていろいろと物言いをつけたからだ。例えば、開票所のあるビルの中で、開票所とは関係ないフロアに電気が点いていないとして騒ぎを起こした。過去に開票所が突然停電となって不正が行われたとして、全館電気を点けろと要求した。選挙管理委員会も「監視団」とその背後にいる市民らの不信感を意識して、できるかぎり要求を受容した。全羅道ではゆっくりと開票が進み、他道より遅れた。

そのため、金大中が一時的にもトップに立つことがなかった。それでもマスコミも明け方になって開票率が１００パーセントになるまで当選確実を打たなかった。やはり全羅道の人々からのクレームを恐れていたのだ。

徹夜で開票中継を見続け、金大中落選が確定したとき、光州では支持者が落胆して、「人口で慶尚道に負けた。子作りに励むしかない」などと言い合っていた。

ところが、翌朝、大学生らが壁新聞やビラを配って「九老で不正があった、コンピューターが事前に入力されていた」という噂を広めていった。光州市民の多くが一時的にそれを信じていた。

地元の新聞社『光州日報』の記者が、「不正投票があった事実をなぜ書かないのか」という電話が殺到しているとぼやいていた。彼自身、金大中に投票したが、コンピューターは集計に使われただけでそれによって不正がなされたとはさすがに信じていなかった。しかし、その常識が抗議電話をかけてくる市民に通じなかったのだ。

おもしろいことに、5年後の92年の大統領選挙では、コンピューターの不正操作をまた言われてはたまらないということで、選挙管理委員会はそろばんとコンピューターの2つで並行して集計した。商業高校の女子生徒が選挙管理委員会の事務所でそろばんをはじいている姿をテレビで中継した。そこまで不信感があったにせよ、87年の選挙で不正があったなどということは、当の金大中自身もその後、まったく言及しなくなった。

この韓国大統領選挙の1年前の86年にフィリピンの大統領選挙でマルコス大統領側の大規模な不正が発覚してマルコス一家が亡命するという事件があった。そういうイメージで祖国である韓国をバカにし、民主選挙ができない国だと決めつけたのがT・K生だったのである。

大韓航空機事件にも陰謀論

大統領選挙の直前に起こった大韓航空機爆破事件（87年11月）についても、T・K生は同じ88年3月号で、北朝鮮によるテロではなく韓国情報機関による謀略だという驚くべきことを書いていた。T・K生は、次のような「民主化運動のある長老のことば」を長々と引用紹介している。


六一年の九月、アシアン・ゲイム（アジア・オリンピック）直前には金浦空港爆弾事件があった。それで戒厳令下のような状態を作ってアシアン・ゲイムを無事に終えた。そのときもそれは北の仕業といったが、国内の多くの人びともそれを疑がった。今度の発表ではそのことには言及されなかった。それは自作自演であったからだろう。（…略…）

しかし今度は自作自演説よりも、南北合作説を取らねばならないのではなかろうか。あの密室の取り調べで何が起こったか知らない。全一派は北がオリンピック前に何かしでかすだろうと思っていた。〔蜂谷〕真由美〔金賢姫〕がウイーンで動いていたときには、すでに彼らの計画をかぎつけて後を追っていたのではなかろうか。泳がせておいて、大事件にして北を孤立させるのに使おうとした。あるいは日本で旅券偽造のあたりから知っていて、泳がせていたかも知れない。金大中氏事件のときのような日本の奇妙な勢力が背後にあったような気がする。宮本という男は韓国とつながりが深い正体不明の人である。それが背後で今度も動いたが、彼は何かの勢力によって保護されているかも知れない。ここには日本の情報がからむし、ウイーンからはアメリカの情報がからむ。韓日米が協力したようにも見える。アブダビで彼女が、飛行機を降りたとき、一一名の韓国人が降りたが、その中にはヨーロッパからソウルに帰る途中の政府高官たちがいた。彼らは命令によって途中で降りたもようだ。

要するに、大韓航空機爆破は日米韓の謀略であるというわけだ。だが、11名の政府高官云々に関しては、当時、『週刊新潮』までが、それが真実だといわんばかりに報じていたが、『週刊新潮』の情報の出所は、日本政府内のある役所に属する情報関係者だった。だが、これは朝鮮総連のディスインフォメーション（信用失墜を目的に故意に流す虚偽の情報）であって、その役所がそれにひっかかり、無チェックのままそれを『週刊新潮』に流してしまったのだ。私は当時、アブダビで降りた乗客15人全員のリストを入手して調べたが、韓国人は誰一人いないことを確認している。T・K生は、自分の言葉として次のように書いた。

一人の若い女性にどんな強制力が働いているのだろうか。今も彼女は本人の意志に反してその強制力に従わなければならない。そこにあるのは事実ではなく、人工的に作りあげられた虚偽である。そんな工作は敵にのみ使われたはずなのに、今や自分の国民に向かってふんだんに使われている。そのような現代政治のからくりの中にあるために、真由美にわれわれは憐みをおぼえる。この憐みをおぼえることが、まだわれわれに人間性が残っているあかしなのかも知れない。金賢姫という名まえは本当だろうか。政治は人間を非人間化し、人心を荒廃させる。今韓国には諦めと絶望の中で自利のためにただもがいている群像がひしめいている。

民主化より革命を望む

T・K生こと池明観の記述からわかることは、彼は韓国の民主化を本当は求めていなかったということだ。自由で民主的な選挙が行われたにもかかわらず、野党候補が落選すると、虐殺があった、不正があったと主張する。選挙直前に大韓航空機爆破事件があったのも謀略だったと強弁する。88年2月号で、T・K生はいみじくもこう述べているが、ここに彼の本心があったと言えよう。

これは単なる選挙ではない。革命の一段階にすぎない。革命には敗北はない。成功できなければ、その状況を分析し判断しては、新しい戦略を編みだし行動しなければならない。革命の全面的勝利の日まで、そのように部分的失敗と部分的勝利とを交互に味わわざるをえない。

T・K生が求めていたのは、韓国の人々が北朝鮮の脅威の中で必死になって獲得しようとしていた民主化ではなく、革命の達成だったのである。

その革命とは北朝鮮をけっして批判しない革命、共産主義になびく形での韓国赤化のための革命でしかなかったのである。そのカムフラージュのために、「韓国の民主化」というスローガンを掲げていたにすぎないのだ。

73年から書き続けてきたT・K生の『韓国からの通信』は88年3月号で終了した。岩波新書から出ている4冊は前半の80年半ばまでのものが収録されているが、それ以降の8年分は単行本化されていない。おそらく、80年代以降、普通の日本人が韓国に旅行するようになり、またジャーナリストや学者などの韓国見聞記が多数刊行されるようになり、T・K生が描くような暗黒の韓国像が事実ではないことが知られるようになったから、さすがの岩波書店も単行本化ができなかったのではないか。

朴政権が言論の自由を制限していたのは事実であり、そういう体制下ならば「流言蜚語」をもっともらしく針小棒大化することは可能だったかもしれないが、80年代以降、とりわけ87年の大統領選挙以降は完全に民主化され、言論の自由が完全に認められた状況になったために、T・K生は連載を断念したのだと私は思う。

彼が本当に韓国の民主化を望んでいたのなら、87年の大統領選挙はその運動の帰結として素直に評価すればいいはずだ。自由な言論活動が保障されたうえで、投票の結果が己の革命像と違うからといって不正だ、謀略があったと騒ぐのはおかしい。

手段を選ばず革命を夢想するこうした勢力が存在していたから、朴大統領はなかなか民主化に踏み切ることができなかったのである。T・K生こそが、韓国の民主化を遅らせた元凶とも言える。こんな

「流言蜚語」の拡大者がいなければ、韓国の民主化はもっと早く達成できたのではないか。このようなウソの発信者を持ち上げた岩波書店と和田春樹らの責任も重い。

第6章　文在寅の反日反韓史観

韓国大統領の革命思想

文在寅《ムンジェイン》政権の下、日本の目の前の隣国は、これまで私たちが付き合ってきた価値観を同じくする準同盟国ではなくなった。文在寅大統領は２０１７年5月の就任式で「一度も経験したことのない国をつくる」と語ったが、本当にそのような国が玄界灘の向こうに出現した。韓半島全体を、反日差別主義を基盤とした全体主義が支配するという、わが国にとっての地政学的悪夢がほぼ実現している。ただ、反共自由民主主義勢力の必死の抵抗はまだ続いているから、希望がなくなったわけではない。

この章では文在寅が大統領に就任してからどのような反日発言、反日政策を実行してきたのかを見ていきたい。そこから、彼の反日政策の根底には、反共自由民主主義という韓国の建国の理念を弱体化し、日米韓三角同盟から抜けようとする反韓史観が根を張っていることを検証する。なお、文在寅の危険性については、19年2月に出した『歴史を捏造する反日国家・韓国』（ワック）に詳しく書いたので、ぜひ併せて読んでほしい。

19年5月、文在寅大統領就任2周年を期して、公共放送であるKBSが文大統領をインタビューする特別番組を放映した。そこで聞き手となった女性記者がこのような質問を行った。


（第1野党の）自由韓国党の立場から見ると、青瓦台《チョンワデ》（大統領官邸）が主導し与党を引っ張っていっているので、野党の意見はまったく反映されず政局が引っ張っていかれている。このような判断をしているので、だから今、大統領に「独裁者」だと言っているのではないですか。その「独裁者」と聞いてどのように感じられますか。


この女性記者に対して文在寅政権支持者から激しい非難が集まり、身辺の危険を感じるほどだったという。引用したように、野党がこう言っているという質問だったが、それでも文在寅支持者は許さないのだ。

文在寅大統領は国民とのコミュニケーションをよくするという公約を掲げて当選した。前任者の朴槿《パク》恵《ネ》大統領が「不通」、つまり「意思不疎通＝コミュニケーション不足」だと批判されていることを意識してのことだった。ところが、就任2年目では記者会見をせず、この対談番組だけをもって国民とのコミュニケーションという公約を果たしたというのだ。

そのうえ、大変丁寧で配慮した言葉遣いで質問をしていた女性記者が支持者から袋だたきに遭うという状況だ。

同じインタビューの冒頭で、文大統領は自分の政権が「革命政権」であると明言した。

国民は、ろうそく革命というとても成熟した方法で政権を交替して私を大統領に選びました。それで文在寅政府はろうそく精神の上に立っています。ろうそく民心が命じるとおり国政壟断《ろうだん》、そして反則と特権という積弊《チョッペ》の時代を終わらせ、新しい時代、公正で正しい大韓民国の道に向かって歩いていきます。

革命とは憲法秩序の停止を意味する。ところが、文在寅大統領は現行憲法の規定にある弾劾手続きに従って前任者が退任し、7ヵ月早まった、やはり憲法の規定どおりの大統領選挙の結果、政権の座についた。革命政権ではないはずだ。

それでも、文大統領は内心では革命を求めて政治活動をしてきた「革命家」的政治家であり、その周囲には80年代に非合法の革命運動に従事した活動家たちがいる。

文在寅は、17年1月、大統領選挙の公約を記した著書『大韓民国が尋ねる 完全に新しい国 文在寅が答える』を出し（未訳）、その本音を次のように記していた。

親日勢力が解放後にも依然として権力を握り、独裁勢力と安保を口実にしたニセ保守勢力は民主化以後も私たちの社会を支配し続け、その時その時、化粧だけを変えたのです。親日から反共に、または産業化勢力に、地域主義を利用して保守という名に、これが本当に偽善的な虚偽勢力です。

（…略…）経済交代、世代交代、過去の古い秩序や体制、勢力に対する歴史交代をしなければならないのです。そのためには法的、制度的に根本的なシステムを備えなければなりません。（68頁）

一番強く言いたいことは、わが国の政治の主流勢力を交代させなければならないという歴史の当為性です。そのように語りたいのですが、それは国民が心情的にもっとも望んでいるとしても少し嫌がる部分でしょう。だから、大清算、大改造、世代交代、歴史交代、そのような表現を使っています。既存のわが国の政治主流勢力が作ってきた旧体制、古い体制、古い秩序、古い政治文化、このようなものに対する大清算、そしてその後に新しい民主体制への交代が必要だと考えます。（118–119頁）

法と制度を作り変えて、政治だけでなく経済においても、それ以外の領域でも古い世代を全部追い出し、過去の秩序と体制を交代させるというのだ。それを明言すると抵抗があるから「大掃除」などの抽象的表現を使っていると率直に告白している。恐ろしい革命思想だ。

民族主義的ファシズムの反日扇動

「大清算の後の新しい民主体制」とは、自由民主主義ではなく北朝鮮との連邦制で実現する人民民主主義体制のことではないかと疑う根拠が十分ある。

そのような疑いの声は韓国内でも次第に高まってきた。日本統治時代に創刊され、現在も最大部数を誇る保守全国紙「朝鮮日報」に20年8月16日、「大韓民国の空にファシズムの幽霊が漂っている」という文で始まるコラム「文在寅政権の軟性ファシズム」が掲載された。筆者の尹平重《ユンピョンジュン》・韓神大教授は、この間、文在寅政権を激しく批判してきた保守派の太極旗デモとは距離を置く、中道派の政治学者だ。その彼が文在寅政権をファシズムだと書いたのだ。

尹教授は、文在寅はヒトラーと同じように、民主的手続きで権力を掌握してのち、反日感情を煽って仮想敵を作り、自由民主主義を破壊しているとする。

反独裁民主化運動の経歴を誇った文在寅政権が韓国の民主主義に背いた。ファシズムは大衆の支持を背に民主的な手続きで権力を掌握する。政権発足後には民衆と民族を前面に掲げ、宣伝と扇動で仮想敵をつくりだし、自由民主主義を破壊する。ファシストにとって政治は敵と同志による闘争なので、欺瞞とでっち上げを含め、手段や方法を選ばずに敵を攻撃する。ドイツのワイマール共和国でヒトラーが台頭した方法だ。（尹平重「文在寅政権の軟性ファシズム」）

文在寅の反日扇動と北朝鮮へのすり寄りは、ファシズムにとって不可欠な仮想敵作りと感性的民族主義だと喝破する。

正義の化身である指導者に逆らう人間はファシストたちにとって国家の敵だ。文在寅支持勢力が「財閥、野党、保守メディア、検察の守旧同盟と土着倭寇（親日派）」を憎悪する理由だ。（…略…）

ファシストにとって国粋主義的な民主主義はポピュリズム的な魔法の指輪にほかならない。韓日関係の破綻が国益に致命傷となっても、文在寅政権の権力強化にはむしろ役立った。北朝鮮の核の前に丸裸になった大韓民国の「フィンランド化（Finlandization・民主主義を維持しつつも共産主義の勢力下に置かれること）」が韓国人の自由と豊かさを脅かしても、民族を口実にした対北屈従政策に執着する。感性的民族主義こそ大衆を誘惑するファシズムの麻薬だ。（同）

このコラム掲載の前日、20年8月15日、韓国政府主催の「第75周年光復節慶祝式」があった。そこで文在寅とその追従者らによって語られた言葉は、まさに尹教授が言うとおりの反日扇動と北朝鮮へのすり寄りだった。

当時、日本のマスコミは、その文大統領演説について、日本に対話を呼びかけたというような見出しを付けて報じた。しかし、その全文を読み、また、同じ記念式典でなされた光復会（独立運動家とその子孫の会）会長の祝辞を読むと、反日感情を利用してファシズム化した文在寅政権の姿がよくわかる。演説で、文は、日本政府との対話の門をいつでも開いていると語る直前にこのように語った。

２００５年、４人の強制徴用被害者たちが日本の徴用企業を相手に裁判所に損害賠償訴訟を提起され、２０１８年、大法院は１９６５年韓日請求権協定の有効性を認めつつも、個人の「不法行為賠償請求権」は消滅しなかったと判断しました。大法院の判決は大韓民国の領土内で最高の法的権威と執行力を持ちます。政府は司法府の判決を尊重し、被害者らが同意できる円満な解決方案を日本政府と協議してきたし、今も協議の門を大きく開けています。

一緒に訴訟を行った3人はすでに故人になられ、一人残られた李チュンシクさんは昨年、日本の輸出規制がはじまるや「私のために大韓民国に損害になるかもしれない」とおっしゃいました。私たちは1人の個人の尊厳を守ることがけっして国の損害にならないという事実を確認するでしょう。

同時に、三権分立に基礎を置く民主主義、人類の普遍的価値と国際法を守るために日本とともに努力するでしょう。1人の人権を尊重する日本と韓国の共同の努力が、両国国民間の友好と未来の協力の架橋となるだろうことを信じます。


当時私はこれを読んでため息しか出なかった。そして、ソウルの日本人特派員らがこの演説について「日本との対話を求めた」などとなぜ肯定的に報じたのか、強い疑問を覚えざるをえなかった。

文は演説で「政府は司法府の判決を尊重し、被害者らが同意できる円満な解決方案を日本政府と協議してきた」「三権分立に基礎を置く民主主義、人類の普遍的価値と国際法を守るために日本とともに努力するでしょう」と、韓国の司法によって国際法違反状態が起きているという事実を認めず、「司法府の判断」「三権分立」などという国際法とは関係ない、国内の権力のあり方の議論を持ち出すだけで、自国政府の責任を認めていない。

「被害者らが同意できる円満な解決方案を日本政府と協議してきた」「国際法の原則を守るために日本とともに努力する」と言ったが、被害者は、私有財産を不当に差し押さえられている日本企業だ。日本企業が同意できる早急な国際法遵守措置こそが韓国政府に求められている。強調したいのは、国際法を守る責任は韓国政府にあるということだ。ともに努力する課題ではない。

大韓民国建国を汚れたものと否定

文在寅演説に、北朝鮮に対する批判がいっさいなかったことも驚きだった。20年6月に南北連絡事務所が爆破されるという屈辱を受けながらも、その2ヵ月後の8月15日に、連絡事務所設置を決めた「板門店宣言」を実践していくことが核問題解決への道だと語るのだ。

南北協力こそが南北すべてにおいて核や軍事力の依存から抜け出せる最高の安保政策です。南北間の協力が強固になればなるほど南と北のそれぞれの安保がその分だけ強固になり、それはすなわち国際社会との協力のなかで繁栄へ進んでいける力となるでしょう。

「板門店宣言」で合意したとおり、戦争の脅威を恒久的に解消し先人たちが夢見た本当の光復の土台を備えます。南北が共同調査と着工式まで進めた鉄道連結は未来の南北協力を大陸に拡張する核心動力です。南北がすでに合意した事項を一つ一つ点検し、実践しつつ「平和と共同繁栄の韓半島」に向かい進んでいきます。

文在寅は、韓国内と日本の自由民主主義勢力について悪意をもって非難しつつ、韓国の安全を脅かし続けてきた北朝鮮に無条件で甘い。この文在寅演説の背景には、私が「反日反韓史観」と呼んでいる文政権とその支持層が信奉する独特の歴史観がある。彼らは大韓民国の建国を汚れたものと見ているのだ。

だから、演説でも、日本からの解放を繰り返し語りながら韓国建国についてはいっさい触れないのだ。

式典での金元雄《キムウォンオン》光復会会長の祝辞はこの歴史観を露骨に表していた。元国会議員でもある金会長は、韓国の現代史を「親日反民族勢力」との抗争だったと、次のように断言した。

済州4・3抗争、4・19革命、釜馬抗争、光州5・18抗争、6月抗争、ろうそく革命は親日反民族権力に立ち向かった国民の抵抗でした。

ここで言及されている「済州4・3抗争」とは、1948年4月に共産主義勢力が韓国建国に反対して済州島で起こした武装蜂起のことだ。それを「国民の抵抗」の範疇に入れることは、大韓民国建国を否定し、北朝鮮による共産統一を支持するという主張になる。

「4・19革命」は、60年に不正選挙を糾弾する学生デモが李承晩政権を倒した事件。

「釜馬《ぶま》抗争」は、79年朴正熙政権に反対した釜山《プサン》と馬山《マサン》の市民のデモで、朴正熙暗殺のきっかけになった事件。

「光州5・18抗争」は、80年5月に権力を握った全斗煥将軍勢力に反対して民主化を求めるデモが光州で起き、戒厳軍による鎮圧過程でデモ参加者との銃撃戦によって市民と鎮圧側合わせて200人あまりが死亡した事件。

「6月抗争」は、87年に全斗煥政権に大統領直接選挙制導入を認めさせた学生と市民のデモ。

「ろうそく革命」は、2016年秋以降起きた朴槿恵大統領を糾弾するデモだ。

「4・19革命」から「6月抗争」までは一応「民主化」を求める街頭デモとは言えるが、「親日反民族勢力」との抗争と見ることはできない。彼は、韓国建国以来の主流勢力はみな「親日反民族勢力」であり、それとの戦いが民主化を求めるデモという形をとったというおそろしく偏向した歴史観を持っている。このような歴史観が、私の言う「反日反韓史観」なのだ。

金会長は韓国の建国を「心が痛むこと」と次のように激しく誹謗する。

日帝の敗北の後、米軍政を経て韓国政府が樹立された。本当に心が痛むことが展開しました。

そのうえで、独立運動家で建国の父である李承晩大統領を呼び捨てで罵倒し、現在まで続く韓国の現代史を汚れたものと非難し、韓国の反共自由民主主義勢力を「親日反民族勢力」だと貶めた。

李承晩は反民族特委〔反民族行為特別調査委員会、悪質な日本統治への協力者を裁くために作られた委員会〕を暴力的に解体し、親日派と結託した。韓国は民族反逆者をまともに清算できなかった唯一の国になり、その歴史は今も続いている。（…略…）親日未清算は韓国社会の基礎疾患だ。

反民族特委の解体は、共産勢力が武装蜂起までして韓国建国を妨害する中で、日本に協力した人間でも共産主義との戦いに有用なら活用することが愛国の道だとした李承晩大統領の決断によりなされた。ここでも北朝鮮とつながる共産勢力の脅威をまったく無視している。

文在寅大統領ら政府要人はこのひどい祝辞を黙って聞いていた。いや、内心拍手を送っていたかもしれない。

一方、済州島知事と慶尚北道《キョンサンプクト》知事は、それぞれの地域で行われた慶祝行事で代読された光復会長祝辞に、その席で反論した。また、式典の後、保守野党や良識的保守派はいっせいにこの祝辞を批判した。ところが、文政権の与党はこのひどい祝辞を擁護し、批判する野党側を「清算されるべき親日派、土着倭寇《わこう》」だと罵っていた。

文在寅政権下での日韓関係正常化を絶望せざるをえない理由がここにある。ただ、同じ20年8月15日、ソウル中心部に約5万人（主催者発表）の国民が集まって文政権を糾弾した。暴雨とコロナ感染を理由にソウル市が集会禁止を命じるなか集まった、怒れる国民は、「独裁反対」「この国はおまえのものなのか」「文在寅罷免」などと叫んだ。反共自由民主主義勢力はまだ健在だ。

建国以来の自由・人権・法治を破壊

韓国は果たして、自由民主主義、法治、人権の尊重という普遍的価値観に立つ国として生き残れるのか。それとも、一党独裁の暴虐支配の国の側に吸収されていくのか。

2021年1月に入り、文在寅大統領に対する支持率は30パーセント台前半にまで下がり続け、次の大統領選挙で野党への政権交代を望む者が多数になり、与野党が逆転した。

これらの数字から文在寅政権のレームダック化が始まったという評価も出た。しかし、私は野党への政権交代が実現しても、韓国が正常化するかについては大きな疑問を抱いている。

その理由は次のとおりだ。すなわち、韓国人の大多数が自国の歴史の根本について巨大なウソを信じ込まされていて、そのウソの上に文在寅政権が「ろうそく革命」「積弊清算《チョッペチョンサン》」（大韓民国建国以来の積み重なった弊害を清算する）などのスローガンで自由民主主義、法治、人権尊重という建国以来の国是を大きく破壊した。現在の韓国世論の文在寅への不支持は、その国是破壊が理由ではなく、コロナ第3波到来、不動産政策失敗など目の前の政策失敗だけを理由にしている。言い換えると、韓国が正常化するためには、文在寅政権による国是破壊と戦うしかないのだが、ウソを信じ込まされている大多数の韓国人はそのことに気がついていない。だから、たとえ現在の保守野党への政権交代が起きたとしても、韓国が正常化するかどうか、大きな疑いを持つのだ。

そのことを実感したのが21年1月にあった朴槿恵前大統領と、朴槿恵政権の3人の元国家情報院長に対する大法院判決と世論の動向だ。

大法院は朴槿恵大統領に懲役20年、罰金180億ウォン（約18億円）、追徴金35億ウォンを宣告した。特定犯罪加重処罰法上の収賄罪で懲役15年、罰金180億ウォン、追徴金35億ウォン、そのほかの職権乱用などで懲役5年だった。すでに与党の候補選出への違法な介入罪で2年の懲役が確定しているので、合計22年の懲役となる。

まず強調したいのは、朴前大統領は個人的には賄賂《わいろ》とされたおカネを一銭も受け取っていないことだ。それは判決も認めている。韓国の刑法では、追徴金とは賄賂など犯罪で得た利益の返還を求めるもので、罰金とは受け取った賄賂の2～5倍が罰として科せられるものだ。

追徴金は35億ウォンだった。後述のとおり、この金額は朴大統領の在任中に国家情報院の特別活動費予算の一部を大統領府が費目を転用して使ったもので、朴が個人的に使ったものではない。三星《サムスン》などから贈られたとされる賄賂については、追徴金はゼロだ。だから、懲役20年を宣告した法治を無視するこの判決でも、朴前大統領が私腹を肥やすために一銭のお金も受け取っていないことは証明されている。

判決で朴前大統領が受け取ったとされた賄賂は、大きく分けて、三星など財閥企業から受け取ったとされるものと、3人の国家情報院長（南在俊《ナムジェジュン》、李丙琪《イビョンギ》、李炳浩《イビョンホ》）から受け取ったとされるものの2種類があった。しかし、その両者とも、法と常識に基づいて判断すれば、賄賂とするにはあまりに無理だ。

まず前者の企業からの賄賂については、三星が朴槿恵の友人崔順実《チェスンシル》の娘に乗馬用の馬を三頭贈与したこと、崔の甥が経営する冬季スポーツ英才養成センターに寄付をしたこと、体育振興や文化活動のために合法的に設置された財団への出資など、合計86億ウォンが賄賂だと認定された。

この判断は二重におかしい。まず、収賄罪が成立するためには、三星が朴大統領に賄賂を渡す代価として職務権限の使用を求めたという事実がなければならない。判決は三星が2代目オーナーの李健煕《イゴンヒ》会長から3代目の李在鎔《イジェヨン》副会長への経営権継承への協力を頼んだと断定した。しかし、検察も三星が朴前大統領にそのことを頼んだという事実を証明できなかった。その証拠がまったくないからだ。ところが、検察は「黙示的請託」があったと主張した。証拠がないから「黙示的」と言ったのだ。黙っていながら頼んだということだ。法治国家なら、こんなでたらめはありえない。そう言わないと収賄罪が成り立たないからむりやりひねり出した屁理屈だ。それを大法院がそのまま認めた。

次に、収賄罪が成立するためには、民間人である崔への資金提供を朴前大統領への賄賂だと証明しなければならない。朴と崔は古くからの友人ではあるが、預金や不動産などの財産をまったく共有していない。財閥企業が乗馬のオリンピック選手候補だった崔の娘を支援することは、通常なら美談として称賛される話だ。それなのに検察は、朴前大統領と崔は「経済共同体」だという理屈を主張して、崔の娘や甥への支援は前大統領が受け取ったものとみなして賄賂だとした。その奇妙な理屈を大法院が受け入れた。また、2つの財団に合法的に寄付した資金もその財団が実質的に崔のものだったという理屈で賄賂にされてしまった。しかし、崔は財団とは関係がない。理事などの役職に就いたこともない。

次に、3人の国情院長からの資金が賄賂だという大法院の判断がいかにおかしいかを見ておこう。

情報機関である国家情報院には、機密費として院長の裁量で使える「特別活動費」という予算がある。歴代の国情院はその特別活動費の一部を大統領が機密費として使うため、大統領府予算に転用してきた。それが慣習だった。金大中政権時代の国情院長の李鍾贊《イジョンチャン》によると、政権交代によって成立した左派の金大中政権でもその慣習は引き継がれていたという。

ところが、文在寅政権になり検察が突然、朴槿恵政権時代の歴代の国情院長3人を、この予算転用が贈賄罪にあたるとして起訴した。検察は3人の国情院長が合計35億ウォンの特別活動費を大統領府予算に回したことを、3人が私的な利益を得るために大統領に上納した賄賂だとしたのだ。しかし、3人の院長は慣例に従って予算を転用させただけで、朴大統領に私的な依頼をしていたことは証明されていない。また、朴大統領もその資金を、機密を要する国家事業と大統領府の職員のために使っただけで、一部マスコミが書いたような自分の服を買う資金になどしていないことが裁判でも明らかになっている。

検察による国情院長を狙った標的捜査だ。それを大法院判決がそのまま認めてしまった。先に見たように、朴前大統領に科せられた追徴金35億ウォンは、この予算転用額と一致している。いったいこれが賄賂と言えるのか、そして、それを朴前大統領個人が追徴金として国庫に支払う必要がどこにあるのか、まったく理解ができない。

朴槿恵弾劾の裏に北朝鮮の影

国情院「特別活動費」事件には、見過ごすことができない大きな裏事情がある。北朝鮮が李炳浩院長を「金正恩暗殺テロ犯人」として名指しして身柄の引き渡しを文在寅政権に求め、その直後から検察が3人の院長への捜査を始めたのだ。北朝鮮が処罰せよと命じたので、文在寅政権の検察がむりやり事件をでっちあげたという大スキャンダルの疑いがあるということだ。

そのいきさつを整理しよう。なお、金正恩暗殺未遂事件については、『正論』19年3月号掲載の拙稿「スクープ 二年連続だった金正恩暗殺未遂」に詳しく書いたので、そちらを読んでほしい。

●2014年、北朝鮮内反体制組織の一員である在ロシアの国家保衛部幹部が、韓国の北朝鮮人権NGOリーダー都希倫《ドヒユン》に連絡して協力を要請（私は19年に都から詳しい事情を聞き取りした）。

●15年、その反体制組織員と韓国の国家情報院（李炳浩院長）がつながる。同年12月朴槿恵大統領が、国情院の作成した北朝鮮の政権交代を目指す工作計画を承認。

●16年10月、在ロシアの反体制組織員が北朝鮮に帰国。

（16年12月、韓国国会が朴槿恵大統領を弾劾訴追）

（17年3月、憲法裁判所が弾劾決定）

（17年5月、文在寅大統領就任）

●17年5月頃、同組織による化学兵器を使った金正恩暗殺計画が失敗。同組織メンバーの保衛部の幹部らが逮捕され、家族と一緒に処刑される。

●17年6月28日、北朝鮮国家保衛省・人民保安省・中央検察所が、「最高首脳部を害する凶計を準備した国家テロ犯罪者」として「朴槿恵、李炳浩一味を国際協約に基づき直ちに引き渡せ」と韓国文在寅政権に要求した。その直後から文政権下の検察が3人の元国情院長の特別活動費事件の捜査を始め、11月に起訴した。

まさに、北朝鮮が逮捕せよと命じると、すぐ文在寅政権の検察が動いて事件を作り出して元国情院長が3人も同時に起訴されるという、文明国ではありえないことが起きたのだ。

もう少し突っ込んだ見方をすると、16年秋から急速に拡散した左派勢力による朴槿恵糾弾デマ扇動は、朴槿恵政権が北朝鮮の体制変革を目指す動きを見せたことに対する報復だった可能性がある。少なくとも朴槿恵弾劾と逮捕の背景には、南北の政権がお互いを倒すための必死の工作合戦を展開していた事実があったことは間違いない。

検察だけではなくて、裁判所もおかしい。朴前大統領に大法院が有罪確定判決を下した前日の21年1月13日に、ソウル高等裁判所が3人の元国情院長に執行猶予の付かない実刑判決を下し、7月8日、大法院がそれを確定判決とした。南在俊元院長は懲役1年6ヵ月、李丙琪元院長は3年、李炳浩元院長は3年6ヵ月だった。

以上、長々と説明してきたが、端的に言って、朴前大統領は個人的にまったく不正なお金を受け取っていない。それなのに主な罪状が収賄罪、つまり賄賂を受け取った罪などで懲役22年、罰金１８０億ウォンを宣告されたのだ。

判決が確定した21年1月14日現在68歳の朴前大統領は、すでに3年7ヵ月収監されているからそれを差し引くと19年5ヵ月の刑期となり、刑務所を出るのは89歳という計算になる。

朴前大統領は1審の途中で、「これは裁判ではなく政治報復だ」として出廷を拒否し、弁護士も解任して法廷での争いをすべて放棄してきた。彼女のその主張を私は全面的に支持したい。朴前大統領と3人の元国情院長への懲役判決は、どう見ても法治の崩壊、先に有罪と決めておいて革命の敵を処断する人民裁判だ。

ところが、朴槿恵前大統領の重刑が確定したとき、韓国の伝統的な保守勢力である第一野党と朝鮮日報、東亜日報の保守新聞は、判決への批判の声をいっさいあげなかった。それどころか、第一野党「国民の力」の当時の最高指導者だった金鍾仁《キムジョンイン》非常対策委員長は、20年12月15日に、朴槿恵弾劾訴追から4年を期して、自分たちの党が与党として支えた李明博・朴槿恵両前大統領の「歴史と国民の前に犯した罪」について2人に代わって謝罪する談話を読み上げた。

また、朴槿恵弾劾のプロセスでひどい誤報を繰り返しながらいまだに訂正をまったくしていない保守新聞二紙も、判決を大きく報じながら、その法治に反する問題点についていっさい言及しなかった。それどころか東亜日報は社説で文在寅大統領に二人の前大統領への赦免を決断せよと迫りながらも、「罪を率直に認めて国民に謝罪せよ」と朴槿恵、李明博の二人に求めている。いったい誰が韓国の法治を守るのかと強い危機感を覚えざるをえない。

以上見てきた朴槿恵前大統領への検察のふるまいは、法治国家の捜査機関のやり方とは大きくかけ離れていると言わざるをえない。この捜査をソウル中央地検長として現場で指揮を執ったのが、本書執筆の時点（21年7月）で野党の次期大統領有力候補である尹錫悦《ユンソンニョル》前検事総長なのだ。

検事総長と文政権の戦い

そもそも19年6月に文在寅大統領が尹を検察のトップである検事総長に任命したのは、自分の政権が掲げる「積弊清算」という公約を検事として忠実に実行してきた尹を信頼したからなのだ。高検検事長を経ていない地検長からの検事総長起用は、これまでにない異例の大抜擢だった。文大統領は尹を検事総長に任命するにあたって「青瓦台（大統領府）であれ、政府であれ、政権与党であれ、生きている権力に不正があれば、厳正に捜査せよ」と訓示した。これまで見てきた朴槿恵前大統領や元国情院長らへの法治を無視した過酷な処断を見て、自分たちの味方だと信頼したのだろう。

ところが、知られているとおり尹は、曺国《チョグク》法務部長官の一家のさまざまな不正を厳しく捜査して長官辞任に追い込み、文在寅政権と対立した。その後も尹は文政権の幹部らの不正事件をつぎつぎと捜査し、それを妨害しようとした文政権と激しく対決した。後任の秋美愛《チュミエ》法務部長官はまず人事権を使って政権関連事件の捜査を指揮してきた幹部を全員地方に異動させ、次に3回も捜査指揮権を発動して、尹総長が政権不正事件の捜査の指揮をとれないようにした。

そのうえ、秋長官は尹検事総長の不正が発覚したとして職務執行停止命令を発し、懲戒委員会を開いて2ヵ月の停職処分を決めた。しかし、尹総長はソウル行政裁判所に執行停止命令と停職処分の無効を申し立て、裁判所はいずれも尹総長の訴えを受け入れ、尹総長は職務に復帰し、秋長官が辞任するという事態となった。このプロセスが大きく報じられ、次期大統領候補として尹総長を支持する世論が急速に拡大した。

尹は21年3月4日に辞任した。韓国では、大統領の任期は1期5年かぎりで再選が認められておらず、文在寅大統領の後任を選ぶ大統領選挙の投票日は、22年の3月9日に決まっている。尹は投票日の1年前の直前に辞任した。与党が彼の政界進出を妨害するため、高位公務員が大統領に立候補するとき現行法では3ヵ月前に辞任しなければならないと規定されているものを、法改正して1年前の辞任へと期間を変える動きを見せていた。

尹の検事総長としての任期は21年7月までだった。尹は法改正の動きを察知し、投票日の1年と数日前に辞任した。辞任後、世論調査で尹の支持率は急騰し、1位か2位につけている。

しかし、尹総長は本当に法治を守ろうとしているのか、あるいはどの政権に対しても不正捜査によって優位に立つことができる検察の強力な権力を守ろうとしてきたのか、定かではない。いや、私は、尹は真の法治主義者ではないと判断している。

尹が指揮した「積弊清算」捜査によって、法治国家ではありえない罪に問われて実刑判決を受けた李炳浩元院長が、ソウル高裁の差し戻し裁判で裁判官に提出した最終陳述を読むと、尹が法治を守るヒーローだとする韓国の世論の反応は誤解にすぎないのではないかと強く感じざるをえない。陳述の主要部分を紹介する。

この事件の内容は簡単です。朴槿恵前大統領の指示で国家情報院予算が大統領府の支援に使われたのです。国家情報院予算が大統領府に転用された事件です。ところで、なぜこの予算転用問題が検察によって国家情報院長の大統領に対する賄賂犯罪容疑で、また国庫損失犯罪容疑に変質して起訴されたのかを初めから理解することはできなかった。

検察の取り調べのとき、検事は「大統領府への資金支援が違法かどうか知っていたか」と尋ねました。それとともに「国会で配分された国家情報院予算を国会の同意なしに大統領府に支援したことは違法であり用途外使用だ」と言いました。しかし、賄賂関連のどんな質問もなかった。(…略…)ところが突然、賄賂容疑で起訴されました。(…略…)検察がまともに調べもしない容疑で起訴したのです。

私の事件を総指揮していた当時ソウル中央地検長だった尹錫悦検察総長は、最近検事たちを対象に「捜査は捜査対象者を説得して捜査に対する共感と普遍的正当性を得なければならない。法執行は誰にでも公平で正しくなければならない」と語りました。相手の立場で考える姿勢で捜査しなければならないとも話しました。本当にもっともなお話です。しかし私はこのもっともなお話が、捜査現場では別の場所に置かれるむなしいレトリックに過ぎないということを十分に経験しました。

その後の裁判は検察の起訴内容を中心に審理がなされました。政府予算転用問題の面での審理はまったくなされなかったのです。私は今でも国家情報院予算の大統領府支援が違法ならば、これは政府部署間予算転用を禁じた国家財政法違反だと考えています。(…略…)

予算転用は違法でしょう。しかし、この違法は刑事処罰の対象でないと理解されています。また、予算転用は政府内の随所でいつも起きているというのが私たちの現実です。（…略…）

国家情報院は大統領の直属機関です。大統領は人事、編成など国家情報院の全般的な運営を指揮監督します。大統領は国家守護の憲法的責務を負っています。大統領はこの憲法的責務を遂行するために2種類の装置を活用します。一つは軍統帥権であり、他の一つは国家情報機関という装置です。これはすべての国々が共通して使っている国家安保運営の原理です。（…略…）

このような国家安保運営の原理を反映して、わが国は国家情報院を大統領に直属させると法に定めています。（…略…）

朴槿恵前大統領はこの法の規定により自身に直属する機関である国家情報院の運営全般を指揮監督してきました。朴前大統領は就任初期に国家情報院予算を転用して国政を運営すると決め、この判断により国家情報院予算の大統領府支援を指示しました。大統領が持つ国家情報院に対する指揮権を発動したのです。ところで検察と裁判所は、朴前大統領の国家情報院予算に対する指揮権行使は違法だとする司法的結論を下しました。他の業務を指揮することはできても、予算はできないと判決することで大統領の安保指揮権を事実上制限しました。本当に危険な判例を作ったと私は個人的に考えます。（…略…）

私は大統領府への資金支援が犯罪になるとはまったくわからなかったし、したがって代価を望む故意性もまったくなかった。私益を追求したことがなく、お金の着服をしたり横領をしたこともないのです。そのような私が刑務所生活をする危険に直面しているのは、結局、朴槿恵政府で国家情報院長をして積弊清算の対象になったためでしょう。万一、私でない他の人が国家情報院長をしたとすれば、その方が私の代わりにこの席に立っているでしょう。このような私の主張はごり押しではありません。事件の実体をありのまま指摘しているだけです。（…略…）

用心深く、しかし、率直に申し上げます。私の事件の発端は誰もが皆知っているとおり、積弊清算です。積弊清算は敵対政治とつながっています。敵対政治は我が方と、相手側を分けて清算対象を選び出します。そして法を動員します。法治ではない法による支配現象が起きます。（…略…）

年齢を申し上げることははばかられると考えます。しかし、２０２1年になれば私は数え年で82歳になります。身体のすべての部位が毎日硬直しつつあって、現在の健康も日々衰えています。

一日に10以上の薬を飲まなければならないほど色々な病気もあります。子供は外国に住んでいて、色々な病気を持つ78歳の病弱な老人である家内と2人きりで住んでいます。心が本当に重いです。

それで私は、収監される者のことを考える温かい法執行を裁判所に懇請します。

ここで言われている「積弊清算」とは先に見た文在寅大統領の公約で、過去の韓国の主流勢力は清算されなかった親日派だから、そのすべてを取り替えるという一種の革命公約だ。

文在寅らが行っている「積弊清算」とは、前述の「反日反韓史観」に裏打ちされているのだ。これを李栄薫ソウル大学前教授は「反日種族主義」と名づけている。私は「反日反韓史観」と言ってきた。日本人から見ると、歴史にこだわった朴槿恵前大統領は反日感情の持ち主と見えたが、韓国では清算されなかった汚れた親日派の代表である朴正煕大統領の娘だから親日派と見られて、常に左派からの批判の対象になってきた。彼女は韓国社会に広がった反日反韓史観に迎合して反日外交を展開したのだが、それは親日派の娘と呼ばれることへのコンプレックスの表れでもあった。

80年代以降、急速に広まったこの虚構の歴史観と戦わないかぎり、韓国が正常化することは不可能だ。しかし、伝統的な保守勢力である野党も保守新聞もその問題意識を持っていない。

ただ、唯一の希望は、本書第2部で詳しく紹介した「反日種族主義」の立場に立って国民の意識を改造しようとするアンチ反日運動が、令和元年（2019年）からさまざまな場所で、勇気ある良識派によって進められていることだ。その行方を見守り続けたい。

第2部 令和元年から始まったアンチ反日の反撃

第7章

『反日種族主義』の衝撃

憂国の書が韓国でベストセラー

第1部で見たように、日本国と先人の名誉を傷つける日韓「歴史認識問題」は40年前の1982年の第一次教科書問題から始まり、90年代初め、つまり平成時代の幕開けと同時に始まった慰安婦問題で本格化した。歴史認識問題は日本の戦後処理が不十分だから起きたのではなく、韓国・北朝鮮と中国それぞれの国内政治情勢の必要から起こされたものだった。そこに、日本国内の反日勢力の執拗なウソ宣伝がかさなって問題はどんどん大きくなっていった。

平成の30年間はこのような、内外の反日勢力の活動に日本政府も日韓の自由保守派もずっとやられっぱなしだった。しかし、平成が終わり令和が始まった2019年頃から、真実を武器にした日韓の自由保守派の反撃が本格化した。第2部では、その反日勢力のウソに対する自由保守派の戦いを令和元年から始まったアンチ反日の反撃と名づけて、詳しく紹介する。

李栄薫《イヨンフン》前ソウル大学教授らが19年7月に韓国で『反日種族主義』を出版、韓国で11万部が売れるベストセラーになった。また、日本語版は40万部以上が売れる大ベストセラーになった。第2部の冒頭である本章では、アンチ反日の理論書とも言える同書が韓国の現代史において持つ重大な意義について書きたい。

日本では同書は悪化した日韓関係を憂いて書かれたと受け取られているようだが、実は日韓関係が主題ではない。文在寅《ムンジェイン》政権によって祖国韓国が亡国の危機を迎えていることに対する憂国の書だ。亡国の危機の根源にあるのが「反日種族主義」だと、韓国社会に向けて告発する書なのだ。李栄薫教授らが、物議を醸すことを承知で同書を出した理由は、「反日種族主義」が韓国を亡ぼすという強い危機感なのだ。

なお、私は、韓国を現在支配している歴史観を「反日反韓史観」あるいは「反韓史観」と呼んでいる。李栄薫教授らの言うところの「反日種族主義」と私が提唱する「反日反韓史観」は重なる部分が大変大きい。

日本側の動きが欠落した慰安婦問題記述

まず、『反日種族主義』の限界を指摘したい。あくまでも限界であって欠陥ではない。

それは、同書の主要部分を占める慰安婦問題、戦時労働者問題で、日本側の動きがほとんど論じられていないことだ。そのため、なぜ、軍が管理した公娼制度である慰安婦について、90年代初めに突然、日韓の外交問題になり、国連や米国議会などまで問題が拡散したのか、そして、30年あまり経ってもまだ日韓関係を縛っているのかについて、立体的な解明が不足している。より具体的に言うと、同書には以下のような日本側の経緯の記述がほとんど存在しない。

すなわち、第1部で見てきたように、慰安婦問題も戦時労働者問題も、日本発なのだ。古くは60年代から日本の反日学者らが偏った観点に立って調査研究を進めた。80年代後半から90年代初めに反日活動家や弁護士が韓国まで元戦時労働者、元軍人軍属、元慰安婦を探しに行って、原告に立てて日本で裁判を始めた。

この動きと併行して、第2章で見たように、朝日新聞をはじめとする反日マスコミが吉田清治証言などを活用して、「日本軍が女子挺身隊として朝鮮人女性20万人を奴隷狩りのように強制連行して慰安婦として働かせた」という誤報、捏造報道で反日キャンペーンを行った。

その結果、92年の宮澤首相の訪韓時に、慰安婦問題が首脳会談の主要議題になった。そのとき、日本外務省が強制連行の有無を調べずに謝罪するという失態を演じた。そこから、現在まで慰安婦問題と戦時労働者問題が日韓両国の外交を縛り続ける悪材料となった。

92年から日本の一部学者、ジャーナリスト、政治家などが、慰安婦や戦時労働者を使った反日キャンペーンが事実に反するという批判を開始し、97年頃には朝日や反日学者らも奴隷狩りのような慰安婦強制連行はなかったことを、日本国内では認めた。

しかし、第3章で詳しく見た戸塚悦朗弁護士に代表されるような日韓の反日活動家らは北朝鮮とも協力して、韓国はもちろん、国連人権委員会、米国やヨーロッパなどで「慰安婦=性奴隷」説を拡散させていった。

李栄薫らは、以上のような日本における慰安婦問題勃発の経緯をほとんど書いていない。同書の第22章で朱益鍾《チュイクチョン》は、90年代以降の慰安婦問題の展開は挺対協（挺身隊問題対策協議会）と韓国政府と日本政府の相互作用だったとする。

一九九〇年頃から慰安婦問題がどのように展開したのかを見てみます。この問題には、三つの行為者、すなわちプレイヤーがいます。慰安婦運動団体である挺対協、韓国政府、そして日本政府です。この三者がどのように相互作用して慰安婦問題が展開されたかに注目してください。（『反日種族主義』日本語版304頁、以下引用はすべて日本語版から）

主要プレイヤーだった日本の反日学者、運動家や朝日新聞などの反日マスコミが抜けている。また、それらと激しく論争してきた私を含む日本の学者、ジャーナリスト、政治家にも言及していない。李栄薫らがそれを知らなかったということではない。彼らは、拙著を含む日本での研究書をよく読んでいる。しかし、『反日種族主義』では日本の動きに関する記述は少ない。理由は、同書の主題が日韓関係を考察することではないからだ。李栄薫は19年11月21日、東京で開かれた記者会見で、主題は日韓関係ではなく韓国人の自己批判だとはっきり語っている。

日本人記者の質問　韓国人の反日感情の分析は納得できる部分があった。植民地支配の責任についての日本の責任の記述があっさりというか、あまりないと思った。日本の植民地支配の責任はどれくらいあるのか。それに対する戦後清算のありかた、支配の清算のしかたはどうあるべきだと思うか。

李教授　私は長い研究生活を通じて1905年から10年の日本と朝鮮の変化についてたくさん考えてきました。大韓帝国の滅亡と日韓併合は20世紀の東アジアを決定する歴史的な大きな変化だった。日本もその後、帝国主義の時代に入っていった。日本が大陸に進出し中国が共産化した。不幸にして大韓帝国が滅亡したことは韓国人の歴史的責任があると考えている。

〔日本の責任については〕いろいろな研究があるので、私がこれについて言う必要性を感じていない。この本はあくまで韓国人による責任と韓国人の自己批判の本である。

『反日種族主義』の主題は、反日種族主義によって韓国に広く韓国の現代史を否定する反日反韓史観が拡散し、その結果、親北職業革命家集団が権力中枢に多数布陣する文在寅政権が成立してしまい、韓国の国是である反共自由民主主義体制を転覆しようとしているということを、歴史認識の面から告発することだった。

繰り返すが、同書は日本の多くの読者が考えているような、日韓関係の悪化を心配して出された本ではない。反日種族主義に基づく韓国現代史の否定が、韓国の国是である反共自由民主主義の否定という現在の国難を招いたことを強く憂いた、憂国の書だということを指摘したい。

まず確認しなければならないことは、同書の副題だ。日本語版では「反日種族主義、日韓危機の根源」とされているが、韓国語原本は「反日種族主義、大韓民国危機の根源」だ。ここからも李栄薫らの問題意識が、日韓関係だけでなく、今の大韓民国全体が国家的な危機にあり、その根源が「反日種族主義」だという点にあることがわかる。

なお、日本語版の副題は出版社である文藝春秋社が李栄薫らと相談して決めたという。日本の読者らを意識してのことだ。

李栄薫が訴える亡国の危機

『反日種族主義』では李栄薫が巻頭の「プロローグ 嘘の国」と巻末の「エピローグ 反日種族主義の報い」を書いている。そこに同書の問題意識がよく表れているのだが、日本語版に接した日本の読者の大部分は、韓国現代思想史、政治史の知識がないため、そのことを読み落としている。日韓危機の根源という副題が付いた同書の冒頭で、李栄薫が自国のことを「嘘の国」と書いていることから、短絡的に、韓国が積み重ねたウソが現在の日韓関係の危機の原因だという、多数の日本人の実感を確認し、それ以上、思考が進まないかのようだ。

李栄薫は韓国の現状に関して、このままでは国が滅びるという強い危機感を表明している。巻頭の「プロローグ、嘘の国」で「反日種族主義をそのままにしておいては、この国の先進化は不可能です。先進化どころか後進化してしまいます。嘘の文化、政治、学問、裁判はこの国を破滅に追いやる」と、以下のように書いている。

韓国の民族主義は、西洋で勃興した民族主義とは別のものです。韓国の民族主義には、自由で独立的な個人という概念がありません。韓国の民族はそれ自体で一つの集団であり、一つの権威であり、一つの身分です。そのため、むしろ種族と言ったほうが適切です。隣の日本を永遠の仇と捉える敵対感情です。ありとあらゆる嘘が作られ広がるのは、このような集団心性に因るものです。すなわち反日種族主義です。これをそのままにしておいては、この国の先進化は不可能です。先進化どころか後進化してしまいます。嘘の文化、政治、学問、裁判はこの国を破滅に追いやることでしょう。そのような危機意識を持ってこの本を読んでいただきたいと思います。この本は、体当たりで反日種族主義、その巨大な文化権力に突進します。（『反日種族主義』24頁）

また、「エピローグ 反日種族主義の報い」では、より具体的に「今この国は経済、政治、社会の全ての方面で危機です」（同326頁）、「亡国の予感」（同338頁）、「反日種族主義は、この国を再び亡国の道に引きずり込んで行くかもしれません」（同339頁）と書いている。エピローグの最後尾の結論部分を引用しておく。

反日種族主義は、この国を再び亡国の道に引きずり込んで行くかもしれません。一〇九年前、国を一度失った民族です。その民族が未だにその国を失った原因が分からずにいるのであれば、もう一度失うのは大して難しいことではありません。憲法から「自由」を削除しようと叫ぶ勢力が政権を握っているではないですか。半数の国民が、彼らを支持しているではないですか。亡国の予感を拭い去ることができないのは、その原因を作っている反日種族主義の横暴に対し、この国の政治と

知性があまりにも無気力なためです。（同339‐340頁）〔傍線西岡・以下同〕

李栄薫がこの本を書くにあたり心配しているのは日韓関係ではなく、韓国の亡国だということがここを読むだけでもよくわかる。

傍線を付けた部分を見てほしい。ここで李栄薫教授が「憲法から『自由』を削除しようと叫ぶ勢力が政権を握っている」と書いているが、これは、反日種族主義に毒されたいわゆる「主思派《チュサパ》（主体思想派）」と呼ばれる職業革命家集団が、文在寅政権の中枢部を握っていることを指しているのだ。その勢力について、より具体的に書いている部分をやはりエピローグから引用しておく。

何年か前に歴史学界は、この国の政治体制は「自由民主主義」である、という通説を否定し、「自由」の二文字を削除しなければいけない、と主張しました。二〇一七年、ロウソク革命で政権を取った文在寅大統領と彼の支持勢力は、憲法から「自由」を削除する改憲案を準備しました。世論の反発が激しく、撤回するにはしましたが、条件が整えばまた推進する意志を隠さずにいます。彼らは「自由」に対し敵対的です。自由を個人の軽薄な利己心だと考えています。「自由理念を受け入れた旧韓末（韓日併合前の大韓帝国末期）の開化勢力は、その後親日派に変身し、解放後彼らは、既得権を守るため新しい帝国主義国アメリカにくっついた。そうやって造られた国が大韓民国だ。今も自由云々と言っている者たちは軽薄な個人主義者であり、親米、親日の後裔たちだ」。現執権勢力の自由に対する理解は、大まかに言って、このようなものです。（同328頁）

ここで私が傍線を付けた部分は重要だ。反日種族主義が、文在寅大統領をはじめとする政権中枢、それだけでなく韓国社会全般に、いかに悪影響を与えているかを端的に示す現代史認識だからだ。その点については本章でじっくりと論じるが、その前に李栄薫が、歴史学界がおかしくなり、それに続いて政界がおかしくなったという順序で書いていることに注目しておきたい。韓国歴史学界でまず韓国の国是である「自由」の否定が公然化し、その後、文在寅政権がそれを憲法改正によって現実化させようとしていると、李栄薫は書いている。

李栄薫は「自由」を否定する人々を激しく非難した。「自由」を否定する学界と文在寅政権のあり方こそが韓国を亡国に導くとして、彼らは「他の人々の霊魂を否定し冒瀆する恐ろしい異教徒」と断定し、現在の韓国歴史学界と文在寅政権中枢を占拠した自分の後輩にあたる「民主化運動家」を厳しく断罪した。

私はいろいろな歴史関連学会の会員です。たくさんの学会誌に論文を掲載して来ました。歴史学者たちは私の同僚でした。執権勢力との関係も彼らと同様でした。一九七一年、私は朴正熙大統領の学園弾圧に抵抗し、大学から追放されました。いわゆる「民主化勢力」のメンバーシップの保有者です。私は彼らの主義と主張を内面において理解して来ました。しかし「自由」を削除しようという主張に接し、私ははっきりと目覚めました。彼らは私の同僚ではない、見知らぬ異邦人である。いえ恐ろしい異教徒である。他の人々の霊魂を否定し冒瀆する異教徒とは、共和を成すことはでき

ませんｏ（同328－329頁）

李栄薫は歴史学界の重鎮であり、民主化運動に参加しソウル大学を退学になった経験の持ち主で、その意味で文在寅政権の中枢を占めている学生運動活動家の先輩にあたる。しかし、李栄薫は彼らを許せないと断じるのだ。そこには、韓国が今、亡国の危機に直面しているという切迫感がある。

歴史認識がなぜ、現在の韓国政治の危機とつながるのか。そのことを正しく理解するには、先に引用した李が異教徒だと非難した「自由」を否定する歴史学者や政治家らの現代史認識に注目しなければならない。再度その部分を引用する。

（…略…）「自由理念を受け入れた旧韓末（韓日併合前の大韓帝国末期）の開化勢力は、その後親日派に変身し、解放後彼らは、既得権を守るため新しい帝国主義国アメリカにくっついた。そうやって造られた国が大韓民国だ。今も自由云々と言っている者たちは軽薄な個人主義者であり、親米、親日の後裔たちだ」。現執権勢力の自由に対する理解は、大まかに言って、このようなものです。（同328頁）

旧韓末の開化勢力が日本統治時代に日本に協力した親日派となり、日本統治終了後に親日派が親米派になり、大韓民国を建国した。つまり、李《イ》承晩《スンマン》、朴正熙《パクチョンヒ》、全斗煥《チョンドゥファン》、盧《ノ》泰愚《テウ》、李明博《イミョンバク》、朴《パクク》槿《ネ》恵と続く、韓国保守政権はみな「親米、親日の後裔」で、汚れた者らで、清算の対象だとされる歴史観だ。

私はこの歴史観を、拙著『韓国分裂――親北左派vs韓米日同盟派の戦い』（扶桑社・05年）などで「反日反韓史観」あるいは「反韓自虐史観」と名づけて、その危険を指摘してきた。そして、その背後に北朝鮮の工作があると警鐘を鳴らした。私は拙著でこの歴史観を以下のように要約して、これを克服しないと韓国の自由民主主義は守れないと書いた。

一九四八年に建国された大韓民国は、アメリカが李承晩を使い分断国家を作らせたという不純なものである。李承晩政権は親日派処断をうやむやにして親日派の軍人、警察、官僚を大量に登用した「汚れた政権」だが、北朝鮮は抗日闘争の英雄・金日成が建てたものだから民族としての正統性は北朝鮮にある。

朝鮮戦争では、そのような汚れた李承晩政権を倒して民族の正統統一政権を作る直前までできたが、アメリカなどの介入でそれが実現できなかった。

一九六一年にクーデターで政権を握った朴正煕は、日本の陸軍士官学校を卒業し満州国軍人となった「親日派」で、六五年に日本の過去の責任をうやむやにした形で日韓国交を結び日本資本の韓国侵略を招いた。

その後、全斗煥、盧泰愚政権というアメリカを背後にした軍人政権に対して民主化運動が展開されて、金大中、盧武鉉という民主化政権になりアメリカの従属から離れ北朝鮮との和解、統一への道に進んでいる。（『韓国分裂』4-5頁）

李栄薫は、この歴史観とこれまで長期間にわたり戦ってきた。最初は学者として実証研究を進め、緻密な学術論文を発表するという形だった。06年には李栄薫らが編集委員となり、この歴史観の誤りを指摘する学者らの論文を集めた『解放前後史の再認識』上・下を出した。07年には『大韓民国の物語』という一般向けの啓蒙書を出して（日本語版は09年に文藝春秋から出版）、この歴史観を全面的に批判した。李栄薫は『大韓民国の物語』でその歴史観を、大韓民国の正統性を否定する「誤った歴史観」だとして、次のように適切に要約している。

（…略…）日本の植民地時代に民族の解放のため犠牲となった独立運動家たちが建国の主体になることができず、あろうことか、日本と結託して私腹を肥やした親日勢力がアメリカと結託し国をたてたせいで、民族の正気がかすんだのだ。民族の分断も親日勢力のせいだ。解放後、行き場のない親日勢力がアメリカにすり寄り、民族の分断を煽ったというのです。そして、そのような反民族的な勢力を代表とする政治家こそ、初代大統領の李承晩《イスンマン》であるというのです。例えば、李承晩は親日勢力を断罪するために組織された反民族行為調査特別委員会（一九四八〜九）の活動を強圧的に中断させました。そうやって生き残った親日勢力が主体となって国家建設を行ったのだから、そんな国がうまくいくわけがない。今日までの六十年間の政治が混乱を極め、社会と経済が腐敗したのもすべてそのためである、という主張です。（『大韓民国の物語』日本語版27－28頁）

誤った歴史観は、過去百三十年間の近現代史を汚辱の歴史として子供たちに教えています。すなわち、宝石にも似た美しい文化をもつ李氏朝鮮王朝が、強盗である日本の侵入を受けた。それ以後は民族の反逆者である親日派たちが大手を振った時代だった。日本からの解放はもう一つの占領軍であるアメリカが入って来た事件だった。すると親日派はわれ先に親米の事大主義者にその姿を変えた。民族の分断も、悲劇の朝鮮戦争も、これら民族の反逆者たちのせいだった。それ以後の李承晩政権も、また一九六〇～七〇年代の朴正熙政権も、彼らが支配した反逆の歴史だった。経済開発を行ったとしても、肝心の心を喪ってしまった。歴史においてこのように正義は敗れ去った。機会主義が勢いを得た不義の歴史だった、というのです。（同330―331頁）

文在寅の恐るべき反日反韓史観

李栄薫が書いているとおり、文在寅政権はまさにこの反日反韓史観を全面的に信奉し、その立場に立って、「積弊清算《チョッペチョンサン》」をスローガンに、朴槿恵、李明博政権時代の高官らをつぎつぎに逮捕していった。この歴史観から「積弊」すなわち「清算されるべき親日派の後裔」と位置づけられると、問答無用で逮捕されたのだ。

先にも述べたが、文在寅大統領がこの歴史観の虜になっていることがよくわかるのが、彼が17年1月に、大統領選挙の公約を明らかにするために韓国で出版した『大韓民国が尋ねる 完全に新しい国 文在寅が答える』（21世紀ブックス・17年、韓国語。日本語版は刊行されていない。引用はすべて西岡訳）という単行本だ。文は、そこで繰り返し「自分が政権をとったら親日派を清算する。韓国の主流勢力を交代させる」と書いている。まさに反日反韓史観そのままの主張だ。第6章でも紹介したが、大切な点だからここで前掲と一部重なるが、その主要部分をもう一度引用する。

光復以後、親日清算がきちんとできなかったことが今まで続いています。親日派は独裁と官治経済、政経癒着に引き継がれたので親日清算、歴史交代が必ずなければなりません。歴史を失えばその根を失うことになるのは間違いありません。必ずしなければならない歴史的運命です。（『大韓民国が尋ねる　完全に新しい国　文在寅が答える』64頁）

親日勢力が解放後にも依然として権力を握り、独裁勢力と安保を口実にしたニセ保守勢力は民主化以後も私たちの社会を支配し続け、その時その時化粧だけを変えたのです。親日から反共に、または産業化勢力に、地域主義を利用して保守という名に、これが本当に偽善的な虚偽勢力です。（同67–68頁）

一番強く言いたいことは、わが国の政治の主流勢力を交代させなければならないという歴史の当為性です。そのように語りたいのですが、それは国民が心情的にもっとも望んでいるとしても少し嫌がる部分でしょう。だから、大清算、大改造、世代交代、歴史交代、そのような表現を使っています。既存のわが国の政治主流勢力が作ってきた旧体制、古い体制、古い秩序、古い政治文化、このようなものに対する大清算、そしてその後に新しい民主体制への交代が必要だと考えます。（同119頁）

日帝強占期の親日派は解放後に彼らの親日行為に対する確実な審判を受けなければなりませんでした。ところが、そうでなくて解放以後にも独裁勢力にくっついてまた権力を握り良い暮らしを維持したではありませんか。民主化になったのならば独裁時代に享受した部分について代価を払わなければならないのに、依然として今日までの良い暮らしをしています。正義に対する私たちの社会の価値基準が無くなったのです。（同165－166頁）

文が政権の座に就いたら日本統治時代に日本に協力した人間とその子孫、李承晩、朴正煕、全斗煥、盧泰愚政権時代、また、李明博、朴槿恵政権時代に政権に加わったか協力した人間、それだけでなく、その時代に政治、経済、文化などすべての分野で活躍した人間を法的・制度的に追い詰め、良い暮らしをできなくすると宣言していると読める。これは恐ろしい革命家の語り口だ。文在寅は政権を取った後、この公約を実行し続けてきた。

この危険な歴史観と戦わなければ韓国は滅びるという危機意識こそが、李栄薫らが『反日種族主義』を出した動機だ。

ミリオンセラー『解放前後史の認識』の悪影響

李栄薫らのその危機意識を正確に理解するためには、70年代末からの韓国現代史をめぐる論争史、あるいは歴史認識を媒介にした思想と政治の内戦的状況を知る必要がある。

そのためには、79年から89年にかけて第1巻から第6巻までの6冊のシリーズとして出された『解放前後史の認識』を検討しなければならない。

『解放前後史の認識』は80年代から90年代、韓国の大学生、知識人社会に多大な影響を与えた本で、李栄薫によると6冊合計でなんと100万部売れたという（『大韓民国の物語』30頁）。

文在寅政権の中枢を占めている「586世代」（50代、80年代に大学に通った、60年代生まれ）の現代史認識はこのシリーズによってできたと言っても過言ではない。

『解放前後史の認識』第1巻は79年に出版された。当初はシリーズになることを想定しておらず、ハンギル社という出版社の「今日の思想新書」の1冊として出版された。当時の物価からするとかなり高価な4800ウォンという値段だったにもかかわらず爆発的な売れ行きを示して、85年までになんと15万部が出た（読売新聞・85年6月13日）。

『反日種族主義』が韓国で現在11万部出て、異例のベストセラーと言われていることと比較してもその影響力の大きさがわかる。85年に第2巻が、87年に第3巻が、89年に第4巻、第5巻、第6巻が一度に刊行された。

第1巻が出るまで、韓国の学生運動や反体制運動には、表向き、容共反米は存在しなかったといってもよいだろう。反日の半分は、日本の容共的姿勢を糾弾するものだった。ところが、朴正熙大統領が暗殺される年に出たこの本は、その枠組みを大きく揺り動かす歴史認識を若者らに植え付けた。

『解放前後史の認識』第1巻の巻頭論文を書いたのが宋建鎬《ソンゴンホ》だ。彼は長く新聞記者として朴正熙政権を激しく批判してきた反政府活動家で、80年5月、全斗煥将軍らが戒厳令を全国に拡大して、事実上権力を握ったとき、金大中らとともに逮捕されている。
彼は反日を入り口にして、大韓民国は生まれたときから汚れた国で、北朝鮮こそ民族史の正当性の継承者だという、当時の学生らに歴史観のコペルニクス的転換を求める「解放の民族史的認識」と題する巻頭論文を書いた。論文の主旨を示した部分を訳しておく。

この論文は、8・15が与えられた他律的産物だったという点から、我が民族の運命が強大国によってどれくらい一方的に料理され、酷使され、侮辱され、そのような隙を利用して親日派事大主義者らが権勢を得て愛国者を踏みつけて、一身の栄達のため分断の永久化を画策し、民族の悲劇を加重させたかを糾明しようとするものだ。過去もまた今も自主的であり得ない民族は必ず、事大主義者らの権勢がもたらされ民族倫理と民族良心を堕落させ、民族の内紛を激化させ、貧富の格差を拡大させて腐敗と独裁をほしいままにし、民衆を苦難の淵に追い込むことになる。民族の真の自主性は広範な民衆が主体として歴史に参与するときだけに実現し、まさにこのような与件下でだけ民主主義は花開くのだ。(『解放前後史の認識』第1巻20頁)

ここで宋は、「8・15が与えられた他律的産物」であり、その結果「我が民族の運命が強大国によって一方的に料理、酷使、侮辱され〔た〕」と書いた。そして、彼が一番強調するのが「隙を利用して親日派事大主義者らが権勢を得て愛国者を踏みつけて、一身の栄達のため分断の永久化を画策し、民族の悲劇を加重させた」という主張だ。

宋論文の内容を続けて紹介する。宋は、日本の敗戦による日本の統治からの解放にあたって、国内の韓国人「指導層は準備をほとんどしていなかった」し、米国で外交活動を続けた李承晩、中国で臨時政府を維持しながら対日テロを実行した金九《キムグ》ら海外の「亡命闘士らの抗日戦への寄与は連合国からほとんど認められ（なかった）」と書いている。

次に宋は、45年から48年までの米軍政が親日派を登用して韓国人を裏切ったとして、次のように批判した。

駐韓米軍司令官ホッジはソウルに進駐するや、旧総督府官吏の日本人を「行政顧問」という名称でそのまま影響力を行使させ、特に当時の民衆の憎悪の的だった総督府時代の韓国人警察や官吏らをそのまま留任させることで民衆の恨みをかった。

民主主義を実践する国だと自ら言いながら、米軍政は民衆の声にまったく耳を貸そうとせず、親日派、民族反逆者をそのまま登用した。この中には日帝下の特別高等係刑事として民族運動家を検挙、拷問、虐殺した反逆者も多数含まれていた。米軍政は朝鮮から日本軍国主義の残滓を清算する考えをまったく見せなかっただけでなく、むしろ親日反民族行為者を保護した。（同28－29頁）

さらに宋は、48年に韓国を建国して初代大統領となった李承晩を激しく非難する。李承晩は手段方法を選ばない権力主義者で、米国をバックに、日本の植民地統治に協力した親日派を取り込んで、分断の固定化につながる韓国単独政府を樹立し、親日派処分を妨害し、土地改革を遅延させて日本統治時代に利益を得ていた地主勢力と結託したと論難する。

宋らの主張の中心にあるのが、実は「親日派」問題だ。彼らが繰り返し強調したのが、李承晩政権の行った親日派処分の「失敗」だった。その部分を宋論文から引用する。

解放後、反民族親日協力者を粛清せよという国民の世論が沸き上がったが、周知のように米軍政はこのような世論を無視し、李承晩は米軍政に追従し親日勢力を庇い、保護した。高まる国民世論により制憲国会は反民族処罰法を制定したが、親日派は「大地倶楽部」という団体を組織し、李承晩の支持を受けて、親日派粛清を主張する者は「共産党の走狗」だと脅迫した。李承晩は国会から回付された反民族行為処罰法案（反民法）を拒否することにしたが、米の供出制実施に関する法案が拒否されそうなのでやむをえず通過させた。ところが、1949年1月から親日民族反逆者の一覧表を作成する等、反民特委の活動が始まるやいなや、警察側で反民特委関係者の暗殺陰謀が企まれるし、この間に愛国志士を拷問・虐殺した日帝の特別高等係刑事、盧徳述が逮捕されると、李承晩は特委調査委員を呼び、盧徳述は建国功労者だから釈放しろと要求した。特委が抗日愛国者を拷問、虐殺した者を到底釈放できないと拒絶するや、李承晩は同年2月15日に特委活動を非難する談話を発表し、行政府内の反民族行為者調査への協力を拒否した。

李承晩のこのような非難と妨害と脅迫にもかかわらず、特委は愛国志士を逮捕・拷問・虐殺した特高係刑事らをはじめ、反民族行為者を逮捕し続けた。特委がついに同年6月6日ソウル市警の査察課長（現在の情報課長）崔雲霞と鍾路署査察主任趙應善を連行するや、警察は政府の了解の下で反民族特委を包囲し、特警隊（反民特委所属警察）を武装解除し、特委職員をやりたい放題に暴行し、連行、拘束した。これに対して、特委委員長金尚徳をはじめとする特委調査委員と特別裁判官、特別検察官などが辞任し、反民特委活動に過去に反対していた法務部長官李仁が委員長になり、特委活動の幕を下ろしたのだ。

国民の絶対的世論にしたがって着手された親日反逆者に対する民族的審判は、こうして李承晩の反対によって挫折し、これにより警察をはじめ各界に根を張っていた悪質な親日反逆者たちは大手を振って歩けるようになり、その後に彼らは李承晩政権を維持するためこの国の民権を弾圧した。〕（同34―35頁）

再度書くが、宋らの主張の中心にあるのが、この「親日派」問題だ。ここで言う親日派とは、単純に日本に親近感を持っているという意味ではなく、日本の統治に協力して民族の独立を阻害した勢力という意味だ。彼らが繰り返し強調したのが、李承晩政権の行った親日派処分の「失敗」だった。

具体的には、「反民特委（反民族行為特別調査委員会）」問題だった。『解放前後史の認識』第1巻でも宋の総論の後、各論として2本の論文がその問題を集中的に扱っている。呉翊煥《オイクファン》「反民特委の活動と瓦解」と林鍾国《イムジョングック》「日帝末親日群像の実態」だ。林鍾国は在野の歴史家で、執念深く親日派問題の調査研究を進めていた。彼は日本統治時代の記録を細かく調査し、特に大東亜戦争末期に日本に協力する言動を少しでも行った文学者、知識人、官僚などの膨大なリストを作って、糾弾する作業を進めていた。

林は89年に死んだが、彼の死後、その作業は民族問題研究所に引き継がれた。同研究所は挺対協と並び、反日運動の中心組織として韓国社会に莫大な影響力を及ぼし続けてきた。

『大韓民国の物語』で「反日反韓史観」に反論

盧武鉉大統領も弁護士時代に『解放前後史の認識』を耽読したという。盧武鉉は大統領に就任後の04年7月に、「反民族行為特別調査委員会を解体して以来、誤った歴史を正すことができず、これまで遅延されている。誰かが、同問題を解決しなければならない」などと述べて、自身の歴史観が宋らが主張した韓国否定の歴史観であることを公的に表明した。

その歴史観に立って、盧武鉉は大統領直属の「大韓民国親日反民族行爲真相糾明委員会」を作った。その初代委員長は『解放前後史の認識』第2巻の主要執筆者である姜万吉《カンマンギル》だった。同委員会は親日反民族行為者として1006人の名簿を公表した。

李栄薫は盧武鉉政権が親日派調査を国家事業として始めたことに危機感を持ち、05年頃から、『解放前後史の認識』が韓国社会に拡散させた反韓史観に対する全面的な反論活動を展開した。

李栄薫は05年1月に、韓国の歴史教科書が反韓史観に毒され偏向しているという強い危機感から、仲間の学者らと教科書フォーラムという団体を結成して、歴史教科書是正運動に立ち上がった。そして、その理論的バックボーンとして、李が編者になって06年2月に、『解放前後史の認識』を学問的に全面批判する論文集『解放前後史の再認識』上下2巻を出し、その内容をもとに07年4月に李が一般向けに書き下ろした『大韓民国の物語』(日本語版は09年3月)を出版して、左派が広めた反日反韓史観への本格的な戦いを開始した。今回の『反日種族主義』は、その活動の延長線上で出されたものなのだ。

『大韓民国の物語』で、李栄薫は宋らの危険な歴史認識について大略、次のように批判した。

李承晩大統領が近代国家建設をするにあたって、必要とした官僚、警察、軍人などになるための訓練を受けていた人材の大部分は日本統治下に教育を受け、テクノクラートとして日本の統治に加わっていた者たちだった。それ以外に人材はいなかった。

彼らが身につけていたのは近代的国作りに関する知識であって、それは日本が欧米から導入した人類普遍的知識だった。彼らが韓国建国後も再び日本の支配を望み、そのために活動したなら「親日派」だが、そうではなく、身につけた知識を韓国建国のために使ったのだとすれば愛国者だ。

1954年、李承晩大統領は、植民地時代に高官を務めた者でも建国事業に参加して功績をあげたなら、その者はすでに親日派ではないが、植民地時代に目立った親日活動をしていない者でも内心、再び日本が帰ってくることを待つなら、その者が清算されるべき親日派だという内容の声明を出した。

親日派問題について、『反日種族主義』では「15章　親日清算という詐欺劇」で朱益鍾が簡潔に次のように整理している。

反民族行為者の処罰が思うように進められなかったのは、親日派に勢力があったからではありません。それは、反民族行為者の処罰よりもっと急がれた国家的課題があったからです。当時済州島では南労党（南朝鮮労動党、共産党）の武装蜂起が鎮圧されておらず、麗水と順天では駐屯国軍の反乱まで起こりました。新生大韓民国が共産勢力の蠢動で転覆の危機に追い込まれているというのに、反共闘争の最前線にいる警察幹部たちを反民族行為者として処罰することはできませんでした。反民族行為者の処罰よりも共産勢力との戦いがより重大かつ緊急だったため、李承晩大統領は反民族行為者の処罰を止めました。反民族行為者を処罰できれば良かったのですが、共産勢力との戦いのため、そうすることができなかったのです。(『反日種族主義』179-180頁)

北朝鮮研究者の「反韓史観」批判

『解放前後史の認識』が広めた「誤った歴史観」を、韓国でいち早く告発したのが北朝鮮研究の大家である李命英《イミョンヨン》成均館大学教授だった。李命英は90年代に『解放前後史の認識』の歴史観を「反韓史観」と名づけ、北朝鮮の対南工作の変化がその背後にあることをいち早く喝破していた。

ここで個人的なことを書くことを許していただきたい。李命英は私の北朝鮮問題、特に北朝鮮の対南工作に関する師匠だ。本当に多くのことを教わった。本書は、私が李命英から教わった北朝鮮とその対南工作に対する基本的ものの見方に全面的に負っている。

李命英は96年に反韓史観を、以下のように的確に定義していた。

反韓史観の要点は大韓民国は反民族的勢力がたてた国であって米帝の植民地として初めから生まれてはならない国であり、北朝鮮は抗日愛国勢力が建てた人民主権の国であって北朝鮮中心に一日も早く統一が成し遂げられてこそ朝鮮民族の将来が保障されるということである。(『現代コリア』96年12月号29頁)

（…略…）韓国は親日・親米の民族反逆者がその利益のために建てた国であり、米国の利益に奉仕する植民地であるから直ちに無くさなければならない国であり、北朝鮮は金日成が抗日武装闘争の唯一革命伝統を継承し唯一思想である主体思想を国是とする国であるから、民族の正当性は北朝鮮に具現されているというこの主張もまた全的に事実と異なる主張である。（同30頁）

李命英はこの反韓史観が韓国社会に広がっていく過程を60年代からだとして、「統一革命党が組織される過程（六〇年代）とその後（七〇年代）に（…略…）大学、学界、宗教界、労働界、言論界に広く深く浸透していった。特に八〇年代にはドイツを拠点とする工作ラインが学界と労働界に相当な作用を及ぼした」（同29頁）と鋭く分析していた。

そのうえで、『解放前後史の認識』がベストセラーになっていた85年に、北朝鮮が対南工作機関である「統一革命党」の対外名称に「革命」という語を取り除き、「民族」という語を使った「韓国民族民主戦線（韓民戦）」に変更したことを反韓史観拡散の結果だったと指摘した。

李命英は、反韓史観に毒される前の韓国の左翼は社会主義、共産主義を信奉していたから、北朝鮮が社会主義に失敗すれば支持しなくなる。しかし、反韓史観に取り込まれた韓国の左翼は、北朝鮮の社会主義が失敗しても盲目的に支持する。この状況は、北朝鮮にとってとても有利だと、次のように警鐘を鳴らしていた。

（…略…）北朝鮮に金父子の体制が存続する限り、北朝鮮が主体の旗を振っている限り、彼らはただひたすらに北朝鮮を憧憬し支持するのだ。北朝鮮の社会主義がめちゃくちゃになっても彼らにはそうは見えない。これが今日の韓国左翼の第一の特徴だ。この状態は北朝鮮にとってみれば願ってもないことだ。朝鮮労働党の韓国地下党である統一革命党は一九八五年七月から対外名称を韓国民族民主戦線（韓民戦）とし、その韓民戦が一九八七年三月に「救国宣言」を発表したとき「南朝鮮の今日の情勢は八・一五解放後より良い」と断言した。これは韓国の左翼勢力が主体思想一色に武装されたこととその組織が大変強化されたことを喜んだのである。（同26頁）

日本発の慰安婦問題に韓国保守派が沈黙

『解放前後史の認識』では親日派処分問題が中心課題とされた。しかし、合計6巻出された同シリーズでは、慰安婦問題にはまったく触れられていない。

『解放前後史の認識』の最終巻である第6巻が89年に出版されていることに注目しなければならない。そのときまでの反韓史観では、慰安婦問題は争点ではなかったのだ。本来なら、日帝の悪辣な統治の象徴として朝鮮女性を多数性奴隷にしたことを非難し、解放後もその問題が解決されなかったのは、親日派が処分されず権力を握り続けたからだという論難があってもおかしくないはずだ。

89年の時点までは韓国の親北左派さえ、慰安婦問題に関心がなかったことがよくわかる。慰安婦問題は日本人が起こしたという私の主張が、ここからも裏付けられる。

親日派処分問題を契機にして80年代に学生運動活動家らが反韓史観に毒されていったが、それに対してなら、李命英などがしたようにその背後に北朝鮮の政治工作があると、韓国の保守派は反論できた。

また、李承晩政権が当時から主張していたように、目の前の共産勢力と戦わなければ大韓民国そのものが倒されてしまうという危機の中で、日本時代に専門知識を身につけた者を排除する余裕がなかったという反論も可能だった。

ところが、90年代初め、日本発で慰安婦問題が日韓間の外交懸案となった。女性の性に関する問題であり、日本人の一部が先に謝罪運動を始めるなか、韓国の保守派は慰安婦問題に対して沈黙するか、そうでなければ反韓史観に便乗して日本批判を強めた。

日本統治時代を生きた年長の学者、ジャーナリスト、政治家は、性奴隷などではなかったという事実をよく知っていた。私などに個人的に会うと、当時は朝鮮も貧しかったから、朝鮮人女衒《ぜげん》にまとまったカネをもらって娘を身売りする親が多数いたと話していたが、それを公開の席で書いたり話したりすることは大きなタブーであって、できなかった。

統治時代を知らない今の70代以下の韓国保守派には、事実関係を深く調べることなく、左派の反韓史観に基づく日本非難に加勢する者が多かった。一部の良識的保守派は日本の保守派が主張していることをよく知りながらも深い交流を続け、慰安婦問題には沈黙を続けていた。特に、朴槿恵大統領のような保守政治家は、慰安婦問題で日本を批判しないと左派から「親日派の後裔」「清算の対象」のレッテルを貼られるという弱みがあり、左派よりもあからさまに反日的言辞を弄することもよくあった。

李栄薫も07年に書いた『大韓民国の物語』では、反韓史観が韓国に及ぼす悪影響を今ほど強く認識していなかった。亡国の危機ではなく、「歴史問題で風邪をひいている」と書いていた。

大韓民国は「歴史問題」で風邪をひいています。かからなくてもいい風邪に意味もなくかかっているのです。だから余計に体と心が痛いのかも知れません。風邪の原因とは誤った歴史観です。歴史観を明るく健康なものにすれば、風邪はたちどころに治るでしょう。悪夢にうなされていたものが、たちどころに明るい陽ざしの朝を迎えた気分になるでしょう。人びとの歩みには再び活気が満ちあふれ、笑顔でお互いに親切にしあえる社会となること請け合いです。だから歴史観を正す必要があるのです。(『大韓民国の物語』330頁)

李栄薫の敵は、『解放前後史の認識』が作り上げた反韓史観だった。李栄薫はこの時点では、歴史学者としてきちんとした研究をわかりやすく発表すれば、韓国社会は正常化すると楽観していた。しかし、『大韓民国の物語』の序文にあたる「書の扉を開くにあたり」で李栄薫は、「文章を書くときに自己検閲をかけるようになった」と、韓国社会が日本を論じる際に大きなタブーがあることを認めていた。そのタブーは90年代初めに慰安婦問題が勃発して以降、強力に働くようになった。李栄薫の自己検閲に関する文章と、慰安婦問題に関するタブーに触れている文章を引用する。

いつの頃だろうか。文章を書くときに自己検閲をかけるようになった。文章を書く人間が、文章の論理と実証性を厳密に考慮するのではなく、「このような言葉を使っても良いのだろうか」と余計な心配をして論点の核心部分をぼかしたり、表現を曖昧なものに変えてしまうのが自己検閲である。書いた文章を知り合いに読んでくれと頼んでも、論理と実証には無関係な細かい表現をめぐって、「日本びいきの右派にされてしまう危険性がある」というありがたい指摘を受けることがある。それもやはり自己検閲ということでは同様である。この場合の検閲者とは韓国の横暴な民族主義である。すでに何人かがその検閲に引っ掛かり、散々な目に遭っている。そもそも事前に掲示された客観的な基準があるわけではない。ひたすら人民裁判式に責め立てられるのみである。裁判にかけられた者は謝罪をしたり、隠遁したり、逃げだすしかない。実際に裁判にかけられる者もいる。（同15頁）

（…略…）私が見るところ、韓国において、慰安婦研究と市民運動は、朝鮮の純潔なる乙女の性を日本がほしいままに蹂躙したというたぐいの大衆的な認識をバックにしており、いまや一個人としてこれに逆らう勇気を出すのが難しい、権威と権力として君臨しているようです。（同176頁）

『大韓民国の物語』と『反日種族主義』を比べると、慰安婦に関する位置づけが異なることがわかる。『大韓民国の物語』では慰安婦の実態に関する記述は、どこか奥歯にものがはさまっているかのような不自由さを感じる。李栄薫は『大韓民国の物語』では、慰安婦は性奴隷だと書いている。

（…略…）募集の文句に惹かれて慰安所に向かった女性たちの列が絶えなかったことは、つまり日本軍と総督府が共謀した人身略取の犯罪行為でした。慰安所の女性たちには行動の自由がありませんでした。定期的に衛生検診を受けねばならず、自由な外出は禁止されていました。女性たちは性

奴隷に他なりませんでした。(同148頁)

『大韓民国の物語』では、テレビ討論会で慰安婦募集に朝鮮人女衒が関係していたと指摘したことに対して、激しい非難を受け、元慰安婦のところに行って謝罪するという屈辱を味わわされた事件にも触れている。だが、その経験を書きながら、慰安婦運動を進める挺対協など反韓勢力についてまったく批判がされておらず、「性奴隷説」を支持するとまで書いている。率直に言って、『大韓民国の物語』の時点では、李栄薫は慰安婦問題について「自己検閲」をかけていたと感じる。

当時、『大韓民国の物語』を読んだ私は、李栄薫でさえも慰安婦問題のタブーの前で、立ち止まらないではいられないのかと、深く息を吐いた記憶がある。

ところが、『反日種族主義』では、「慰安婦制は民間の公娼制が軍事的に動員・編成されたものにすぎません」(258−259頁)、「私は(…略…)性奴隷説に賛成していません」(287−288頁)と、はっきり書いている。ここを読んで私は涙が出た。

李栄薫は、同書で韓国保守派に対して重大な問題提起をしている。反韓史観の拡散により韓国の体制は危機を迎えている。その背後には北朝鮮の政治工作がある。そこまでは多くの韓国保守派も同意する。

しかし、事が日本に対する問題になり、文在寅政権が反日キャンペーンを行うと、事実関係をきちんと確かめず、一方的に日本批判の側につく保守派が多い。左派ではない学者も保守野党政治家も、保守新聞さえもが反日を前にすると、みな凍りついたように同調する。

李栄薫は、それこそが左派だけでなく、保守派を含む韓国人全体を縛っている「反日種族主義」だと、警鐘を鳴らすのだ。むしろ、文在寅政権を批判する保守派が、事実に反する反日扇動を批判せず、同調、便乗する姿に、韓国の亡国の危機を見るのだ。

この警鐘に韓国国民がどこまで真剣に耳を傾けるのか。それが韓国の未来を決める試金石だ。

第8章　慰安婦運動のウソと内紛

慰安婦運動で内紛が勃発

激しい反日活動を30年以上にわたって展開してきた韓国の慰安婦運動が内紛を起こした。元慰安婦が支援組織を激しく批判したことが契機だった。

2020年5月7日、元慰安婦の反日活動家である李容洙《イヨンス》が、支援組織である韓国挺身隊問題対策協議会（挺対協）とその前理事長・尹美香《ユンミヒャン》を激しく批判する記者会見を開いた。尹は、その年の4月、総選挙で国会議員に当選したばかりだった。その後、李容洙は挺対協と尹美香を攻撃し続け、韓国の主要マスコミが挺対協と尹のさまざまな不正疑惑やスキャンダルについて報道し、大騒動となった。これも、私の言うところの、令和元年から始まったアンチ反日の重要要素だ。

本章では、李容洙の挺対協批判を中心に韓国の慰安婦運動の内紛を概観し、彼ら、彼女らをそこまで追い込んだ背景に、日韓で積み上げられてきた慰安婦問題の真実を究明し広める努力があったことを見ていきたい。

韓国挺身隊問題対策協議会は、1990年に発足し、2018年7月、「日本軍性奴隷制問題解決のための正義記憶財団」（16年設立）と組織統合し、名称を「日本軍性奴隷制問題解決のための正義記憶連帯（正義連）」に改称したが、ここでは「挺対協」とする。

慰安婦運動のシンボルだった李容洙

まず、李容洙がこれまでどのような活動をしてきたのかを確認しておこう。彼女は朝日新聞などの慰安婦プロパガンダで日韓の外交案件に慰安婦問題が急浮上した92年、自分も慰安婦だったと名乗り出た。本章後半で詳しく見るように、最初の証言では、貧困のなか、だまされて慰安婦になったと語っていたが、その後、少しずつ証言が変わり、寝ていたところ日本軍人に強制連行され、慰安所でも拷問されたなど、センセーショナルな内容になった。彼女は92年からずっと挺対協と一体になって反日キャンペーンの先頭に立ってきた。

なお、李容洙が尹美香批判の最初の会見を開いた翌日の20年5月8日、名指しで批判された尹美香が、フェイスブックに李について、「1992年に申告の電話をかけてきたとき私が電話を受けたが、蚊の鳴くような声で震えながら『私は被害者ではなく、私の友人が……』と話されたその時の状況を昨日のように覚えている」「そしてほとんど30年あまり一緒に歩いてきた」と書いた。

この書き込みを根拠に、李はニセ慰安婦であり、その事実を知っている尹が李を脅したという認識がその直後に広がった。しかしすぐあとで、最初は名乗り出ることに躊躇していたので「友人が」と話したが、その後、挺対協の聞き取りなどで自分が慰安婦になった経緯を詳しく語ったという事実が確認され、友人になりかわったとするニセ慰安婦説は韓国では姿を消した。ところが、事情を知らない一部の日本人らはいまだにこのニセ慰安婦説を信じているようで残念だ。ただし、彼女の証言がくるくる変わっているので、本当に日本軍慰安婦だったのかについての疑問は解消していない。

90年代、アジア女性基金のおカネを受け取ろうとした元慰安婦が出るなか、挺対協は「アジア女性基金のカネを受け取れば志願して行った公娼になる」という極言まで吐いて妨害した。

97年2月27日、韓国ソウルで開催された「市民連帯国際セミナー」で当時の挺対協共同代表だった尹《ユン》貞玉《ジョンオク》がセミナーに提出した報告文「日本軍『慰安婦』問題、いまここに来ている」にはこのような記述があった。

罪を認めない同情金を受け取ったら、被害者は志願して行った公娼となるのであり、日本の罪は消えてしまうのである。そういう意味で、同情金である日本の国民基金ではなく真心を込めて集めたわれわれの寄付金を差し上げようとしているのである。そして法的な責任を負う謝罪と賠償をもらおうとしているのである。これはけっして簡単なことではない。しかしわれわれは成し遂げなければならない。そのためにまずわれわれは「強制連行された日本軍『慰安婦』問題を解決する市民連帯」を設立し募金を始めたのである。

そのときも李容洙は、挺対協のこの発言を支持して挺対協とともに行動した。

李容洙の活動が脚光を浴びるのは2000年代になってからだ。00年、朝日記者出身の松井やよりが主催した「女性国際戦犯法廷」で証言した。04年、岡崎トミ子衆議院議員らの紹介で細田博之官房長官と面談して激しく日本政府を糾弾した。

07年の米下院の慰安婦決議採択に向けて米国、日本を頻繁に訪問した。2月、米国議会下院外交委員会アジア太平洋小委員会の公聴会に証人として出席し、与えられた5分という発言時間を無視して長時間泣き叫びながら、「私の名前は李容洙だ。慰安婦という汚らしい名前を私から剥がしてくれ。日本中のカネを全部かき集めてきても私は受け取らない」と糾弾を続けた（聯合ニュース・電子版・07年2月16日）。

4月、安倍晋三首相の訪米に合わせて再度米国を訪れ、安倍糾弾デモに参加し、ハーバード大学などで講演、6月、来日して、参議院会館前で行われた「旧日本軍の性暴力被害者に謝罪と賠償を求める国会前スタンディング」でマイクを握る。

彼女の精力的な活動も一助となり、7月に米下院の慰安婦決議が成立した。そのときワシントンで会見して、「米国議会がこのように私の恨みを晴らしてくれる契機を作ってくれて感謝する」「国際社会の良心の勝利だ」「日本は私の前でひざまずいて公式に謝罪せよ。国際社会の要求に応えよ」「決議案採択は真実と正義が勝つという証拠だ」と語った（東亜日報・電子版・07年8月1日）。

元慰安婦の国会議員選出馬をめぐって

12年、李容洙は、現在の与党「共に民主党」の前身である「民主統合党」の比例代表として、国会議員選挙に出馬すると宣言したが（聯合ニュース・電子版・12年3月9日）、比例名簿に入らなかった。このとき、尹美香が出馬に強く反対したという。

韓国のＣＢＳ（キリスト教放送）が運営するネットニュース「ノーカットニュース」は20年5月27日に、尹美香が李容洙との電話で、国会議員選出馬をやめるように説得しているところを録音したテープを入手して、その内容を公開した。同ニュースによると、12年3月8日の電話で、李が慰安婦問題を解決するため国会議員になると話したのに対して、尹が「国会議員にならなくてもできるのではないですか」と出馬に反対している。

15年には米国サンフランシスコ市議会の公聴会で証言し、同市の私有地に慰安婦像を建てようとしていた在米中国人と韓国人の反日団体の動きを支援した。（「報告・サンフランシスコ市委員会『慰安婦記念碑建立』公聴会9月17日」『なでしこアクション』ウェブサイト）。

16年秋からの朴槿恵大統領弾劾を求めるデモでも演説し、17年5月の大統領選挙では文在寅候補の遊説に現れて支持を表明した（黄意元《ファンイウォン》「『従北』文在寅のための『嘘つきおばあさん』、日本軍慰安婦李容洙」「メディア・ウォッチ」18年4月14日）。

米国議会決議の10年後の17年には、李容洙が米議会で証言したことをモデルにして「アイ・キャン・スピーク」という映画が韓国で作られ、３００万人以上の観客を集めた（韓国のネットニュース「Ｅデイリー」17年10月11日）。その年、11月には、訪韓したトランプ大統領のために文在寅大統領が開催した晩餐会に招かれ、予定になかったトランプ大統領と抱擁する場面を演出した（聯合ニュース・電子版・17年11月7日）。李容洙は、比較的健康で弁が立つこともあって、挺対協が主導してきた反日キャンペーンの先頭に立って東奔西走してきた。慰安婦反日運動のシンボルだったのだ。

言い換えるなら、尹美香と挺対協を批判した李容洙は、実はそれまで30年間、尹らと共に慰安婦強制連行、性奴隷説という虚構を作り上げてきた主人公だった。いくら尹らが日本批判を展開しても、元慰安婦のおばあさんが隣に立っていなければ、その主張は力を持たない。元慰安婦の中でも挺対協の政治優先路線に反発し、ともに活動をしなかった者たちも多いのだ。

支援金受け取りをあくまで拒否

95年、村山政権が作ったアジア女性基金に対して、前述のように挺対協は強く反対し、元慰安婦らがその慰労金を受け取ることを激しく妨害した。しかし、韓国政府に登録された元慰安婦236人のうち、61人が償い金を受け取った（河野談話作成過程等に関する検討チーム「慰安婦問題を巡る日韓間のやりとりの経緯」14年6月20日）。そのときにすでに4分の1が挺対協から離脱したことになる。このときも李は、慰労金受け取りを拒否した。

15年の安倍と朴槿恵の慰安婦合意にも、挺対協は、元慰安婦に事前相談がなかったと無効を叫んだが、合意時に存命だった元慰安婦47人のうち、約8割にあたる35人が、日本が出資した和解・癒やし財団からの支援金を受け取っている（外務省ホームページ）。挺対協の主張に同調して受け取りを拒否した元慰安婦は、たった12人だけだった。やはりこのときも、李容洙は受け取りを拒否した。

李容洙は尹らと共に日本糾弾に同調して、日本の金を受け取っていない数少ない元慰安婦だった。その李容洙が尹美香と挺対協を公開の席で激しく批判したのだから、衝撃は大きかった。

20年5月7日に李容洙は、自分の住んでいる大邱《テグ》で記者会見を開いた。その場で李は、これまで共に反日運動をしてきた挺対協と、その前理事長で同年4月の総選挙で与党の比例候補上位で国会議員に当選した尹美香を激しく批判した。

なお、以下の李の発言は、ネットニュース「月刊朝鮮ニュースルーム」(20年5月8日)に掲載された会見全文記事から、西岡が翻訳した。

李容洙の発言は多弁で饒舌だが論理的ではなく、何が言いたいのか、なかなかわからない。そのため翻訳には苦労した。自己顕示欲が強く、自分はただの元慰安婦ではなくて、「女性人権活動家としての自負心を持っている」、世界的な著名人だということを繰り返し語っている。

台湾で日本軍カミカゼ特攻隊が利用する慰安所で働いたと証言していることから、自分のことを「カミカゼ被害者」「特攻隊被害者」と呼び、元慰安婦として一番有名な、最初に名乗り出た金学順と自分を同格に扱って、「はじめは金学順おばあさんがやりました。最後は堂々たる被害者、カミカゼ被害者李容洙が解決するのです。被害者、堂々たる特攻隊被害者、カミカゼ被害者李容洙が最後をやります」と発言している。

会見で彼女は、おおよそ次の4点をあげて挺対協を批判した。

1 挺対協が集めた多額の寄付金が被害者に渡っていない。
2 挺対協の水曜集会は、参加する生徒らの心に傷をつけるもので、参加をやめる。
3 尹美香は国会議員になるべきでない。
4 挺対協の証言集での自分の証言は間違っている。

また、李容洙は会見では触れなかったが、後述のように、その後の韓国マスコミの取材などにより、5つ目の問題点が浮上した。

5　挺対協と尹美香の運動が北朝鮮の対南工作と密接な関係がある。

以下、本章ではこの5つの点について検討していく。

挺対協の金銭疑惑

李容洙の第1の批判は、多額の寄付金を集めている挺対協がそれを被害者のために使っていない、挺対協など運動団体に利用され、だまされてきたという批判だ。まず、会見での李容洙の発言を紹介する。

「寄付金をどこに使っているのか分かりません」

「30年間、だまされるだけだまされ、利用されるだけされたのです」

「芸は熊がやり、おカネはちがう奴が稼ぐのですか」

「私が一番心を痛めているのは、水曜日に炎天下にいながら、学生・生徒らがご両親から少しずつもらっているおカネから寄付します。私はそれが一番心を痛めました。それを見て、これをもらって良いのかと思うときがあるのですが、団体〔挺対協〕の人たちは当たり前のように受け取ります。

あまりにも間違った考えです」

「〔水曜集会で〕デモをしてお金を集めて何をするのですか。〔被害者のために〕何も使っていません」

「〔米国議会の〕決議案を通すために120日間、ワシントンに通ったのに、だれもおカネを支援してくれる人がいなかったのです。米国に住む同胞のみなさんが貧者の一灯で寄付を下さるときに、その方々にあまりにありがたく申し訳なかったです。それで、決議案を通過させたのですから、どれくらい誇らしいことですか。このようなことをこのおばあさんがやってきたのですから、歓迎くらいしてくれてもよいのに、そのようなものも一つもありませんでした」

李容洙はこの会見に先立つ3月22日にも、記者らに「当事者たちは団体〔挺対協〕から徹底して疎外され、生計と生存を心配しなければならない状況に置かれている」「〔挺対協は〕組織が食べていくことだけに血眼になっている」と語っている。〔韓国のネットニュース「ペンアンドマイク」20年5月9日〕

要するに李容洙は、挺対協と尹美香に言われるままに芸をしてきたが、そこで集まった金は自分に入ってこず、挺対協と尹美香に横取りされたと、怒りを爆発させているのだ。

この李容洙会見を受けて、挺対協が反論を公開した。

寄付金の使途について、李容洙も挺対協のおカネを3回にわたり、合計1350万ウォン〔約135万円〕受け取っているとして、古びた領収書2枚と銀行振り込み書類などを公開した。

李容洙は92年7月に100万ウォン、93年7月に250万ウォンの生活支援金と、17年11月に安倍・朴槿恵合意に基づく日本からの出資を受けた財団の支援金を拒否した代わりに1億ウォンを、挺対協に集まった寄付から受け取ったというのだ。そのうえで、挺対協に集まった寄付金は、慰安婦支援以外にも国内外の運動資金や博物館などの建設維持費用にも使っているとした（「李容洙おばあさん記者会見に対する正義連の立場」20年5月8日、正義連サイトにアップ）。

しかし、そこからかえって、李の、集まった寄付金を慰安婦のために使っていないという指摘がほぼ正しかったことがわかった。水曜集会は92年から今まで28年近く続いているが、そのうち、94年から16年までと、18年、19年の合計15年間の寄付は、李容洙には1ウォンも渡っていない。

国税庁に提出した資料によると、挺対協は、正義連に統合改称した16年から4年間で合計49億1606万ウォンの寄付金を集めた（表1）。また、挺対協名義でも併行して寄付金を集め続けており、14年から19年までに合計30億5583万ウォンを集めている（朝鮮日報社が運営するネット経済ニュース「朝鮮ビズ」20年5月8日）。

つまり、2つの名義で14年から19年までの6年間に合計79億7189万ウォン（約8億円）という巨額の寄付金を集めているのだ。このうち、正義連が国税庁に届けた資料によると、元慰安婦に支給されたのは9億2017万ウォンだけだった（次頁・表2）。正義連

表1　正義連と挺対協が集めた寄付金

	正義連名義	挺対協名義	計
2014年		3億7786万ウォン	3億7786万ウォン
2015年		4億8180万ウォン	4億8180万ウォン
2016年	12億8806万ウォン	5億6498万ウォン	18億5304万ウォン
2017年	15億7554万ウォン	8億2106万ウォン	23億9660万ウォン
2018年	12億2696万ウォン	5億1839万ウォン	17億4535万ウォン
2019年	8億2550万ウォン	2億9174万ウォン	11億1724万ウォン
合計	49億1606万ウォン	30億5583万ウォン	79億7189万ウォン

の集めた約50億ウォンのわずか18・7パーセントだ（「ペンアンドマイク」20年5月9日）。

15年12月の安倍・朴槿恵慰安婦合意に、挺対協は激しく反発して、16年から日本政府が出資する財団の支援金を拒否する元慰安婦に、韓国民からの寄付で支援金を渡そうというキャンペーンを展開、大々的に募金活動をした。その結果、16年からの募金額が急増する。そこから、17年に日本政府出資の財団からの1億ウォンを拒否した元慰安婦8人に1億ウォンずつ支給した。この8億ウォンを除くと、元慰安婦への支援は信じられないほど少額の2億2017万ウォンにしかならない。

なお、挺対協名義で正義連とは別に集めた寄付の支出は明らかになっていないが、正義連や尹美香がそこから元慰安婦に支給したと積極的に公表していないことや、そもそも正義連発足後にも存続して寄付金集めを継続していたこと自体、ほとんど知られていないので、挺対協名義の寄付金から元慰安婦への支給はなかった可能性が高い。そうだとすると、合計80億ウォンのうち、たった11・5パーセントしか元慰安婦に支給されていないことになる。

それに対して、同じ期間に正義連が元慰安婦支援以外に使ったのは17億3748万ウォン、35・3パーセントで、これは支援金支出の約2倍

表2　元慰安婦への支給金額

2016年	30人に270万ウォン（平均1人9万ウォン）
2017年	15人に8億6993万ウォン 内訳　8人に8億ウォン（1人1億）と7人に6993万ウォン（1人189万ウォン）
2018年	27人に2321万ウォン（1人86万ウォン）
2019年	23人に2433万ウォン（1人106万ウォン）
合計	95人に9億2017万ウォン

の金額だった。残り約22億5841万ウォンを19年末時点で現金資産として保有していた。また、挺対協は同じ19年末に2億2220万ウォンの現金資産を持っていた。合計で約25億ウォンになる。元慰安婦はみな高齢でいつ死亡するかわからないから、支援をするならなるべく早い段階でするべきなのに、25億ウォンもの資金を貯め込んでいるのだ。

元慰安婦に芸をさせて、おカネは挺対協が稼いでいるという李容洙の指摘は、この数字を見ても一定の根拠があることがわかる。

李容洙の告発を受け、主要マスコミが連日、挺対協の会計の問題点を詳しく報じ始めた。国税庁に提出された会計書類を見ると、おかしな支出があったことが大きく報じられた。

18年、ビヤホールを経営する会社に3340万ウォンを払ったと記載されている。この年、国内で使った金額の合計は3億1067万ウォンだから、そのうち約1割をビヤホールに払ったことになる。その年の元慰安婦への支援は2321万ウォンだったから、それより多い金額をビヤホールで使ったことになる。そのうえ、同会社はその日の売り上げは972万ウォンであり、その全額を挺対協から受け取ったが、同社はその中から経費を除いた541万ウォンを挺対協に寄付したと証言している（「ペンアンドマイク」20年5月12日）。

挺対協はその日、ビヤホールで支援者を集めた創立28周年行事をした。この金額は宅配やケータリングサービスなど他の業者への年間の支出の合計を書類上、ビヤホール会社に支出したように書いてしまったと弁明している。しかし、その明細の公開を求める記者らに対して、自分たちにも人権がある、どの市民団体が会計を公開するかと言い放って、開き直っている（東亜日報・電子版・20年5月12日）。

しかし、寄付が免税となる公益財団法人の会計処理は、法律で厳密に定められた基準があり、挺対協の書類はその基準を満たしていない。国税庁が正式に書類の訂正を求める事態になっている。

韓国語で「おなかよりへそのほうが大きい」という言い方がある。オマケが本体より大きいという意味だ。韓国マスコミは、元慰安婦を前面に出して募金活動をしてきた挺対協が、募金の大部分を元慰安婦ではなく、自分たちの人件費や活動費に使ってきたとして、その言葉を使って挺対協を批判している。

挺対協は、自分たちの運動は元慰安婦の生活支援だけを目的にしてはいない、国内外の広報・啓発活動や国際連帯活動などにもお金を使っていると言っているが、寄付金を出している側は、元慰安婦のために使われていると思っている者が多いので、元慰安婦の李容洙の批判は、韓国全体に挺対協への否定的な見方を広める契機になった。

日本大使館前「水曜集会」を批判

李容洙は、挺対協が92年から毎週ソウルの日本大使館前で続けてきた水曜集会に対しても、学生・生徒らの心を傷つける、そこで幼い学生・生徒からカンパを集めるべきではない、などと厳しく批判し、これからは参加しないと宣言した。二つめの批判だ。

「水曜日に学生・生徒らが集会に出てきても勉強になりません。私は水曜集会に出るのをやめます。これのために学生・生徒らの心の傷が大きいと考えます」

「なぜデモをして、大切な人々に苦労をさせるのですか。勉強をしなければなりません。勉強する時間にしなければなりません」

実は水曜集会への批判の声は、李容洙の会見の前から表面化していた。19年12月4日から、落星台《ナクソンデ》研究所研究委員の李宇衍《イウヨン》らから成る「反日銅像真実糾明共同対策委員会」のメンバーが毎週、水曜集会が開かれるのと同時刻に日本大使館前の別の場所で、水曜集会中止と慰安婦像撤去を求める対抗集会を開いている。

最初はわずか1人か2人の参加者しかいなかったし、李宇衍が複数回、反日派に暴行を受けることさえあった。しかし、李容洙会見の前後頃から、次第に女性らを含む一般国民の参加者も増えた。

20年7月1日についに、挺対協は92年以降で初めて、日本大使館正門前の慰安婦像地域での集会ができなくなった。保守系運動団体の「自由連帯」が、挺対協より先に所轄警察署に集会届を出したからだ。ところが、親北左派の学生団体「反安倍反日青年学生共同行動」所属の学生らが、慰安婦像のすぐ横に前日から座り込み、警察の許可を得ている「自由連帯」の集会の開催を妨害した。警察は学生団体に、「みなさんは申告もせずに歩道を占拠しています。不法行為であるため、退去するように。従わなければ、法的に対処します」と拡声器で呼びかけるだけで、不法座り込みを実力排除せず黙認した。

そのため、その日はなんと3つの団体が同時に集会を開く異常事態になった。挺対協は大使館正門前から少し離れたところで集会をし、正門前集会の許可を得ている「自由連帯」は、学生らの不法座り込み地点のすぐ横で集会を開いた。不法座り込みを続ける学生らは、「自由連帯」の集会を妨げるように、大きな声で叫び続けた。なお、李宇衍らば混乱を避けるため、前日の火曜日に慰安婦像のすぐ横で対抗集会を開いていた。

これまで韓国社会で、挺対協はいっさい批判を受けない聖域的存在だった。それが李容洙の会見によって、ついに水曜集会を慰安婦像横で開けなくなる事態が生まれた。日本大使館前の空間が正常化するかどうかはまだわからないが、挺対協への批判のタブーが解けたことは間違いない。

挺対協を利用して私腹を肥やした？

李容洙は、尹美香前挺対協代表が２０２０年４月の総選挙で与党の比例名簿７番になって当選したことを激しく非難した。三つめの批判だ。自分は尹美香の選挙を応援していない、彼女は議員になるべきでない、と言い切る。

それに加えて、15年12月末の日韓慰安婦合意締結の際、尹だけが韓国政府から日本が10億円出して基金を作るという合意の骨子を聞かされていながら、それを実際の被害者である自分たちにいっさい伝えなかったと、尹を批判した。

30年前に私の〔慰安婦経歴〕届け出を尹美香が受けました。30年尹美香とやってきたが、これを解決しなければならないのではないですか。解決もしないで国会議員なのか、長官なのか。そんなものは、そこに行った尹美香は、私は知りません。挺身隊対策委員会〔原文ママ〕で一緒に解決しようと言っていた尹美香が、そのことをしなければならないと考えます。今日〔5月7日〕朝、電話が来ました。「おばあちゃん、これ〔国会議員〕は解決しようとしてなったのではないですか」と言ったので、私が「私は国会議員の尹美香のことは知らない。挺対協の尹美香を知っている。なぜ挺身隊と言って慰安婦のことをやるのか」と糾《ただ》しました。

前述のとおり、12年の国会議員選挙の際、李容洙は比例候補として出馬を考え、当時の左派野党に申請までしていた。そのとき、尹美香が立候補に反対した。李容洙は自分のことを「女性人権活動家」と紹介するなど、自己顕示欲が強い。だから、慰安婦運動から国会議員を出すなら、尹美香ではなく自分がふさわしいと思っていたはずだ。そのような嫉妬心が尹美香批判の背後にあるのだろう。

韓国では国会議員選挙の立候補者は、選挙管理委員会に財産を申告しなければならない。候補者本人だけでなく配偶者、両親、子まで含む財産申告が義務づけられている。また、候補者になれば選挙戦で、マスコミや反対政党から財産についても検証される。選挙戦の過程で、まず、尹美香の娘が米国の一流大学UCLA音楽学科に留学中で、留学費用が生活費を含めて1億ウォンくらいかかると報じられた。

THAADミサイル（サードミサイル Terminal High Altitude Area Defense missile＝終末高高度防衛ミサイル。米国陸軍が開発した弾道弾迎撃ミサイル・システム）配備反対など、反米運動に積極的に参加していた尹美香が、娘を米国に留学させていること自体、偽善ではないかという批判が出た（朝鮮日報・電子版・20年5月9日）。李容洙からすると、自分たちをダシにして集めた寄付金を、尹美香が自分個人のために使っているのではないかと、疑いを持ってもおかしくない。

尹は、自分の夫が90年代に国家保安法違反で有罪になったが、最近、再審で罪状の一部が無罪とされ、その後、夫と自分と娘に国家賠償金が出たので、それを学費に使ったと説明した。マスコミと野党はその説明に納得せず、尹の財産申告を調べた。すると、驚いたことに本人名義で銀行預金3億2133万ウォン、マンション1億8600万ウォン、夫名義で別荘4740万ウォンと自動車2台2594万ウォン、留学中の娘名義の銀行預金が１５２３万ウォン、合計５億９６００万ウォンあった。

そのうえ、尹は現在所有しているマンションをローンではなく現金で購入している。一方、所得税額から推計した夫婦の年間所得は合計５０００万ウォン程度だから、どのようにしてこのような高額の財産を持てたのか、疑問の声が上がっている。

疑惑が深まったのは、尹が公益財団法人である挺対協の口座を使わず、自分の個人口座でさまざまな名目の寄付を集めていたことが明らかになったからだ。尹美香は個人口座で募金を受け取ったことは不適切だったと謝罪したが、募金を私的に流用してはいないと強弁した。しかし、個人口座で受け取った募金をどこにいくら使ったのかについて、公開を拒否している（ハンギョレ新聞・電子版・20年5月19日）。

疑惑の極めつきは、ソウル近郊の一軒家購入だった。12年に挺対協は現代重工業の財団からの寄付を得て、元慰安婦らの憩いの家にするとして、ソウル近郊の京畿道《キョンギド》安城《アンソン》市にこぎれいな一軒家を買って、休養施設「平和と癒しが出会う家」という看板をかけた。

購入価格は土地と建物合わせて7億５０００万ウォンだったが、これは相場の約2倍近くで、しかも交通が不便で、高齢の元慰安婦が訪れたり居住したりするのに適していない場所だった。だから、そこには元慰安婦は誰も居住せず、尹の父が管理人と称して1人で住んでいた。

尹美香はそこを自分たちの休養施設として使い、ときどき挺対協の事務局員らと泊まりがけで訪れていた。尹美香がＳＮＳにアップした写真から、尹が挺対協関係者と「平和と癒しが出会う家」で開いた宴会では、日本製の菓子がつまみとして出されていて、「本当は日本が好きなのか」とからかわれるというハプニングもあった。

それだけでなく、外部に宿泊施設として貸し出してもいた。その代金がどのように会計処理されたのかも不明だ。挺対協は李容洙が尹美香批判の会見をした翌日に、この一軒家を4億2000万ウォンで売り払い、多額の損失を出し、尹の父も退去した。

後述のように、尹の夫はこの施設を北朝鮮につながるかのような政治活動のアジトとして使っていた。挺対協と尹美香の親北活動については、5つ目の問題点として後述する。

以上のようなさまざまな疑惑を捜査した検察は20年9月、尹を業務上横領、詐欺、背任など、8つの容疑で在宅起訴した。

検察によると、尹が横領した金額は1億ウォンを超える。5つの個人口座を利用して元慰安婦への弔慰金3億3000万ウォンを受け取った後、5755万ウォンを自分のために使った。挺対協経常費2098万ウォンと避難所運営費2182万ウォンも個人用途で使用した。詐欺とされたなかには、元慰安婦が重度の認知症であることを利用して、女性人権賞の賞金1億ウォンのうち5000万ウォンを正義連に寄付させた事件も含まれる（朝鮮日報・20年9月15日）。

二転三転する李容洙証言

李容洙は挺対協が出した証言集について、自分はそこに書かれているように話していないのに、それを販売して金儲けしていると批判した。これが四つめの批判だ。

「1993年から本が出たでしょう、挺身隊対策協議会から。それを6500ウォンで販売していたのです。そこに出ている証言は間違っています。私はなぜ、そんな本を売るのかと言いました」

実は李容洙のこの発言は、韓国はもちろん日本でもほとんど注目されなかった。日韓の多数のメディアは、李の挺対協批判は上記3点だけだとしていた。

なぜ、李容洙が挺対協の証言集を批判しているのか。そこに、李容洙と挺対協の内紛の根本的原因が潜んでいる。それを示唆する記事が、李容洙の会見の直後の20年5月9日に左派系の「ハンギョレ新聞」に出た。

正義連帯の内部事情をよく知っている関係者によれば、「日本と保守陣営などで李容洙おばあさんについて『ニセ被害者』だなどの攻撃があったが、李おばあさんが公開的な席で『言われるとおり証言をしてきたのになぜ、保護してくれないのか』と、正義連帯への不満を吐露したこともある」という。

ここで保守陣営と言われているのは、韓国内の保守陣営のことだ。李容洙が公権力による強制連行によって慰安婦になったのではないことは、日本ではかなり早くから論じられていた。秦郁彦や私も、挺対協が出した証言集などを根拠にして、そのような判断を90年代後半に書いている。

問題は、日本での研究成果が韓国に伝わっていかないことだった。ところが、韓国の保守陣営からも李容洙証言を批判する意見が出始めていて、それを李は強く意識し、なぜ挺対協が自分を守ってくれないのかと不満を持っていたというのだ。

たしかに、韓国の勇気あるジャーナリストが、挺対協批判のタブーに挑戦する仕事に取り組んでいた。

ネットメディアである「メディア・ウォッチ」代表理事の黄意元が14年2月21日、尹美香をはじめとする挺対協幹部らは北朝鮮に近い活動家だという告発記事「『従北』嫌疑提起された慰安婦関連団体、挺対協」を、「メディア・ウォッチ」のサイトに書いた。

そのときは慰安婦問題そのものに触れることはまだ怖かったので、北朝鮮との関係という切り口で、本名でなく女性記者の名前で書いたと黄は述懐している。挺対協を批判することにはそれだけ大きなタブーがあったのだ。

16年に挺対協と尹が、黄意元を刑事と民事で名誉毀損だと訴えた。挺対協と全面的に戦う覚悟を決めた黄は、18年4月14日に慰安婦問題そのものが虚構だという内容の、李容洙に関する記事を書いた。それが長文のネット記事「『従北』文在寅のための『嘘つきおばあさん』、日本軍慰安婦李容洙」だ（「正論」20年8月号に拙訳掲載）。

その記事で黄は、李容洙が93年以来、さまざまな場所で行った20の証言を集めて、慰安婦になった経緯、時期、年齢、慰安所に連れていった主体、慰安婦生活をした期間について表を作って比較した（次頁・表3）。その結果、それが全部異なっていることを具体的に明らかにした。

黄はこの表を作ってわかったことについて、次のようにわかりやすく語っている。

全部、内容が違っている。前と後ろが一致するものが一つもない。代表的なものをあげると、1993年の挺対協の証言集では、赤いワンピースと革靴に誘惑されて日本人に連れ去られたといっていた。業者にだまされたという主張だった。ところが、2000年代に入り、日本軍人に刀を背

表3　李容洙氏の慰安婦になった経緯に関する証言の変遷：黄意元氏作成

	証言時期	慰安婦になった経緯	慰安婦になった時期	年齢	慰安婦にした主体	慰安婦として働いた期間	出所
1	1993年	家出、人身売買、就業詐欺	1944年秋	満16歳	軍服のような服を着た日本人男	10ヵ月	挺対協編『証言集1』
2	1997年	連行？	1944年？				ハンギョレ新聞 1997年9月6日
3	1998年5月		1942年	14歳		3年	ハンギョレ新聞 1998年5月6日
4	1999年3月		1942年	満14歳		3年	ハンギョレ新聞 1999年3月6日
5	2002年6月	銃剣脅迫？		14歳			日本共産党「しんぶん赤旗」2002年6月26日
6	2004年12月	連行？	1944年	16歳	軍服のような服を着た日本人男	3年	日本京都慰安婦証言集会 ホームページのプロフィール
7	2006年7月	強制連行	1942年	15歳	日本軍	3年	憲法裁判所提訴記者会見　東亜日報 2006年7月6日
8	2007年2月	強制連行	1944年	16歳	日本軍	3年	米議会証言　聯合ニュース 2007年2月16日など
9	2007年6月	強制連行	1944年10月		日本軍	10ヵ月	韓国EBS「時代の肖像」「オーマイニュース」2007年6月9日
10	2009年3月	強制連行		15歳	日本軍		『私は日本軍慰安婦だった』(新日本出版社) 「iRONNA」2017年11月29日 竹嶋渉記事から再引用
11	2012年9月	強制連行		17歳	日本軍	2年	嶺南日報 2012年9月14日
12	2014年7月	強制連行		15歳	日本軍		漢陽大証言「ニューシス」2014年7月4日
13	2014年	就業詐欺		16歳	日本人男		「アジア経済」ネット企画記事「慰安婦報告書55」
14	2015年3月	強制連行	1943年夏	16歳	日本軍	2年	人文学の会「トゥ・モク会」証言「オーマイニュース」2015年3月15日
15	2015年4月	強制連行	1943年10月	14歳	日本軍	2年	ワシントン・ポスト 2015年4月22日
16	2015年4月	強制連行？		15歳	日本政府？		ウェブマガジン「ニュースロ」インタビュー「ニューシス」2015年4月23日
17	2015年6月	強制連行	1943年秋	16歳	日本軍		「未来韓国」2015年6月24日
18	2016年12月	強制連行		16歳	日本軍		ハンギョレ新聞 2016年12月20日
19	2017年1月	就業詐欺？					聯合ニュース 2017年1月25日
20	2018年3月	強制連行		15歳	日本軍		フランス議会証言　東亜日報 2018年3月10日

中に突きつけられて連れて行かれた、つまり日本軍の強制連行に変わる。２００７年２月米国議会証言、２０１８年３月フランス議会証言でもこの日本軍の強制連行と語った。

慰安婦として働いた期間も話すたびに違うことを言う。１９４４年に連れて行かれたと言いながら３年間慰安婦生活をしたという。それでは日本の敗戦後も日本軍慰安所が存在していたことになる。話にならない。１９４５年８月に韓国は植民地から解放された。それで計算が合わないからあとで年度が１９４２年に変わった。ところが、また１９４４年に変わり、再び期間が８ヵ月に変わり、このようなことばかりだ。

２００７年２月米国議会証言では、１９４４年に連れて行かれたと言っている。その証言も矛盾がある。そこでも３年間、慰安婦生活をしたと言っている。

それで私たちは到底彼女を信じられない。ニセ慰安婦だと私たちは見ている。本人が自白をしないかぎり、本当のことはわからない。慰安婦証言は物証がない。第三者の証言さえない。目撃者もいない。唯一本人の証言しかない。それだからこそ、本人証言の一貫性くらいはなければならないのに、李容洙の公的な証言は一貫しているものが一つもない。

それで李容洙氏について、ニセ慰安婦疑惑を提起しました。（韓国のYouTube放送「ペンアンドマイクＴＶ」20年5月15日、なお発言の一部を黄氏が後日訂正したので、ここでは訂正後のものを紹介）

黄氏はこの記事を挺対協と尹美香に送付し、回答をせよと求めた。挺対協は回答文書を送ってきた。ところが、そこでは挺対協の名誉を傷つけるなという内容しか入っておらず、黄氏が告発した李容洙証言の矛盾点についての反論はいっさいなかった。挺対協は李容洙の名誉を保護する意思を示さなかったということだ。それどころか、黄氏によると、この記事が出た後頃から、尹美香と挺対協は李容洙を運動の前面に出さなくなった（同）。

李容洙からすると、挺対協の証言集で、赤いワンピースと革靴に誘惑されて自発的に日本人女衒についていったと語っていることが根拠となって、自分の証言の信憑性に攻撃が加えられている。だから、尹美香らの言うとおり証言してきたのに、尹らが自分を守ってくれないと不満を持っているのだ。それが李容洙の挺対協攻撃の隠れた動機なのだ。

そして、これこそ、挺対協にとってだけでなく李容洙にとっても「不都合な真実」だった。韓国の勇気あるジャーナリストの緻密な報道が、李容洙と尹美香らがこれまで積み上げてきたウソを暴き始めた。19年には李栄薫・ソウル大学前教授らが慰安婦問題に関して実証的に究明した『反日種族主義』が出版され、韓国でも11万部が売れるベストセラーになった。韓国でも慰安婦に関する真実が少しずつ力をつけてきた。

李容洙は、自分の証言のウソが広く知られ、人権運動家としての名誉が傷つけられるかもしれないという危機感を覚えつつあった。一方、挺対協側は李容洙の証言のウソは隠しようもないので、彼女を運動の正面に出すことを控えるようになった。内部矛盾が拡大したのだ。

それが今回の内紛の背景であり、李容洙と挺対協両者にとっての「不都合な真実」だ。内紛は、ただ単純に、抜け駆けで国会議員になった尹美香への嫉妬と金銭的不満だけで起きたのではなかった。

ただし、この論点はまだ、韓国の大手新聞やテレビなどではいっさい報じられていない。黄意元をはじめとする一部の勇気あるジャーナリストと学者らだけがそのことを発信している。日本でも私以外、この論点を主張しているメディアや専門家は私の知るかぎりいない。

北朝鮮との内通疑惑

李容洙の会見では触れなかったが、五つめの重大な問題点として、慰安婦運動が北朝鮮の対南工作と密接な関係にあるという政治的偏向がある。

挺対協タブーが解けたことで、李容洙証言のウソという、隠されていた「不都合な真実」が韓国でも暴露され始めた。そしてやはり挺対協タブーが解けたことで、今回、韓国マスコミの精力的取材が始まり、その結果、挺対協と北朝鮮の癒着というもう1つの「不都合な真実」が浮上してきた。これは、李容洙はまったく言及していない論点だ。

私を含む日韓の専門家や情報関係者たちは、挺対協と北朝鮮とのつながりについて一定程度は知っていたが、今回、新たに驚くべき事実がつぎつぎに明らかになっていった。

尹美香の夫の金三石《キムサムソク》は彼の妹金銀周《キムウンジュ》とともに93年、兄妹スパイ事件犯人として逮捕された。金三石は日本に来て、北とつながりのある「在日韓国民主統一連合（韓統連）」などと接触して軍事機密を渡して50万円の資金を受け取り、韓国内の情報を伝えていたのだ。

2人は国家保安法違反で有罪となった。金三石は懲役4年の実刑、妹の銀周は懲役2年・執行猶予3年だった。また、銀周の夫である崔ギヨンは06年、一心会スパイ事件で逮捕され、懲役3年6ヵ月の実刑判決を受けている。尹美香のすぐ近くに3人の北朝鮮のスパイ事件有罪者がいるのだ（拙著『増補新版よくわかる慰安婦問題』草思社文庫・12年)。

金三石は16年に再審請求をし、17年5月、大法院は、国家保安法違反は間違いないとしながらもスパイ容疑はないとして、懲役2年・執行猶予3年に減刑し、1億9000万ウォンの刑事補償金が支払われた。それを受け金三石、尹美香夫妻と娘は、スパイとの烙印を押され精神的苦痛を受けたとして、国に対し損害賠償請求訴訟を起こし、18年7月、ソウル高等裁判所は、家族3人に計8900万ウォンを支払うよう命じる判決を言い渡した。尹美香は、娘の米国留学費用はこれらの国家から得た補償金、賠償金をあてたと主張している。

マスコミの精力的取材により、尹一家だけでなく、挺対協そのものが親北であることも明らかになった。その代表例が、元慰安婦の葬儀のために集めた寄付金を親北団体などに配っていたことだ。19年1月に亡くなった元慰安婦金福童《キムボクトン》の葬儀に際して、2億2726万ウォンの弔慰金を尹美香の個人銀行口座に集めた。葬儀に1億ウォンを使って、残高約1億3000万ウォンを遺言も公開せず、故人の意志だと称して、自分たちの仲間である反米・親北団体に支援金として配り、仲間の子弟に奨学金として与えるなどしながら、元慰安婦のためにはまったく支出していないことが明らかになった。

弔慰金残額から2200万ウォンを使って、尹らが勝手に選んだ11の親北反米団体へ200万ウォンずつ寄付した。そのなかには、韓国に亡命した北朝鮮食堂の女子従業員を北朝鮮へ送り返す運動をしている団体、米軍基地・韓国軍基地反対運動団体、北朝鮮のスパイなどの容疑で収監されている囚人の家族の団体、北朝鮮にトラックを送る団体などが含まれており、慰安婦問題に関係する団体は1つもない。

また、やはり弔慰金残額から2000万ウォンを使って、挺対協の理事の子弟を含む左派運動体の専従者の子弟10人に、奨学金と称して1人200万ウォンを支給している。

金福童弔慰金から2000万ウォンの寄付を受けた団体は以下のとおり（朝鮮日報・電子版・20年5月16日）。

1 脱北従業員真相究明及び送還対策委員会（16年に亡命した北朝鮮食堂従業員13人の北送を求める）
2 民主化実践家族運動協議会（国家保安法撤廃運動を展開）
3 良心囚後援会（国家保安法違反などで刑務所にいる囚人の釈放運動）
4 全国農民総連盟（北朝鮮にトラクターを送る運動展開）
5 故金ヨングン死亡事故真相究明及び責任者処罰市民対策委員会（非正規職問題の解決を要求）
6 江汀の人たち（済州韓国海軍基地建設反対運動）
7 韶成里THAAD撤回星州住民対策委員会（米軍THAADミサイル反対運動）
8 THAAD配置反対金泉対策会議（米軍THAADミサイル反対運動）
9 三星一般労組（三星内に労組を設立）
10 ヘッサル（陽ざし）社会福祉会（米軍基地村の女性人権運動）
11 ミートゥー市民行動（女性暴力反対運動）

ここで「脱北従業員真相究明及び送還対策委員会」に注目したい。16年に集団亡命した北朝鮮食堂の13人について、北朝鮮は拉致だとして送還を要求し続けている。それに合わせて、韓国の左派は北に返せと運動してきた。尹の夫の金三石は従業員らを、先に見た安城の「平和と癒しが出会う家」に招いて、北朝鮮に帰国するよう説得工作をしたことが暴露された。

尹の夫である金三石が元食堂マネージャーに、「地方に行って肉でも食べましょう」と誘った場所が、前出の安城の挺対協の施設だった。マネージャーと3人の女性従業員が施設に行くと、金三石と上記の「良心囚後援会」関係者、挺対協関係者など7人が待ち構えていた。金三石らは北朝鮮の革命歌を歌い、「偉大な元帥金正恩同志」などと言いながら、従業員らに北朝鮮に帰るように説得したと、食堂マネージャーが写真付きで暴露したのだ（朝鮮日報・電子版・20年5月21日）。

要するに、慰安婦問題を隠れ蓑に親北運動を展開しているのだ。もともと挺対協は元慰安婦の人権を考えているのではなく、北の立場に立って日韓関係を壊すための政治活動をしている疑いが強かった。それがもはや疑いではないことが明らかになってきた。

元食堂マネージャーが韓国マスコミに提供した安城の「平和と癒しが出会う家」で記念撮影している3人の北朝鮮食堂元従業員。

慰安婦運動批判のタブーは解けた

尹美香は、多くの批判にさらされながらも、20年5月末に国会議員としての活動を始めた。寄付金の使途などについて捜査をしている検察が、捜査開始から3ヵ月経った8月13日に尹美香への事情聴取を行い、先述のとおり、9月にやっと、尹を業務上横領、詐欺、背任などの容疑で在宅起訴した。しかし、21年7月まで準備手続きが続き、8月にやっと1回目の公判が開かれる予定で、遅々として裁判は進まず、尹は国会議員として堂々と政治活動を続けている。

李容洙も挺対協の尹の後任の理事長と何回か面会するなど、表面的には李容洙の挺対協批判から始まった韓国慰安婦運動の内紛は収まったかのようにも見える。

しかし、内紛の結果、挺対協などの慰安婦運動を批判することに対するタブーが解けた。その結果、本章で見てきたように、慰安婦の証言に立脚して挺対協などが内外に広めてきた「強制連行」と「性奴隷」説が虚偽だということを、公然と主張する勇気あるジャーナリスト、学者、運動家が韓国で多数出現してきた。挺対協と北朝鮮の癒着も、韓国内で知る人が増えている。

尹美香は批判に対して、20年5月12日、SNSに「親日が清算できていない国で女性、平和、人権の茨の道に入った人間が直面しなければならない宿命だと思って、堂々と立ち向かう」「屈辱的な韓日慰安婦合意を締結して一言の謝罪もしない未来統合党（野党）、日常に迎合していた奴隷根性を捨てられない親日言論、『慰安婦は売春』という見方をいまも変えていない親日学者に立ち向かう」と書いた。

私の言う反日反韓史観がよく表れている言い訳なので、その全訳を引用しておく。

親日が清算できていない国で、個人の生活を後回しにして、正義、女性、平和、人権の茨の道に入った人間が直面しなければならない宿命だと思って、堂々と立ち向かいます。

正義連と私に対する攻撃は、30年間継続された世界的な人権運動の歴史的な成果を踏み潰し、21代国会でより力強く展開するであろう慰安婦真相究明と謝罪と賠償要求に、平和人道運動に冷や水を浴びせかけようとする保守言論と未来統合党が作った謀略劇の以上でも以下でもありません。

屈辱的な韓日慰安婦合意を締結して一言の謝罪もしない未来統合党、日帝に迎合していた奴隷根性を捨てられない親日言論に立ち向かいます。「慰安婦は売春」という見方をいまも変えようとしない、親日学者に立ち向かいます。

批判してきた者を無条件に「親日」だとレッテルを貼る。韓国の親北左派の典型的な論理だ。しかし、真実には力がある。彼女らはこれから、真実を語る者らを権力で弾圧する、全体主義的な方法をとるだろう。ウソの歴史認識を強要することが、全体主義国家の権力維持の基本だからだ。韓国が自由民主主義に立つ文明国として生き残れるのかどうかの、激しい戦いが続いている。

第9章 韓国に広がる「アンチ反日」

韓国の「反日」意識に変化

２０１９年頃から、韓国人の対日観に変化が静かに起きている。

その一環として、20年12月、拙著『でっちあげの徴用工問題』が韓国語で全訳され、韓国の書店に並んだ。訳者は『反日種族主義』の共著者の１人である李宇衍《イウヨン》博士、韓国語版のタイトルは『捏造された徴用工のいない徴用工問題』だ。出版社は、慰安婦問題について事実に基づく発信を続けている「メディア・ウォッチ」（黄意元《ファンイウォン》代表）だ。

また、21年4月には、拙著『増補新版よくわかる慰安婦問題』が同じ訳者と出版社により韓国語に訳され、『韓国政府とマスコミが語らない慰安婦問題の真実』という書名で出版された。

2冊の出版直後、それぞれに対していくつかの韓国の保守系YouTubeテレビが好意的に取り上げた。チャンネル登録67万人の「ペンアンドマイクTV」もその1つだ。「ペンアンドマイクTV」では、21

年1月12日に、過去に『月刊朝鮮』の特ダネ記者として有名であり、『反日種族主義』の共著者であるジャーナリスト金容三《キムヨンサム》が、拙著の翻訳者李宇衍と約1時間、『捏造された徴用工のいない徴用工問題』を紹介する対談番組を放映した。その中で次のような興味深いやりとりがあった。

金容三　この本を書いた西岡先生の心情を、私はある程度推察してみたのです。「本当に韓国人たちはあまりにもひどすぎる。政府もそうだし、大法院もそうだ。集団的な一種の精神疾患にかかっているのではないか」と感じるくらいですよ。歴史的事実とはまったく関係がない一種の虚像を根拠にして、2018年10月の戦時労働者判決が出たのですが、これを私たちはどうすればいいのか。

私はこの西岡先生の本を読みながら、本当に辛かったです。われわれはこの程度でしかない国なのか。韓国の集団知性はこの程度の、ゴミ箱にしかならない状況なのか。

李宇衍　2年前だったとしたら、このような本を翻訳したならばひどい目に遭ってしまったでしょう。いまは大きく変わったではないですか。この本は世界自由保守叢書第一巻です。日本の自由右派たちと交流をし、討論し、連帯しなければならないと考えて、この本を翻訳しました。

金　いまや、われわれは正常な国にならなければならない。事実にないことを根拠にして、大法院までこのような判決を出せば、大韓民国の知性はないと見るべきではないですか。良心も正義もないということだ。どうして大韓民国政府と大法院が、その悪辣な何人かの左翼知識人たちに惑わされてこのようなことをするのか、ということです。

李　すでに革命的変化が起きている。自由右派の新党の釜山市長候補である鄭奎載《チョンギユジェ》先生や、ソウル市長候補の金大鎬《キムデホ》先生が、公約で反日銅像、慰安婦像と労働者像を撤去すると言える時代にすでになった。時代が変わったのです。2年前でも考えることもできなかったことです。そこで、国民的な精神改造運動が必要だ。そのための有力な方法の1つが、日本の右派知識人たち、自由右派知識人たちと交流し、討論し、連帯することだ。すぐに政権を変えることも重要だが、長期的にわれわれが脱朝鮮王朝する根本的な道だ。

金　コロナが少し収まれば、本当に日本に対して謝罪団をつくって、土下座して申し訳ないという謝罪からしなければならないのではないか。ここまで、でたらめ、ウソ判決と無理すぎる主張をする政府を持つ国に希望がありますか。

李　そこでまず、市民たちの小さな行動として、いま、毎週水曜日の12時に日本大使館前で慰安婦銅像撤去デモをしています。いま、59回になりました。1年を超えました。

金　慰安婦運動がデモをやっている場所の近くですね。

李　いわゆる「少女像」のところの挺対協、正義連のデモのすぐ横の場所です。そこで、私たちは「慰安婦像撤去、水曜集会中断、正義連解体」を叫んでいます。そして、1時半には龍山駅前で、そこにある労働者像の前で、像撤去を求めるデモをしています。

金　この本は、日本の本当の良心的知識人が韓国人の知性と良心に訴えるものです。矢のように心に突き刺さる内容にあふれています。このような本を通じて、われわれは徴用工の問題が何であり、そして今後どのような大きな影響をわれわれに及ぼすのか、徴用工問題を主張している韓国大法院と韓国政府と韓国の左翼がいかに勉強をしておらず、無知でウソつきなのかについて、目覚めなければならないと思います。

ここで李宇衍が、「2年前だったとしたら、このような本を翻訳したならばひどい目に遭ってしまったでしょう。いまは大きく変わったではないですか」「すでに革命的変化が起きている」「時代が変わったのです。2年前でも考えることもできなかったものです」と発言していることに注目したい。

私は、韓国で起きているこの「革命的変化」を「アンチ反日」と名づけて、その実態を報告してきた。なぜ、「親日」と呼ばず「アンチ反日」と呼ぶのかを最初に説明したい。

この動きの主人公は、日本研究者や日本との関係が深いビジネスマンらではない。その意味で「親日」と呼ぶのは適当でない。主人公は、韓国史の学者、韓国現代史を取材してきたジャーナリスト、そして文在寅政権が大韓民国の正統性を根本から崩そうとしているとして同政権と戦ってきた行動的活動

拙著『でっちあげの徴用工問題』の韓国語訳。韓国語タイトルは『捏造された徴用工のいない徴用工問題』。

拙著『増補新版よくわかる慰安婦問題』の韓国語訳。韓国語タイトルは『韓国政府とマスコミが語らない慰安婦問題の真実』

家らだ。彼らは日本と親しくなろうとして反日を批判しているのではない。ウソにまみれた反日を利用して、文在寅政権とその背後にいる従北勢力（北朝鮮に従属する勢力）が韓国を滅ぼそうとしているという強い危機感から、反日を批判している。だから「アンチ反日」と呼ぶのが適当だと、私は考えている。

本章では現段階で私が接することができた範囲内ではあるが、19年から急速に拡大してきた「アンチ反日」の流れを概観したい。その流れは大きく分けて2つある。

実証主義歴史学者による啓蒙活動と、「アンチ反日」運動の誕生と活発な活動である。

植民地近代化論争と慰安婦タブー

すでに韓国史学界では主として経済史専門家らによって、日本の侵略と収奪という従来の学界の見方に反対して、日本統治時代に近代化が進んだとする植民地近代化論に立つ実証研究が80年代から積み重ねられていた。この点に関して、学界内部では激しい論争が続いているが、韓国社会全体への啓蒙活動はそれほど活発ではなかった。

特に、慰安婦問題や朝鮮人戦時労働者問題など、日韓の外交紛争については、結果的に日本側を弁護することになる実証研究結果を対外的に明らかにすることはほぼなかった。あるいは大きなタブーがあって、事実上できなかった。このタブーを破ったのが李栄薫《イヨンフン》ソウル大学教授（当時）だった。

第7章でも論じたが、李は韓国経済史が専門で、植民地近代化論の旗手で、韓国の歴史教科書が左傾偏向しているとして教科書改善運動の先頭に立ってきた学者の1人でもあった。例えば、李は2007年に韓国で出版した『大韓民国の物語』で次のように書いている。

教科書には「日本は世界史において比類ないほど徹底的で悪辣な方法で我が民族を抑圧し収奪した」と書いてあります。

敢えて私は言います。これは事実ではありません。例えば、米の半分が日本に輸出されたのは総督府が強制したからではなく、日本内地の米価が三十パーセント程度高かったからです。

しかし、同書でも慰安婦については、李栄薫の主張は歯切れが悪かった。同書出版の2年半ほど前の04年9月、李はあるテレビ討論番組で慰安婦問題について討論する過程で、野党議員から「慰安婦を公娼という日本の右翼の主張と同じだ」と批判され、それをインターネット新聞が「李栄薫が慰安婦を公娼と呼んだ」と報じて、すさまじい抗議を受けたことがある。第7章で見たように、李は同書で、自分は慰安婦を公娼だなどとは発言していないと弁明しながら、慰安婦は性奴隷だったと書いた。

タブーを破った李栄薫教授の YouTube 発言

『大韓民国の歴史』出版から8年経って、15年12月に日本の安倍政権と韓国の朴槿恵《パククネ》政権が、慰安婦問題に関する合意を結び、過半数の元慰安婦がそれを支持しているという状況の変化のなか、李栄薫はついに勇気を持って慰安婦問題に関する従来の性奴隷説を否定する発言を始めた。

李は16年8月、インターネットの連続講義の中で「慰安婦制度は軍の統制下にあった公娼制度だ」「慰安婦は性奴隷ではない」「朝鮮人慰安婦は前借金や詐欺によって女衒《ぜげん》が集めた」「朝鮮人慰安婦20万人説は根拠がない、5000人くらいだ」と明言した。

李は、保守言論人鄭奎載（韓国経済新聞主筆・当時）が主宰するインターネットテレビ「鄭奎載TV」で、韓国近現代史の連続講義を行った。12回にわたる講義「李栄薫教授の幻想の国」の最終回のテーマが「慰安所の女性たち」だった。2時間を超える講義が、16年8月22日と23日に3つに分割されてアップされた。

李は講義をやや緊張した顔つきで、次のように語り始めた。

今日の講義題目は「慰安所の女性たち」になります。日本軍慰安所の女性たち、いわゆる慰安婦と私たちが呼んでいるその女性たちに関して、です。

ご承知の通り1991年に世間に熱いイッシューとして提起されました。これまで25年間、この問題は韓国と日本の関係を規定するもっとも熱く激しい問題として持続してきました。両国間の外交関係だけでなく経済、社会、文化すべての交流で深刻な影響を及ぼしてきた主題でした。

それだけでなく、この主題をめぐりこの間、韓国の反日民族主義はたいへん強力に燃え上がり、それは日本との関係だけでなく、韓国内において韓国人の知性、文化、歴史意識にまで深刻な影響を及ぼしました。

したがって、私がこの「幻想の国」を扱う講義で、この問題を避けていくことはできないだろうと考えました。

アダム・スミスは、人間にはだれでも自分の心の中に公平な観察者であるもう1人の自分を持っていると言いました。知恵を持つものは自分の心の中にいるもう1人の自分、いつでも自分を公正、公平で厳格に監視しているもう1人の自分の指示に従って心の平和を得る。それが生活の幸福を得る道だと話しました。

私も私の心の平和を得て生活の幸福を得るために、私の心の中にいるもう1人の私の命令に従って、当初の計画にはなかったのですが、また躊躇もしましたが、この主題を最後に扱おうと思います。

ここで李栄薫が「当初の計画にはなかったのですが、また躊躇もしましたが、この主題を最後に扱おうと思います」と言っていることに注目する。タブーを破る大きな一歩が、このとき始まった。内容は後日、『反日種族主義』に書かれたものの原型だった。

放送の最後で李は、「性奴隷規定だとか〔20万人という〕数字推定について客観的に多くの問題がある」と、講義の結論を語った。この時点でここまでのことを言うのは、大変な勇気がいることだっただろう。

戦時労働者判決をネットで批判

17年2月に李栄薫教授はソウル大学を定年退職し、韓国の一般国民を対象とした現代史学校というべき「李承晩《イスンマン》学堂」を開設し、その校長になった。李承晩学堂は「李承晩大統領の政治哲学、独立運動、建国業績を正しく認識し、それを広く国民的教養として伝えることを目的として設立された」という。

同学堂は次の4つの堂訓を掲げている。

1　我々は自由で独立した個人だ。
2　大韓民国は自由人の共和国だ。
3　我々は自由通商と永久平和の世界を志向する。
4　われわれはウソを排撃し名利に幻惑されない。

その4の「われわれはウソを排撃し名利に幻惑されない」が「アンチ反日」啓蒙活動の基礎となっている。

李承晩学堂は受講者を集めて講義をするだけでなく、「李承晩テレビ」という YouTube テレビを通じて啓蒙活動も行っていた。その李承晩テレビが18年12月から満を持して、「危機韓国の根源：反日種族主義」というタイトルのネット講義を開始した。講義は李栄薫のほか、4人の学者（金洛年《キムナクニョン》、朱益鐘《チュイクチョン》、鄭安基《チョンアンギ》、李宇衍）と1人のジャーナリスト（金容三）が担当した。

その第1回（18年12月10日公開）で、李は次のように連続講義の目的を語った。

李承晩テレビは今後、約40回のシリーズ講義を通じて、反日種族主義を批判し告発しようと思います。

わが韓国人が知っている日本支配期の歴史、それに対して無限に憤怒する感情がどれほど非科学的なのか、実際の事実とかけ離れているか、わが文化、わが精神に潜伏しているシャーマニズムとトーテミズムに依拠するものであるのかについて、もれなく解剖し批判するつもりです。

目下、司法府で問題になっている、このどうしようもない司法府の騒動を起こしてきた日本の朝鮮労務者動員の問題も扱います。数多くの朝鮮青年が日本軍に志願し入隊したその時代の実態を、ありのままに伝えるつもりです。日帝が食糧と土地をほしいままに収奪したという歴史学の通説が、どれほどでたらめなものなのかについても暴露するつもりです。過去26年間、日本との外交を破局に追いやった日本軍慰安婦問題が、実は当時の公娼制度とどれくらい密接な関係を持っているのかについても、隠さずに指摘するつもりです。独島が果たして朝鮮王朝の領土だったのか、その客観的な証拠があるのかについても、果敢に発言するつもりです。


ここで李栄薫が語っているように、この連続講義が始まる約一ヵ月前の18年10月30日、韓国大法院は日本企業に対して、元朝鮮人戦時労働者の原告4人に慰謝料支払いを命じる驚くべき判決を下し、日韓関係がかつてなく悪化した。李らは、この判決の歴史認識のでたらめさに強い危機感を感じたのだ。

当初は「危機韓国の根源：反日種族主義」の中で扱われる予定だった慰安婦問題が、別途「日本軍慰安婦問題の真実」というタイトルで独立した。その結果、「危機韓国の根源：反日種族主義」が30回、「日本軍慰安婦問題の真実」が16回の連続講義としてアップされた。最後の「日本軍慰安婦問題の真実」第16回は19年6月20日にアップされた。

その講義ノートを整理して、19年7月10日に韓国で『反日種族主義』が出版され、前述のとおり、なんと11万部のベストセラーになった。同年11月には日本語版が出版され、40万部以上が売れた。

同書が出版された頃、文在寅《ムンジェイン》政権は日本がとった半導体素材の輸出管理強化措置を対韓報復だとフレームアップして、大規模な反日キャンペーンを行っていた。その中で、反日を批判する同書に対して大手の新聞やテレビは無視するか、激しい非難を加えた。しかし、それがかえって、そこまで文政権側が批判するなら読んでみようかという、反文在寅側の反応を呼び、ほとんど宣伝をしない同書が静かなベストセラーとなった。

曹国法相や左派テレビ局の反発

文在寅政権発足時から大統領府で民情首席秘書官を務め、法務部長官に就任するため秘書官を辞任していた曹国が、19年8月5日、SNSに次のような文をアップした。

〔『反日種族主義』の〕主張を公開的に提起する学者、これに同調する一部政治家と記者を「附逆〔国家に反逆すること〕」、売国、親日派」という呼称のほか何と呼べばよいのか、私はわからない。

彼らをこのように批判することは全体主義的、ファシズム的発想であり、国民を2つに分裂させる「二分法」だという一部知識人たちの高尚な詭弁には語彙喪失だ。

大韓民国という民主共和国の正統性と存立根拠を否定して、日本政府の主張をオウムのように反復する言動も「表現の自由」として認めよう。政治的民主主義が定着した韓国社会では、憲法精神を否定するこのような内容を持つ本でさえも、「利敵表現物」と規定されて発禁にされはしない。

しかし、その自由の行使が自ら招いた猛批判は甘受しなければならないのだ。彼らがこのような吐き気がする本を出す自由があるならば、市民は彼らを「親日派」だと呼ぶ自由がある。

曺国は法務部長官になる前後から、さまざまな不正事件が暴露され、時の人となった。その人物が「吐き気がする」と非難したことにより、むしろ、同書がまともなことを言っているのかもしれないという、静かな評判が広がった。

左派が支配する民放テレビ局は同書について、悪質な取材と感情的な批判報道を続けた。19年7月29日夜、地上波の3大ネットワークの1つであるMBCの「ストレート」という報道番組が同書を取り上げ、「虫唾《むしず》の走る親日節《ぶし》」だとして激しく非難した。

番組では、同書の共同執筆者である李宇衍が7月2日にジュネーブの国連欧州本部シンポジウムで「賃金の民族差別はなかった」と発表している場面の映像や、出版記念会の映像を都合のいいところだけ短く放映し、激しい言葉で非難し続けた。

続いて、8月4日、日曜日の朝、李栄薫が自宅から出たところ、路上で待ち伏せしていたMBCテレビ記者にむりやりカメラを向けられ、インタビューを強要された。強い調子でカメラ撮影をやめろと繰り返し拒否しても、取材は続けられた。その中で、李が突きつけられたマイクをたたき落とし、記者の頬をなぐるという出来事が起きた。

李栄薫とその支援者らは、路上でのカメラインタビュー強要は肖像権の侵害だとして、その映像の使用禁止を求める仮処分申請を裁判所に申し立てたが、却下され、8月12日夜、李らを親日売国勢力として誹謗するMBCTVの「ストレート」という報道番組で、その映像が長時間放映された。

「親日称賛禁止法」制定への動き

翌20年になっても、『反日種族主義』への執拗な攻撃は続く。作家趙廷来《チョジョンネ》が、20年10月12日、「李栄薫は新種の売国奴で民族反逆者」「日本留学者はみな民族反逆者」「150万の親日派を、法を制定して断罪しなければならない」と激しく罵倒した。

趙廷来が80年代に書いた『太白山脈』という、日本統治の終焉から朝鮮戦争までの時期を扱った全10巻の現代史大河小説は、合計700万部も出る大ベストセラーとなった。80年代に大学に通った者たちの大多数がむさぼり読んだ小説だ。

これを読んで反共意識を捨て去った者が多い。建国直後の韓国を転覆するために武力蜂起した共産主義ゲリラの活動を同情的に描いて物議を醸し、国家保安法違反容疑で捜査されもした。

その後、趙廷来は日本統治時代を舞台にした『アリラン』という全9巻の大河小説を書き、こちらも350万部のベストセラーになった。

しかし、『アリラン』では日本警察が裁判もなしに衆人環視の下で朝鮮人を射殺するなど、荒唐無稽な反日叙述が多い。『反日種族主義』で李栄薫から「狂気がこもった憎悪の歴史小説」「捏造だ」などと厳しく批判されていた。

20年4月の総選挙で6割の議席を得た左派与党「共に民主党」では、趙廷来と同じような発想から「親日称賛禁止法」を制定して、朝鮮人虐殺や慰安婦の性奴隷化があったということを認めない者に刑事罰を加えようという議論が高まっている。同党最高委員である薛勲《ソルフン》議員は、ネットメディア「Eデイリー」(20年5月14日)とのインタビューで、「親日称賛禁止法」制定の必要性について次のように熱弁した。

同法を発議する計画がある。昨年露骨な親日歴史書である『反日種族主義』を出した李栄薫前教授などが、今度は『反日種族主義との闘争』という本を出した。これは慰安婦の歴史歪曲を反復し、被害者たちに対する二次加害をはばからないことだ。李前教授は、日本軍慰安所は「高収益市場、強制徴用はなかった」などの主張を繰り返した。「強制動員被害者たちの陳述はウソの行進」として大法院の強制動員賠償判決まで非難した。

「親日称賛禁止法」制定運動を続けてきた光復会は、20年4月の総選挙で選挙区立候補者1109名にアンケート調査を行い、回答者568名のうち96パーセントにあたる546名が賛成したとして、与党に圧力をかけている。

元慰安婦らが言論人を刑事告発

李栄薫らへの刑事罰を求める動きはすでに始まっている。

20年7月2日、韓国与党「共に民主党」所属で国会の外交統一委員長の宋永吉《ソンヨンギル》議員（21年5月に与党代表に選ばれた）が、元慰安婦や元戦時労働者の遺族らとともに国会内で記者会見を開き、李栄薫ら『反日種族主義』の著者らと、講義中に『反日種族主義』を取り上げて大学当局から懲戒処分を受けた柳錫《リュソク》春《チュン》延世大教授（当時）を「歴史歪曲があまりにも深刻で到底黙過できない」と非難し、名誉毀損、死者に対する名誉毀損、国家保安法違反などで刑事告訴すると発表した。

それに対して李栄薫らは会見を開いて、自分たちの主張は学問的研究の結果であり、異なる学説を唱える人たちに公開討論をしようと繰り返し求めてきた。学問的討論を抜きに、一方的に「歴史歪曲」と決めつける宋議員らの言動は、言論と学問の自由の重大な侵害だと語気を強めた。

7月7日、元慰安婦ら10人が、名誉毀損と国家保安法違反で、『反日種族主義』の著者の李栄薫、朱益鍾、李宇衍と柳錫春の4人を、ソウル中央地検に刑事告訴した。告訴人は、元慰安婦で挺対協を激しく批判して話題になった李《イ》容洙《ヨンス》と、元慰安婦の遺族3人、元戦時労働者の遺族3人、元海軍軍属で中国で戦死して靖国神社に祀られている李《イ》花燮《ファソプ》の遺族1人だ。

『反日種族主義』の著者らが、元慰安婦や戦時労働者の遺族から刑事告訴されるのは初めてのことだ。第三者が行う「告発」とは異なり、名誉を毀損されたと主張する当事者による「告訴」だから、検察が捜査を始めることは間違いなかった。特に、告訴が提出されたソウル中央地検は21年1月、地検長以下の幹部が文在寅政権寄りの検事に総入れ替えされ、それまで進めていた文政権側近らの捜査を妨害する偏向人事だと批判されていた。そのソウル中央地検が告訴を受けたのだから、刑事事件として起訴する可能性は高いと思われた。

李栄薫らは「これから長く厳しい法廷闘争を戦うことを覚悟している。学問の自由を守るため戦う」と語っていた。

李栄薫らは告訴後すぐ、警察に呼び出され事情聴取をされたが、21年7月現在、起訴されるのかどうかの処分が下らずにいる段階だ。つまり、いまだに刑事事件の被告として法廷に引き出される可能性が残っている。

特記すべきことは、60頁以上にもなる大部な告訴状に西岡力の名前が2ヵ所で出ていたことだ。名誉毀損にあたる李栄薫らの主張をまとめた部分で、慰安婦に関する記述と、戦時労働者に関する記述の中で、次のように書かれていた。

慰安婦は日本政府当局の強制募集がなかったという事実を前提にした表現であり（…略…）これらの内容は泰郁彦や日本の西岡力のような代表的右派論客がしてきた主張であり、慰安婦募集過程で強制連行や就業詐欺があったとしても、その責任は募集業者にあるという論理は、日本の右派論客たちの専有物です。

すなわち、被告訴人たちは日本の右派論客たちが喜んで使用する論理をそのまま借用して、自身の著書で慰安婦関連の歴史的事実に関して虚偽事実を記述したということです。

被告訴人李宇衍は、実際に朝鮮人に対する強制徴用が実施された時期は1944年9月から1945年4月までの約8ヵ月の「徴用」時期だけで、1939年9月から実施された「募集」とその後に続いた「官斡旋」は強制連行ではなく、朝鮮人たちが自発的に参加した日本行きだったとする、日本の右派論客西岡力の「強制連行虚構論」をそのまま受容しました。

ここで強調するが、私は、李栄薫たちの慰安婦に関する体系的で実証的な研究から大いに学んだのであって、私の研究を李栄薫たちが借用したことはない。戦時労働者に関しても私が李宇衍の緻密な実証研究から多くのことを学んだのであって、その逆ではない。そのうえ、ここで書かれている慰安婦と戦時労働者に関する事実についての記述は、虚偽だとすぐに断定できるものではない。私はこの記述は真実だと考えているが、少なくともいくつかある学問上の対立する学説の1つであることは間違いない。それを書物に書くことが刑事罰の対象になるなら、学問の自由はなくなってしまう。

もう1つ見逃せないのは、名誉毀損に加えて国家保安法違反も告訴内容に含まれていることだ。国家保安法は北朝鮮や朝鮮総連を反国家団体に指定し、その首魁を最高死刑にし、それを称賛する者も刑事罰の対象としている。しかし、当然のことだが、日本は反国家団体に指定されていない。それなのになぜ、国家保安法違反が出てくるのか。

告訴状を見ると、日本右翼が反国家団体だという、次のような奇想天外な主張がなされていた。

> 被告訴人の著書および著作物で、日本の植民地政策および強制連行問題などに関する日本右翼勢力（反国家団体《原文ママ》）の論理をそのまま借用して日本の植民地近代化論を強調し、強制徴用および慰安婦被害者たちを卑下・誹謗し、日本帝国主義の成果を称賛するなどの虚偽事実を伝播して宣伝扇動する行為は、国家保安法上の称賛・鼓舞罪に該当する犯罪行為です。

一方、20年10月29日、ソウル西部地検は柳錫春前延世大教授（20年8月定年退職）を名誉棄損容疑で在宅起訴した（柳錫春「ソウル西部地方検察庁の起訴状を受けて」『月刊 Hanada プラス』21年1月8日公開）。柳錫春は19年、『反日種族主義』の慰安婦公娼説に基づいて大学で講義した。その内容を受講生の誰かが秘密に録音し、左派メディアに持ち込み、柳が慰安婦は売春婦だという妄言を吐いたという批判記事が書かれた。それを受けて、延世大学当局は柳に対して当該講義を強制的に終了させるとともに学内で懲戒処分を下した。事はそれで終わらず、挺対協などが柳を刑事告訴すると検察が柳を在宅起訴処分とし、大学での講義内容が問題とされる刑事裁判が21年7月現在も進行中だ。この裁判で柳は、拙著『増補新版よくわかる慰安婦問題』(草思社文庫)の韓国語訳本を証拠として提出した。

保守勢力や主流学界は沈黙

李栄薫教授らが影響を与えたいと思っていた伝統的な保守勢力、すなわち保守新聞、保守野党は、左派から「親日派」と攻撃されるのを恐れてか、『反日種族主義』を無視するか、あるいは左派の攻撃の尻馬に乗り、読みもしないで批判の声をあげた。

また、学界の主流は、実証的な同書の通説批判に対して学術的な論争をすることを避け、無視した。そして、主流学会の周辺で政治運動に近い活動をしている反日学者らが感情的な批判を繰り返した。同書を批判するセミナーが何回か開かれたが、李栄薫らはいつでも討論に応じると明言しているにもかかわらず、その席に呼ばれることはなかった。

批判に対して、李栄薫らは20年5月、『反日種族主義との闘争』という2冊目の本を出して、実証的に批判に反論した。

以上で見たように、19年7月の『反日種族主義』出版は、その前年の韓国最高裁の戦時労働者裁判不当判決が契機となり、それまで大きなタブーの下で実証的研究を積み重ねてきた李栄薫とその弟子たちが、満を持して激しい批判にさらされることを覚悟したうえでの、勇気ある行動だった。文在寅政権が事実に反する反日歴史キャンペーンを展開し、日韓関係ばかりか韓国という国そのものを破壊しようとしているという強い危機感が、その行動の背景にあった。そのことについては第7章で詳しく論じた。

アンチ反日デモは歴史的出来事

『反日種族主義』出版と並んで、19年にはもう1つ、見逃せないアンチ反日の大きな動きがあった。それは慰安婦像と「徴用工」像の撤去を求める街頭行動が始まったことだ。

これまで韓国では、歴史認識問題をテーマにした反日デモは繰り返し行われてきたが、反日に反対するアンチ反日デモはこのときが史上初めてだった。

端緒は、19年の文在寅政権による露骨な反日キャンペーンに対して、文政権に反対する在野の保守勢力が街頭で行った大規模な集会とデモだった。

19年8月15日の午後、激しい雨のなか、反文在寅デモに約10万人が集まり、そこで公然と文在寅政権の反日が批判された。反文在寅デモ参加者の多くは、韓国の国旗である太極旗を持っていた。また、それよりは少ないがやはり目についたのは、韓国の同盟国である米国の国旗だ。しかし、なかには片手に太極旗、もう一方の手に日の丸を持つ参加者もいた。同じ日の夜、左派が反日、反安倍デモを行ったが、面積から割り出した参加者数は約5万人で、反文在寅デモの半分しか動員できていなかった。

8月15日は、日本の統治から解放されたことを記念する祝日であるにもかかわらず、その日の反文在寅デモでは反日スローガンはいっさい出なかった。それどころか、弁士の1人として演壇でマイクを握った保守派のリーダー趙甲済は、次のようなアンチ反日演説を行った。

親北反日は愛国ですか。みなさん、反日は愛国ですか。（違います・デモ参加者以下同）
日本は敵国ですか。（違います）
親北が愛国ですか。（違います）
北韓は味方ですか。（違います）
親北反日は反逆です。（そうだ）
親北反日は反逆です。（そうだ）
親北反日の文在寅大統領を弾劾しなければなりません。（そうだ）
大韓民国は良い国。（大韓民国は良い国）
金正恩は悪い奴。（金正恩は悪い奴）
味方する奴はもっと悪い奴。（味方する奴はもっと悪い奴）
米国と日本は我々の友人。（米国と日本は我々の友人）
団結しよう。（団結しよう）
戦おう。（戦おう）
勝とう。（勝とう）

ネット上で始まった「アンチ反日」活動

そして同じ２０１９年、少数の志を同じくする学者、弁護士、労働運動家などが、反日のシンボルとしてソウルの日本大使館前や釜山の日本総領事館前などに建てられていた慰安婦像、戦時労働者像の撤去を求める街頭集会やデモを始めた。アンチ反日を目的にした史上初めての街頭集会とデモだった。

それに至るまでには次のような経緯があった。文在寅政権が発足した17年に、民主労総（全国民主労働組合総連盟）と韓国労総（韓国労働組合総連盟）という韓国の２大労働組合団体と、挺対協と民族問題研究所という２大反日運動団体が、日帝強制徴用労働者像建立推進委員会を作り、強制徴用労働者像を全国に設置すると発表した。

民主労総は95年、韓国労総の穏健路線に反発する過激な労組が集まり非合法のまま発足し、99年金大中政権時代に合法化された。朴槿恵政権を倒した「ろうそくデモ」は、民労総が全国から組織的動員をかけていた。

韓国労総は民主労総が発足する前から公認されていたナショナルセンター（労働組合の全国中央組織）で、労使協調路線をとっていたが、最近は民主労総の影響を受け、過激化しつつある。

挺対協は、先に見たとおり、90年に発足以来、慰安婦問題での日本側の取り組みにことごとく反対してきたことで知られる反日運動団体だ。ソウルの日本大使館前に慰安婦像を設置した団体でもある。18年に「日本軍性奴隷制問題解決のための正義記憶連帯」（正義連）と改称している。

民族問題研究所は91年に設立された民間研究所で、創設以来「親日派」の責任追及に取り組み、親日人名辞典を編纂し、最近では日本統治時代に作られた高校校歌を、親日派の作ったものだから廃止せよと圧力をかける運動をしている。この研究所こそが、親日派清算がなされなかったから韓国の現代史は汚れているとする「反日反韓史観」を韓国社会に拡散してきた拠点だ。

徴用労働者像建立に関するニュースに接した、李栄薫の弟子で『反日種族主義』で戦時労働者問題の章を執筆した李宇衍・落星台研究所研究委員らが、これはもう1つの慰安婦像になるだろうと憂慮し、SNS上で「慰安婦と労務動員労働者銅像設置に反対する会」（以下「銅像に反対する会」）を結成した。

17年8月に、ソウル龍山駅前に最初の労働者銅像が設置され、またこれに反対して「銅像に反対する会」は声明を出した。

18年10月30日に、問題の韓国最高裁の新日鐵住金に対する損害賠償判決が出た。李宇衍らはすぐ抗議声明を発表した。19年に入り、文在寅政権が反日キャンペーンを大々的に展開すると、彼らは銅像に反対することだけでは十分ではないと判断して、やはりSNSで「反日民族主義に反対する会」を作ろうと呼びかけた。すると、わずか1週間で３００人あまりが参加した。

李宇衍らは、ニセ写真を教科書に載せてはならないとの告発を始めた。19年3月に使用が開始された小学校6年生用の国定社会科教科書に、朝鮮人徴用工だとして、ガリガリに痩せて上半身裸の男たちの写真が掲載された。これまで韓国で広く出回っていた写真だが、すでに産経新聞16年4月3日付記事によって、朝鮮人徴用工の写真ではないということが判明していた。１９２６年9月9日に旭川新聞が掲載した、過酷な労働をさせられ、警察に救い出された日本人被害者の写真だったのだ。

「銅像に反対する会」と「反日民族主義に反対する会」を代表して李宇衍は、金基洙《キムギス》弁護士、崔徳孝《チエドクヒョ》（人権NEWS代表）と一緒に、野党である自由韓国党所属の全希卿《チョンヒギョン》議員（当時）に面会して対策を求めた。

国会教育委員会所属の全希卿議員が教育部に抗議した結果、教育部もニセ写真であることを認め、すでに生徒に教科書が配られているので、当面はその写真にシールを貼って見えなくするという対策をとった。李宇衍らの告発と教育部の対応が韓国の一部マスコミで報道されたことにより、釜山の国立日帝強制動員歴史館の慰霊碑に貼り付けられていた同じ写真も、同年5月に撤去された（西岡が李宇衍から聞き取り）。

釜山とソウルで初めて銅像反対の街頭行動

19年5月10日に、李宇衍が作った2つのネット上の団体と、在野の歴史研究者である金炳憲《キムビョンホン》が主宰をしている「韓国近現代史研究会」と「国史教科書研究所」が合同で、釜山でアンチ反日集会を持った。釜山の日本総領事館前に設置されようとして、警察の阻止のため少し離れた路上に置かれていた労働者像の前で、「この銅像のモデルは朝鮮人ではなくて日本人だ」と主張する、アンチ反日の街頭集会を開催したのだ。

そして6月6日午後6時、韓国ソウルの中心地である光化門《クァンファムン》広場で、「慰安婦像・労務動員労働者像の設置反対集会」が開催された。主催者の李宇衍は開会の挨拶で、「今日、ソウルで初めて反日民族主義に反対する集会を、我が国韓国の歴史で初めて開くにいたったという事実を大変誇らしく思います」と高らかに語った（『歴史認識問題研究』第5号）。

その後、彼らは全国に建てられている慰安婦像、労働者像の反日銅像を調査し、特に、労働者像について、戦時動員された朝鮮人労働者ではなく、悪徳業者に監禁されて奴隷労働をさせられた日本人被害者らがモデルなので、銅像を撤去せよと告発した。

彼らのこの活動に対して、19年11月、労働者像の作者である金運成《キムウンソン》・金曙炅《キムソギョン》夫妻が李宇衍らを名誉毀損で刑事と民事で訴えた。同年12月2日、訴えられた李宇衍、崔徳孝、朱東植《チュドンシク》（地域平等市民連帯代表）らは、「銅像に反対する会」で共に活動してきた金基洙弁護士、金炳憲らと、「反日銅像真実糾明共同対策委員会」を結成した。

その後、刑事告訴は、証拠不十分を理由に嫌疑なしとなった。民事裁判は、21年7月現在、李宇衍らは判決公判が2回延期され、弁論再開が決められたが、それも延期されるという状況だ。同じ件で民事で争っていた元大田《テジョン》市会議員の金素延《キムソヨン》は、21年5月28日、「徴用労働者像のモデルは日本人であると信じるに足る理由がある」とする議政府地方裁判所高陽支部の判決で勝訴した。

ここで注目すべきは朱東植、崔徳孝の2人だ。この2人は、韓国の左派運動家としてその世界では有名な人物だ。また、2人とも北朝鮮を無条件に支持する主体思想派（NL派）ではなく、純粋マルクスレーニン主義派（PD派）に属していた。なお、李宇衍も80年代に純粋マルクスレーニン主義派の活動家だったが、大学院で李栄薫の指導を受け、実証主義歴史学者に転身した。

朱東植は、暴力革命により社会主義政府樹立を目指す地下革命組織「南韓社会主義労働者同盟」のメンバーだった。

崔徳孝は教師出身の左派運動家で、85年に国家保安法違反で首謀者が逮捕された「民衆教育」誌事件に関連して教師を辞職し、左派運動家となる。その後、集団私娼街撲滅運動に反対し、私娼らを支援して、彼女らの労組である「民主性労働者連帯」結成に尽力した。

日本大使館前でのアンチ反日デモ開始

「反日銅像真実糾明共同対策委員会」は19年12月4日、ソウルの日本大使館前で「慰安婦像撤去、水曜集会中止」を叫ぶ街頭行動を始めた。

実はその場所では90年代初めから、毎週水曜日に挺対協など反日運動体が慰安婦問題をテーマに反日集会を開き続けている。11年12月、その反日運動のシンボルとして慰安婦像が大使館正門のすぐ前の路上に設置された。

李宇衍は、「ついに韓国の反日運動の総本山に立ち向かうべきときになった」と私に語り、12月4日から毎週、アンチ反日デモを始めた。3週目の12月18日には、暴漢が李宇衍に暴行を加える事件があった。それでも李宇衍らは日本大使館前のアンチ反日デモをやめなかった。ここでは、12月4日に発表された「慰安婦像撤去と水曜集会中断を求める声明」を歴史的文書として、全訳紹介する。

《慰安婦像撤去と水曜集会中断を求める声明》

慰安婦像は歴史を歪曲して韓日関係を悪化させます。慰安婦像は「強制的に連れて行かれた少女」という歪曲されたイメージを作って、国民にこれを注入・伝播しています。

しかし実際の慰安婦は10代初めの少女ではなく、平均的に20代半ばの成人でした。そしてほとんどの場合、就職詐欺や人身売買を通じて慰安婦になりました。彼女らを慰安婦にした主役は日本官憲でなく、親戚や近しい朝鮮人知人たちでした。

水曜集会に参加した幼い小学生の少女がマイクをとって、「私のような年齢の少女が日本によって連れて行かれた」と話すのは、慰安婦像がどれくらい我が国民、特に精神的、身体的、情操的に未成熟な幼い生徒たちにまで、深刻に歪曲されたイメージを植え付けているのかを見せつける証拠です。

慰安婦像は絵画や映画などの2次創作物と結合し、歪曲された情緒と歴史認識を爆発的に伝染させています。慰安婦は日本官憲によって強制的に戦場に連れて行かれた存在というイメージを形成して、特定の政治集団の不純な政治メッセージを宣伝することに悪用されています。

慰安婦像は、韓国人が崇拝する偶像になってしまいました。数多くの公共の場所に展示され、無差別な大衆に無理に情緒的共感を強要します。冬ならマフラーと手袋をさせ、厚いショールをかけるのも、このような情緒的強要の一環です。さらに慰安婦像をバスに乗せて市内を運行しました。

知的に情操的に成熟した大人たちが、自分の両親にもしない丁寧なお辞儀を慰安婦像に捧げます。大韓民国は朝鮮時代よりさらに後退した、偶像崇拝の神政国家へと後退しています。慰安婦像はそのような退行の、最も鮮明な象徴です。

旧日本大使館の前に立てられている慰安婦像は不法造形物です。2011年設置当時に挺対協（現正義記憶連帯）は、管轄区庁の許可を得ないで自分勝手に像を設置しました。

政府は反日種族主義に便乗したり、それを助長する大衆追従的で人気迎合的な態度で、この像の設置を追認しています。

市民団体らと大学生が、2016年に釜山の日本総領事館の前に奇襲的に設置した慰安婦像も同じことです。これらの像は、「外交関係に関するウィーン条約」22条に規定された「公館の安寧の妨害または、公館の威厳の侵害」に該当する設置物です。

1992年から30年近く開かれている水曜集会も、歴史を歪曲して韓日関係を悪化させます。この集会は像を崇拝する霊媒師の厄払いであり、歴史を歪曲する政治集会です。

全教組所属などの一部教師たちは「現場学習」という美名の下、父兄の無関心を利用して、純真な生徒たちを歪曲された政治・歴史意識を注入する集会に導いています。中高生だけでなく、低学年の小学生の子供さえ動員対象です。

水曜集会は、事実上不法集会です。「外交関係に関するウィーン条約」により、外交公館から100メートルの地域のデモは禁止されます。

しかし、水曜集会は記者会見の形式で毎週開催されています。あらゆる口実を動員して韓日関係を悪化させて、大韓民国の安保と国際的地位を墜落・傷つけるのがその本当の意図でないのか、疑うほかありません。

慰安婦像は撤去されなければならず、水曜集会は中断されるべきです。

私たちは私たちの正当な要求が実現されるその日まで、退かないで戦います。

2019年12月4日

慰安婦と労務動員労働者像設置に反対する会

反日民族主義を反対する会

韓国近現代史研究会

破られた慰安婦タブー

第8章で詳しく紹介した元慰安婦・李容洙による挺対協批判が契機となって、韓国社会を支配してきた挺対協批判タブーはなくなり、朝鮮日報、東亜日報という伝統的保守系新聞や、第1野党の「国民の力」党も挺対協批判に加わった。しかし、タブーが解けたのは挺対協批判だけで、慰安婦らに対する批判はまだタブーとして残っている。

ただ、反日銅像真実糾明共同対策委員会や、そこから分離した「慰安婦法廃止国民行動」（金柄憲代表）は、慰安婦は公娼制度の一環であって性奴隷ではない、官憲による強制連行はなかったなど、歴史的事実に踏み込んだ批判を行い、その立場から、元慰安婦らの証言は信憑性がないという主張も堂々と行いだした。

特に、「慰安婦法廃止国民行動」は20年10月5日に大統領官邸前の広場で街頭記者会見を開き、元慰安婦らが日本軍によって強制的に慰安婦にさせられたという事実は証明されていないので、元慰安婦への支援の根拠となっている「慰安婦被害者法」を廃止すべきだと主張した。彼らは、元慰安婦らが名乗り出た当初の証言では貧困のため売春宿に売られたなどと証言していたとして、元慰安婦の証言の変遷を具体的に示し、彼女らの強制連行されたという証言は虚偽だと主張している。

反響を呼ぶ慰安婦と徴用工の韓国語訳

本章冒頭に書いたように21年4月、拙著『増補新版よくわかる慰安婦問題』（草思社文庫）の韓国語翻訳書が韓国で出版された。韓国語版のタイトルは『韓国政府とマスコミが語らない慰安婦問題の真実』で、「貧困のくびきの被害者か、強制連行された性奴隷か」という問題の核心を突く副題が付いている。また裏表紙には、次のような本の内容を紹介する文が印刷されている。


あなたが知りたかった、韓国政府とマスコミが隠してきた慰安婦問題に対するすべての真実がこの本に詰まっている。

韓国と日本の従北反日勢力が捏造した慰安婦問題！

いまや韓日の自由民主主義勢力は慰安婦問題のウソと正面から戦わなければならない。


前述のとおり、出版社は気鋭のジャーナリスト黄意元が代表をしている保守ネットメディアのメディア・ウォッチ、翻訳者は『反日種族主義』の著者の1人である李宇衍だ。

やはり先にも書いたが、20年12月に同じ出版社からやはり李宇衍の訳で、拙著『でっちあげの徴用工問題』の韓国語翻訳書が出版されている。日韓が激しく対立する歴史問題で日本の保守の声を聞こうとする気運が、韓国の自由右派勢力の中に生まれてきたと言える。

特に慰安婦問題は30年間、日韓両国で感情的な対立を生んできた生々しいテーマだから、慰安婦の強制連行はなかったと、30年前から主張してきた私の本がまさか韓国で翻訳される日が来るとは、数年前では想像もできなかった。まさに感無量だ。

そして、同時に同書の資料集も出版された。そこには次の6編の資料が韓国語に翻訳されて収録されている。

1　朝日新聞「慰安婦報道」に対する独立検証委員会報告書
2　日本政府の河野談話検証報告書
3　日本政府の国連クマラスワミ報告書に対する反論書
4　国連クマラスワミ報告書（全文）
5　西岡力「韓国慰安婦運動の『内紛』」
6　西岡力「慰安婦問題に関するラムザイヤー教授論文撤回を求める経済学者声明の事実関係の誤りについて」

『増補新版よくわかる慰安婦問題』は一般向けの啓蒙書だから、そこで論じられていることを専門的に深く知る場合に必要と思われる資料が、やはり韓国語訳されているのだ。この資料集を読んだある韓国の著名な社会学者は、慰安婦問題が日本の左派によってどのように発生して韓国と国際社会に広まっていったのか、その国際詐欺劇の全貌がよくわかると評していた。

私は韓国語版の前書きを書き下ろした。その主要部分をここで紹介したい。

1992年、朝日新聞の捏造報道で慰安婦問題が突如浮上した。

そのころ、私の周囲の戦前の日本を知る年長者は、韓国はウソつきだと怒っていた。

「韓国人はなぜこのようなウソをつくのか。軍需工場で働いた挺身隊は慰安婦とは別だ。慰安婦は日本人も多数いた。貧しい家庭の娘が親の借金を返すために慰安婦に売られて軍人の相手をしただけだ」

真相を知るためソウルに取材に行った。面会した多くの韓国人年長者が口を揃えて日本の年長者と同じことを語った。

「なにをバカなことを言っているのだ。日本軍が朝鮮人女性を慰安婦にするため強制連行したことなどなかった。当時の朝鮮は貧しかった。貧乏のため娘を女衒に売らざるを得ない親が多くいた。貧しい農村に日本人は入っていけない。朝鮮人の女衒が娘たちを親から買っていった。日本の軍隊の連行など必要なかった」

みな、日本統治時代を直接経験した世代だった。元野党国会議員、元大新聞の編集局長、大学教授らだった。

これが私にとっての慰安婦問題を考える原点だった。

だから私は一貫して、「慰安婦」は歴史上に存在したが、いまだに解決しなければならない課題が残っているという意味での「慰安婦問題」は、朝日新聞が捏造キャンペーンをする以前は存在しなかった、と主張してきた。最近では、「慰安婦問題」とは、韓国と国際社会に広まった事実無根の誹謗中傷をいかに解消するかという問題だと主張するようになった。

このような私の主張は韓国の日本統治時代を知らない世代には受け入れてもらえなかった。落ち着いて話をすることさえできなかった。

大学の講義で慰安婦問題を扱うと、韓国人留学生から激しい抗議を受けた。ある女子留学生は涙を流して、「私は、先生ほど知識はないが、先生の話は韓国人として許せない」と大声をあげ続け、講義を妨害した。

数年前、20年以上も勤務していた大学の理事会構成組織のトップらから、私の慰安婦研究について繰り返し嫌がらせとも思える質問や意見を受け、結局、私はその大学を辞職した。

私は、貧困のため慰安婦生活をせざるを得なかった老母らを裁判の原告に引き出した日本人弁護士は、本当の意味で彼女らの人権を考えてはいないと主張してきたが、その弁護士の1人から名誉毀損で訴えられ、最高裁まで争って勝訴した。

また、朝日新聞の捏造報道が慰安婦問題を浮上させた原因だという私の持論に対して、記事を書いた記者から名誉毀損で訴えられ、現在最高裁で争っている〔この本の前書き執筆は21年2月だったので最高裁の勝訴決定が出る1ヵ月前だった・西岡補〕。

慰安婦問題を論じることには、日本でも大きなタブーがあったのだ。しかし、私は韓国を研究する学者として、また、韓国を愛する一人の日本人として、逃げることはできなかった。

この本は私が30年間、慰安婦問題のウソとどのように戦ってきたかの記録だ。日本で発言するより数十倍困難な状況である韓国でも、ここ数年、勇気ある方々がウソとの戦いを本格化させた。このつたない私の記録が皆様の戦いに少しでも役立つなら、こんなにうれしいことはない。

本書は専門知識がない一般の日本国民に読んでもらうことを目標にして、話し言葉で書かれている。したがって、韓国語に翻訳する作業は通常の翻訳よりも困難だったはずだ。

「慰安婦の強制連行はなかった」と主張している、韓国マスコミの言うところの「極右学者」の本を翻訳出版することへの逆風は強いはずだ。翻訳者の李宇衍博士と出版を引き受けて下さったメディア・ウォッチの黄意元代表に心からの感謝を献げる。

訳者の李宇衍が訳者後書きを書いてくれた。その主要部分を紹介しよう。

日本のいわゆる「良心勢力」は、反日種族主義を韓国に植えて拡散させるのに大きな役割を果たしてきた。この本の著者が言うとおり、韓国に先だって彼らがまず問題を提起した。慰安婦もそうであり、「徴用工」(戦時労働者)もそうだ。彼らが韓国の反日種族主義を先導してきたのだ。彼らは韓国に不必要を超えて、明確に有害である議論を生産し流布させてきた。韓国の反日種族主義のリーダーらは日本の「良心勢力」の追従者、せいぜい同調者だと呼ばれても言い返す言葉があまりないはずだ。

一方、日本でもこれまで数十年間その「良心勢力」に対して真実を武器に戦ってきた人たちがいる。けれども韓国の反日種族主義勢力は、この人たちに「極右」という名をつけてこの人たちの主張を長い間検閲し歪曲してきた。右派にだけレッテル貼りがあるのではない。左派にもレッテル貼りがある。いまや韓国は、日本「極右」が着せられた濡れ衣を脱がして、彼らに合理的自由保守派という正当な名前をつけてやらなければならない。

日本の自由保守派と討論し連帯し、共通の価値である自由民主主義と市場経済、人権、法治を守るために私たちは一緒に戦わなければならない。この本の著者は日本の自由保守派の代表的な論者であり、同志の中の一人である。この翻訳書がそのような討論の出発になればよいと望んでいる。


出版社のメディア・ウォッチは、この翻訳書の発売に際して出版社として書評を書いて関係者に配布した。少し面はゆいことが書いてあるがその主要部分を紹介する。


慰安婦問題が誰かの「人生」と「運命」だとすれば、そこに見事に当てはまる人物がいる。その人こそ、この本の著者である西岡力モラロジー研究所及び麗澤大学客員教授である。

西岡教授は、日本の代表的な韓半島地域の専門家の一人で、1980年代から主に北朝鮮による日本人拉致問題の解決に向け尽力、この問題を取材し続けてきた。しかし彼は偶然にも1991年に慰安婦として最初の証言者である金学順《キムハクスン》氏の証言の真実性を調査しながら、金氏の証言のウソを暴いた時から現在まで、継続的に慰安婦問題の虚偽と闘ってきた。

『韓国政府とマスコミが語らない慰安婦問題の真実』韓国語版（原題：『よくわかる慰安婦問題』）は慰安婦問題をめぐる、西岡教授の30年にわたる真実の闘争記だ。

日本には戦前から公娼制度があった。太平洋戦争当時の慰安婦も、それが戦場に移ったにすぎなかった。公娼制度下の売春婦と同様、慰安婦も実は日本列島と朝鮮半島に散在していた、貧困のくびきの犠牲となった女性たちだったのだ。

しかし、1990年代初頭から朝日新聞を筆頭に、日本国内の一部の反日勢力が「20世紀半ばの太平洋戦争の時期、日本軍が国家総動員法に基づく挺身隊の名目で、奴隷狩りのように朝鮮人女性を連行して慰安婦にした」という大ウソを大々的にばらまき始めた。

朝日新聞はまず、慰安婦を奴隷狩りしたと主張した吉田清治に対する好意的な記事を掲載、彼が信頼に足る人物であるかのように保証した。次に先述した金学順氏の記事を掲載。彼女が妓生出身だったという事実を隠し、むしろ「女性挺身隊の名で」戦場に連行されたという虚偽を付け加えるという捏造を犯した。

これに加え、朝日新聞は「慰安所　軍関与示す資料」という見出しを掲げて、日本軍が慰安婦連行に「関与」した史料（『陸支密大日記』）を発見したという一面トップ記事まで掲載した。この史料の内容は、不法な慰安婦募集を警戒するものであったが、朝日新聞はこれを正確に報じなかった。

1993年8月に発表された「河野談話」は、このように朝日新聞の企画演出で「加害者」と「被害者」、そしてこれを客観的に証明（？）する「文書」まで登場した状況下で強要された、日本政府の「降伏文書」であった。

実際には、権力による組織的な慰安婦強制連行は、当時の日本政府の調査では一切確認されなかった。にもかかわらず、朝日新聞の虚偽の扇動が日韓両国民を欺いた中で、河野洋平官房長官（当時）はあたかも慰安婦募集の「強制性」を認めるような文書を出してしまったのだ。

慰安婦問題の虚偽を拡散させたもう一つの決定打は1996年の国連クマラスワミ報告書であっ

た。国連人権委員会特別報告官ラディカ・クマラスワミは、証拠調査も全くせず、朝日新聞の虚偽宣伝と河野談話の詭弁を鵜呑みにした人権報告書を作成、慰安婦問題と関連し強制連行説と性奴隷説を国際的に広めるにあたり、多大なる影響を及ぼした。

その後も慰安婦詐欺劇は、まるでポンジ・スキーム〔高配当を謳い文句として金を集める詐欺の手法〕の如く続いた。結局、２００７年には慰安婦問題で日本の反省を促す米国議会の決議案まで出された。この決議案の根拠は国連クマラスワミ報告書であった。朝日新聞の虚偽扇動が国連を経て、最終的に米国まで席巻したのである。

著者である西岡教授は、このように捏造された慰安婦問題がどのように加速し世界に拡散されたのか、その歴史的背景を説明し、国際社会において日本がどのようにこの問題で指弾の対象とされたのかを詳細に説明する。関連する重要な問題ごとに著者本人が孤軍奮闘する様子は韓国の読者にも切々と伝わる。

では、日本が罹ってしまった「偽りの歴史の呪い」を一体どのように解けば良いのだろうか。西岡教授はただ真実一つで正面突破する以外、いかなる代替もないと語る。虚偽の扇動の源泉であった朝日新聞に確実に責任を問い、そのような真実を韓国と米国、国際社会に説明し、また説明することだけが日本の名誉を回復できる唯一の問題解決手段だと語る。

ここまで正確に私の主張を韓国語でまとめて書いた文章を見たことがない。これは私が書いたのではなく、韓国のネットメディアであるメディア・ウォッチが韓国語で書いて関係者に配布した文章だ。

反日と従北反韓は一体

メディア・ウォッチの黄意元代表は、巨大な反日種族主義に逆らって日本の自由保守派の日韓「歴史認識問題」に関する本の翻訳を出してきた理由について、次のように説明する。22年3月の大統領選挙で保守派の政権ができるだろうという見通しながら、次期政権に対して下野した従北左派勢力は必ず反日扇動で政権打倒闘争を仕掛けてくる。その扇動に負けたら韓国は香港のように全体主義勢力に飲み込まれる。そのとき、反日扇動に勝てるかどうかが韓国の自由を守る最後の戦いになる。その戦いの準備として翻訳書出版を行ったというのだ。黄はSNSで次のように率直にその見通しを記している。

　次期政権はいずれにせよ、相対的な親日政権が発足するしかない。文在寅政権よりひどい反日政策を展開したり、あるいは文政権の反日政策の水準を続けるなら、日本とは断交やそれに準ずる状況になるほかないからだ。

　問題は政権交代後に権力から追い出されてしまった従北反日勢力だが、彼らは次期政権が日本に少しでも親和的であったり、特に慰安婦問題と徴用工の問題で日本に降伏宣言をする瞬間、必ずすさまじい反日扇動を展開するのは明らかだ。その手法と規模は、もしかすると狂牛病暴動の水準をはるかに上回るかも知れない。死ぬか生きるか最後のチャンスだと彼らが考えるはずだからだ。従北反日勢力を一掃できるかできないかの乾坤一擲の戦いになり、次期政権は結局、その戦いに命運をかけるほかないだろう。

　次期政権が反日扇動で倒されれば、そのままわれわれは香港の道に進むのだ。しかし、もしわれわれわれがその最後の反日扇動を真実の力で克服できれば、韓国は第2次朝鮮戦争に勝利するのと同じくらいの国運を隆盛させる機会を得ることになるだろう。

従北反日勢力一掃のための理論と方針はメディア・ウォッチ、李承晩学堂〔『反日種族主義』を発刊した李栄薫教授ら学者グループ〕、反日銅像共同対策委員会〔2019年12月からソウル日本大使館前で毎週水曜日に慰安婦像撤去デモを続ける李宇衍氏ら学者・活動家グループ〕、慰安婦法廃止国民行動〔共同対策委員会とともに慰安婦像撤去デモに取り組み、元慰安婦の経歴詐称を告発する金柄憲氏ら学者・活動家グループ〕などを通じてすでに十分提示された。私の期待は、時代の流れを読むことができる社会の主流勢力の勇気ある人が、どうかこれを受け入れて国のために必ず使ってほしいということだ。

韓国の反日勢力は従北反韓勢力と一体で、80年代以降、彼らが韓国の学界、教育界、マスコミ界、文化界、司法界、検察を含む法執行機関、そして政界までを支配し、その結果が文在寅政権なのだ。文政権のさまざまな失政で野党に政権が移るかもしれないが、その次期政権は文在寅を生み出した各界各層を支配する反日勢力に対抗できるだろうかと、黄は危機感を持つのだ。

黄がここで言及している「狂牛病暴動」とは、盧武鉉政権が失政で倒れて生まれた李明博政権のスタート3ヵ月後の08年5月に、従北左派勢力が米国産の牛肉を食べると狂牛病になるという虚偽扇動をして、ソウル中心部で李明博打倒の大規模なろうそくデモを約2ヵ月間にわたって連日行ったことだ。李明博大統領は謝罪談話を出し、その後、李明博政権は過激な左派への厳しい対抗措置をとれなくなった。政権打倒を叫ぶ大規模な「ろうそくデモ」はこのときが最初で、その後、朴槿恵弾劾デモにつながった。

だから、黄は次期政権発足直後にも、反日を媒介にした大規模な「ろうそくデモ」が起きることを想定して、危機感を募らせているのだ。

以上、概観してきたように、韓国におけるアンチ反日の動きは、文在寅政権が成立した17年頃から表面に出てきて、18年最高裁の戦時労働者判決と19年夏の文政権による反日キャンペーンが契機で本格化した。

強い危機感を持った少数の勇気ある学者らが、この間の研究成果をわかりやすくまとめた啓蒙書『反日種族主義』を出版して、その学術的土台を提供した。その上に立って、気鋭の学者と保守と一部左派の活動家らが街頭に出て、アンチ反日デモを活発に行うことで本格化した。

しかし、文在寅政権批判の主軸であるべき伝統的な保守勢力、保守新聞と保守野党は歴史問題に踏み込むことを避け、政権の反日政策に迎合している。韓国のアンチ反日の活動家らは日本の保守派との交流を積極的に進めることで、韓国社会の精神革命運動を進めたいと言っている。その動きに積極的に応じながら、韓国社会の変化を見つめ続けていきたい。

第10章 米教授の慰安婦＝公娼説へのでたらめな批判

ハーバード大教授の経済学的な分析

２０２１年に入り、慰安婦問題でまた1つ大きな事件が起きた。ハーバード大学のマーク・ラムザイヤー教授が書いた学術論文「太平洋戦争における性サービスの契約」が激しく批判されたのだ。

ラムザイヤー論文は、慰安婦・業者間の契約と公娼・業者間の契約とを比較し、前者のほうが前借金が高く契約期間が短かった理由を経済学のゲーム理論で分析した、優れた学術論文だ。オランダ出版社エルゼビアが発行する国際学術誌「インターナショナル・レビュー・オブ・ロー・アンド・エコノミクス International Review of Law and Economics」（ＩＲＬＥ）のネット版で20年12月に公開され、翌21年３月出版の学術誌にも掲載が予定されていた。

米国の名門大学の教授が学術論文で慰安婦公娼説を採用したのだから、私たちがこの間、進めてきた慰安婦をめぐるウソを糾す国際広報の大きな成果と言える。これも、私の言うところの、令和元年から始まったアンチ反日の大きな要素だ。それだけに、慰安婦のウソを利用してきた勢力が激しい抵抗を見せた。

21年1月に産経新聞にその内容が大きく紹介されると、まず、韓国のマスコミが激しい非難の声をあげ、ハーバード大学で学ぶ韓国人留学生らもそれに煽られて抗議活動を始めた。2月には韓国のテレビ・新聞が連日、論文批判の報道をしていた。『反日種族主義』の著者の1人である朱益鍾《チュイクチョン》・李承晩学堂教師によると、2月1日から3月3日の31日間のうち、韓国の地上波テレビの午後8時のニュースでSBSが22日、MBCが14日、ラムザイヤー論文批判を取り上げたという。学術論文1本に対する反応としては異常な興奮ぶりだった。

韓国マスコミの激しい取材によって同論文を知った米国の学者らが少し遅れて批判の声をあげた。それが他の国にも拡散している。ついにはニューヨークタイムズやAP通信までが論文批判の記事を報じた。

ハーバード大学とIRLE編集部には、論文撤回を求める声が殺到した。その異常な動きを知った私を含む日本の学者が、編集部に論文撤回は学問の自由の否定だ、批判があるなら学術的な反論を書くべきだという趣旨の書簡を送った。韓国でも『反日種族主義』の著者の李栄薫《イヨンフン》、柳錫春《ユソクチュン》、朱益鍾、鄭安基《チョンアンギ》、李宇衍《イウヨン》ら心ある学者らが、韓国マスコミのラムザイヤー論文批判を「魔女狩りだ」とたしなめ、「ハーバード大教授の慰安婦論文を、慰安婦問題に対する本格的討論の契機にすべきだ」という声明を出した。

この騒動に対してハーバード大学学長は、論文は学問の自由の範囲にあると明言した。IRLE編集部は、この論文はネット版に掲載された時点ですでに「最終的かつ公式的に」出版されたものだという立場を明らかにした。ただ、同誌は学術誌出版の時期を遅らせ、ラムザイヤー教授に一部学者らの批判に対する反論執筆を要請した。

ラムザイヤー論文への批判には、学術的な相互批判で最低限守るべき条件、すなわち相手の人格を尊重すること、議論を学術的な内容に絞ること、批判はあくまでも個人の責任でなされることなどの条件を欠いたものが多い。

学術的議論をするためには、まず、相手の論文が引き続き公開されていなければならない。ところが、多数の学者が数の力で論文の撤回を求める署名活動をしている。学問の発展を阻害すると言わざるをえない。批判があるなら、学者らしく自分の名前で発表すべきだ。多数決で真理を決めることはできない。

韓国マスコミの論文批判は、慰安婦の強制連行を否定し、契約による売春婦とみなしたという点に集中している。しかし、この批判は的外れだ。ラムザイヤー教授は歴史学者ではなく法経済学者である。慰安婦が公娼制を戦場に移行させたものだとする、すでに日本と韓国の学会で確立している学説を前提にして、理論的に分析したのだ。慰安婦公娼説を論証したものではない。教授はすでに日本の公娼制度下の娼妓と業者間の年季奉公型契約について分析する研究論文を発表しており、この論文はその延長線上で、慰安婦と業者間の契約を同じ枠組みで捉えて、契約条件などを比較分析した。

多数残る「契約」の裏付け

ラムザイヤー教授論文への批判の焦点は、慰安婦と業者の間の契約書の存在だ。契約を論じながら契約書を示していないと批判した。しかし、朝鮮での慰安婦募集の新聞広告や慰安所帳場人の手記を見れば、親たちに多額の前借金が払われ、返済が完了すれば慰安婦は廃業して帰国できたことがわかる。親が先に前借金を受け取り、娘が通常2年の契約期間を慰安婦として働いてそれを返済するという契約関係があったことは明白だ。

返済が終わった後、あるいは返済をしながら故国の家族に多額の送金をしていた慰安婦がいたことも、預金通帳や手記などで明らかになっている。韓国人元慰安婦、文玉珠《ムンオクジュ》は2万6000円預金し、5000円送金していた。ある台湾人慰安婦は2万4000円送金していた（西岡力、高橋史朗、島田洋一「歴認研台湾現地調査報告」『歴史認識問題研究』第5号・19年9月19日）。当時、朝鮮や台湾では、1000円あれば家1軒買えた。

先に多額のお金を受け取る親たちに対して業者は、必ず承諾書への署名捺印と戸籍謄本と印鑑証明を求めた。それがないと渡航も慰安婦としての営業も許可されなかったからだ。親と業者の間で契約関係が必ず成立していたのだ。また、契約書に親が署名した場合も多かった。ただし、契約書は私文書なので保存されにくい。また、娘を慰安婦にして多額のお金を受け取った親も、慰安婦を雇用した業者も、契約が終わったらすぐに処分しただろうし、もし残っていても絶対に公開はしないだろう。

ラムザイヤー論文への批判の多くは、慰安婦が契約関係によって売春をする公娼でなく、人格を否認され所有の対象とされる性奴隷だったという前提に立っている。しかし、慰安婦は性奴隷ではなく公娼の一部だと主張する学者は、この問題の権威である秦郁彦や日韓でベストセラーになった『反日種族主義』の著者、李栄薫をはじめ、日本と韓国の学会に多数存在する。日本政府も公式に性奴隷説を否定している。

また、あまり広く知られてはいないが、日本で「慰安婦＝性奴隷」説を唱える学者、弁護士には、慰安婦も売春婦もすべて性奴隷だという極端な立場の者も多いことは本書第3章でも紹介したとおりだ。

著作タイトルに「Sexual Slavery（性奴隷制）」の語を用いた吉見義明や、92年に国連人権委員会で性奴隷説を初めて提唱した戸塚悦朗弁護士などは、当初は慰安婦を売春婦とする見方に強い反発を示していたが、上野千鶴子らフェミニストから、慰安婦を売春婦とは異なると強調することは男社会の犠牲者である売春婦に対する差別だと批判され、慰安婦だけでなく公娼制度下の売春婦も性奴隷だと主張するようになっている。この立場に立つなら、ラムザイヤー論文が公娼制度下の売春婦の契約と慰安婦の契約を比較検討することは何の問題もないはずだが、吉見らは韓国の批判に迎合してラムザイヤー批判の声をあげている。矛盾極まりない態度だ。

「慰安婦＝性奴隷」説は学界の唯一の定説ではない。ラムザイヤー論文も学会における1つの学説として十分に存在価値がある。求められるのは学術的討論であって、論文撤回要求や人身攻撃ではない。

韓国マスコミや学界による魔女狩り

ラムザイヤー論文批判騒動は、慰安婦問題をめぐる新しい動きが台頭していることの象徴と言える。日本では30年間の論争によって慰安婦公娼説は学界の有力な説の1つとなっている。一方、韓国や米国をはじめとして国際社会ではまだ性奴隷説が支配的で、それ以外の説は日本の極右の説として退けられていた。

すでにここまで述べたように、19年に新しい動きが生まれた。そして、その動きと軌を一にして、これまで性奴隷説に対する反論を控えてきた外務省が、満を持して国際広報に乗り出した。第11章で詳しく書くが、『外交青書2019年』で慰安婦問題を2ページを使って詳論し、「強制連行、性奴隷、20万人」説について事実に反すると明記し、同じ内容を外務省のホームページにもアップした。

同じ年に、韓国でも多数の史料を駆使して性奴隷説を否定する『反日種族主義』が出版され、韓国で11万部を売るベストセラーになった。そして、20年に米国の名門大学の教授が公娼説を前提にする学術論文を発表した。国際社会における慰安婦問題の流れが転換する兆しが出てきた。

それに対して、「慰安婦=性奴隷」説に立つ韓国マスコミ、学者、運動家らが焦って魔女狩りのようにラムザイヤー論文を批判した。

その批判は国際社会に一定程度広がった。その内容を見ると、いまだに強制連行と性奴隷説を前提とし、それ以外の学説を認めない感情的なものが多い。特に、カリフォルニア大学ロサンゼルス校(UCLA)政治学部の学部長マイケル・チェ教授が起草した経済学者による論文撤回を求める声明(原文英語)は、慰安婦は主として11歳から20歳の少女で、強姦、拷問、強制中絶などにより75パーセントが死亡したと公然と書いている。

その声明には、米国だけでなくオーストラリアや韓国、香港、英国、日本などから経済や歴史、法学など多様な分野の学者が参加した。ノーベル経済学賞を受賞したハーバード大学のエリック・マスキン教授ら碩学《せきがく》も名を連ねた。21年5月現在、3500人を超える署名者を集めている。竹内幹一橋大学准教授も署名者であり、ネット上のコラムに「公開された賛同者リストをみると著名な経済学者たちも名を連ねていることがわかる。起草者のチェ教授自身もゲーム理論を専門とする経済学博士だ」「ゲーム理論家や経済学者が抗議するのも無理はなかろう。筆者も賛同者に名を連ねた」と誇らしげに書いている。

重大な事実関係の誤りが多数ある声明に、英語しか読めない米国経済学者が署名してしまうことには弁解の余地がないわけではないが、竹内のような日本人学者が歴史的事実を確かめもせず、喜々として署名し、それを堂々と公表していることは本当に無責任極まりないと思う。

慰安婦問題について30年間の激しい論争を続けてきた私から見ると、その批判には多くの事実関係の誤りや歪んだ資料の扱いが含まれている。このままでは荒唐無稽なデマが国際的に定着しかねないと強い怒りを感じて、一晩で約1万字の反論文を書いて声明の事実関係の誤りを11点指摘した。それを歴史認識問題研究会のホームページに日本語と英語でアップするとともに、学術誌編集委員らにも送付した。

ここで、私の反論を紹介して、経済学者の声明に含まれる基礎的な事実関係の誤りを示し、性奴隷説以外の学説を許さないとする批判者の慰安婦問題理解がいかにいい加減なものかを示したい。

1　10歳の日本人少女おさきに関する記述について

声明は前書き部分で、論文が10歳の日本人少女が自分の意志で海外で売春業に就くことに同意したと書いていることについて、「論文は10歳の子どもが性労働者になることに同意できると主張している」として、次のように激しく批判した。

第二次世界大戦中、多くは10代の若い女性や少女が日本軍の設置したいわゆる「慰安所」で性的労働を行うという契約を自発的に結んだとして、論文はおさきという10歳の日本人少女について一節を書き、「おさきが10歳になったとき、募集業者が立ち寄って、彼女が外国へ行くことに同意するなら前もって３００円出すと提案した。募集業者は彼女を引っ掛けようとはしなかった。10歳とはいえ、彼女は仕事の内容を知っていた」（4頁）。しかし、売春宿の主人は実際におさきを欺いたのであり、論文の通りの状況であったとしても、論文は10歳の子どもが性労働者になることに同意できると主張している。（以下訳文は、西岡が島田洋一福井県立大学教授らの助言を受けて作成した）

また、声明は結論部分で、論文に対して「10歳の少女が性労働者として働くことに同意できると主張する論文」と決めつけた。

我々の職業に入ってくることを目指す若い学者たちは、政府が支援する性的強制システムの存在を否定し、10歳の少女が性労働者として働くことに同意できると主張する論文が、学術的経済誌に掲載された事実に、大いに困惑するだろう。

しかし、ここで引用されていることは、明治期に九州の貧困家庭の娘が東南アジアで売春婦として働いて家族の生活を支え、「からゆき」と呼ばれていたという、日本では有名な歴史的事実だ。論文は、この問題を女性の人権の立場から深く研究していた山崎朋子の代表作『サンダカン八番娼館』からこの事例をとっている。

当時の日本で女性の人権が守られていなかったことは事実だ。現在の価値観では当然、10歳の少女と売春婦になる契約を結ぶこと自体、倫理に反するだろう。論文はそのような価値判断をしているのではなく、明治期の日本でそのような少女の人権侵害があったという事実を書いているだけだ。

学者が事実を論文に書くことが「倫理に反する」「残虐行為を正当化」だとする声明の批判は、事実記述と価値判断を混同した的外れの批判だ。

2　慰安婦＝性奴隷とする記述について

声明は、慰安婦は日本軍に強制された性奴隷だと断定している。

「慰安婦」は、第二次世界大戦中に大日本帝国陸軍が性奴隷になることを強制した若い女性や少女の婉曲表現だ。

性奴隷である証拠は女性たち自身の証言や説明、学界の先行研究から十分に裏付けられている。

性奴隷説は学界の1つの説にすぎない。日韓の学界では性奴隷説を否定する公娼説に立つ学者も多数存在する。声明は、性奴隷説の根拠である先行研究として吉見義明の著書『Comfort Women: Sexual Slavery in the Japanese Military During World War II』をあげている。しかし、日本の学界では吉見と並んで秦郁彦の『慰安婦と戦場の性』がこの問題の権威ある研究書とされている。その中で秦は、性奴隷説を否定し公娼説を主張している。公娼説を唱える学者は、秦郁彦以外にも筆者を含め多数存在する。韓国でも『反日種族主義』の著者である李栄薫や李宇衍など、有力な実証主義経済史学者らも公娼説に立っている。日本政府も性奴隷という表現は「事実に反する」と、次のように明確に否定している。

「性奴隷」という表現は、事実に反するので使用すべきでない。この点は、２０１５年12月の日韓合意の際に韓国側とも確認しており、同合意においても一切使われていない。(日本外務省ホームページ https://www.mofa.go.jp/mofaj/files/000472256.pdf)

性奴隷説だけを学界の定説として、それ以外の説の存在を認めようとしない声明の姿勢は学問の自由に反すると言わざるをえない。

3 慰安婦の年齢の間違い

声明には、慰安婦の年齢について「11歳から20歳まで」という信じられないことを書いている。

[性奴隷になることを強要された]ほとんどが11歳から20歳までの年齢だった若い女性や少女たちは、韓国、中国、日本、台湾、フィリピン、インドネシア、オランダなどの出身である。

声明はこの根拠として、16人の米国、中国、韓国人学者らの論文批判声明をあげているが、その声明でも慰安婦の年齢が11歳から20歳であったという根拠は示されていない。当時の公娼制度下では日本内地では18歳以上、朝鮮では17歳以上でないと公娼になることはできなかった。慰安婦の場合、基本的にはこの年齢制限が踏襲されていた。当時の朝鮮新聞に出された慰安婦募集の広告には、「17歳以上23歳まで」（京城日報・1944年7月26日付）、「18歳以上30歳以内」（毎日新報・同年10月27日付）とされ、17歳以上という制限があったことがわかる。

ビルマで米軍に保護された朝鮮人慰安婦は米軍の尋問に対して、朝鮮人慰安婦の平均年齢は25歳くらいと答えている。また保護された20人の年齢を見ると、19歳1人が一番若く、20歳3人、21歳7人、22歳1人、25歳2人、26歳2人、27歳2人、28歳1人、31歳1人だ（Japanese Prisoner of War Interrogation Report No. 49: Korean Comfort Women）。

ただし、16歳の朝鮮人慰安婦がいたことはわかっている。本人が出生届を遅く出したので、実際は16歳ではなく18歳だと主張して営業許可を得たケースが、山田清吉『武漢兵站 支那軍派遣慰安係長の手記』（図書出版社・78年）に出てくる。

以上見たように、11歳の慰安婦の存在を証明する証拠はない。当時、日本では女性は15歳から結婚が可能だった。そのような当時の感覚からしても11歳は子供であって、性の対象ではない。11歳の少女を慰安婦にしたなどという声明の主張は日本に対する重大な名誉毀損と言える。

4　軍による強制連行はなかった

声明は、日本軍が彼女らに性奴隷になることを強制し、憲兵の監視下で軍の艦船で慰安所まで移送したと書いている。

　第二次世界大戦中に大日本帝国陸軍が性奴隷になることを強制した。

　戦前と戦中に日本が占領した国や地域の何百もの「慰安所」に、日本軍の艦船が憲兵隊の監督の下、彼女たちを運んだ。歴史的証拠は、募集方法には拉致、詐欺、脅迫、暴力が含まれていたことを示唆している。

　朝鮮人慰安婦は業者に連れられて慰安所に移動した。その際、通常は汽車や民間の輸送船が使われた。特別な場合、軍属扱いで軍の艦船に乗ったこともあったが、それは便宜供与の次元であり、憲兵の監視下で連行されたものではない。

　日本政府も官憲による強制連行を「史実に基づくとは言いがたい主張」として、「これまでに日本政府が発見した資料の中には、軍や官憲によるいわゆる強制連行を直接示すような記述は見当たらなかった」と否定している（外務省ホームページ）。

　声明が「歴史的証拠」としてあげた前掲書の著者吉見義明も朝鮮半島における軍による強制連行はなかったと認めている（吉見他著『「従軍慰安婦」をめぐる30のウソと真実』大月書店・97年）。

　募集は民間業者が行い、その過程で「拉致、詐欺、脅迫、暴力」が含まれる犯罪行為が存在したことは事実だが、当時の官憲はそのような犯罪行為を取り締まっていた。

中国の漢口慰安所軍医だった長沢健一は、業者にだまされて連れてこられた朝鮮人女性が兵站司令部との面接で慰安婦になることを拒否したので、司令部が慰安婦としての就業を禁止して他の職業の斡旋を業者に命じたというケースを紹介している。悪徳業者の就業詐欺を戦地の軍も取り締まっていたことがわかる。

九月（昭和十九年九月）に入って、業者らは慰安婦の減少を理由に補充を申請したので、支部（漢口兵站司令部武昌支部）は許可した。十月、京漢線を経由して、朝鮮から二人の朝鮮人に引率された三十人あまりの女が到着した。どういう人間がどのような手段で募集したのか、支部の知るところではないが、そのうちの一人が、陸軍将校の集会所である偕行社に勤める約束で来たので、慰安婦と知らなかったと泣き出し、就業を拒否した。支部長は、業者に対しその女の就業を禁じ、適当な職業の斡旋を命じた。おそらく、ぜげんに類する人間が、甘言をもって募集したものであったのだろう。（長沢健一『漢口慰安所』図書出版社・83年、221頁）

5　慰安所でのレイプや拷問は虚偽

声明は慰安所における慰安婦の生活を過激な表現を使って描写している。

「慰安所」内では、女性は継続的レイプ、強制中絶、肉体的拷問、性病にさらされており（…略…）

慰安所で朝鮮人慰安婦は公娼として対価を得ていた。朝鮮人業者が経営する民間の娼家では奴隷のように酷使される例があった。しかし、軍の管理する公娼である慰安所では、軍が厳しく業者の搾取や迫害を取り締まっていたので、そのようなことは許されなかった。早期に前借金を返し、その後、余裕のある生活を送り、多額の資金を貯めて帰国する者もいた。

中国の漢口慰安所では、借金がある者は売り上げのうち業者が6割をとり、そこから慰安婦の食費と医療費を負担し、慰安婦が4割をとり、それを全額返済に回していた。借金を返すと業者5割、慰安婦5割の配分になって慰安婦はかなり多額の収入を得ていた。朝鮮銀行漢口支店に3万円の預金をしていた朝鮮人慰安婦や「借金を皆済するとあらためて借金をして、それを朝鮮の故郷に送金して、田畑を買うのを楽しみにして」いる朝鮮人慰安婦がいたという（長沢前掲書64〜65頁）。

6　75パーセント死亡説はでたらめ

声明は慰安所で朝鮮人慰安婦の75パーセントが死亡したと書いている。

　およそ75パーセントがこの経験が原因で死亡したと推定されている。

その根拠として、アジア女性基金のホームページ「デジタル記念館慰安婦問題とアジア女性基金」の中の「慰安所と慰安婦の数」というページをあげている。

ところが、そのページでは、75パーセント死亡説を事実ではないと否定しているのだ。そこでは、国連人権委員会マイノリティ差別防止・保護小委員会特別報告者ゲイ・マクドゥーガルの報告書に75パーセント死亡説があることが記載されてはいるが、その唯一の根拠とされている日本の国会議員の発言を「勝手にならべた数字」として、75パーセント死亡説を明確に否定している。

この重大な事実誤認だけでも声明は学術的に失格といってよいだろう。少し長くなるが、アジア女性基金のホームページの該当箇所を引用しておく。

1998年6月22日、国連人権委員会マイノリティ差別防止・保護小委員会特別報告者ゲイ・マクドゥーガル氏は（…略…）次のように述べています。

「日本政府と日本軍は1932年から45年の間に全アジアのレイプ・センター rape centre での性奴隷制を20万以上の女性に強制した。」

「これらの女性の25パーセントしかこのような日常的虐待に堪えて生き残れなかったと言われる。」

根拠としてあげられたのは、第二次大戦中に「14万5000人の朝鮮人性奴隷」が死んだという日本の自民党国会議員荒船清十郎氏の「1975年〔ママ〕の声明」です。

荒船清十郎氏の声明とは、彼が1965年11月20日に選挙区の集会（秩父郡市軍恩連盟招待会）で行った次のような発言のことです。

戦争中朝鮮の人達もお前達は日本人になったのだからといって貯金をさせて1100億になったがこれが終戦でフイになってしまった。それを返してくれと言って来ていた。それから36

年間統治している間に日本の役人が持って来た朝鮮の宝物を返してくれと言って来ている。徴用工に戦争中連れて来て成績がよいので兵隊にして使ったが、この人の中で57万6000人死んでいる。それから朝鮮の慰安婦が14万2000人死んでいる。日本の軍人がやり殺してしまったのだ。合計90万人も犠牲者になっているが何とか恩給でも出してくれと言ってきた。最初これらの賠償として50億ドルと言って来たが、だんだんまけさせて今では3億ドルにまけて手を打とうと言ってきた。

日韓条約締結時に韓国側は、韓国人労務者、軍人軍属の合計は103万2684人であり、うち負傷ないし死亡したのは10万2603人だと指摘しました。慰安婦のことは一切持ち出していません。ですから、荒船発言の数字はすべて荒船氏が勝手にならべた数字なのです。国連機関の委嘱を受けた責任ある特別報告者マクドゥーガル女史がこのような発言に依拠したことは残念です。

7 「河野談話」の誤読

声明は「河野談話」の数節を次のように引用して、あたかも日本政府が強制連行説、性奴隷説を認めたかのように書いている。しかし、それは誤読である。

最も重要なことは、1993年の河野談話で、これらの若い女性や少女は「本人たちの意思に反して集められた」「慰安所における生活は、強制的な状況の下での痛ましいものであった」「慰安婦の募集については（…略…）官憲等が直接これに加担したこともあった」ことを認めたことである。この確定された事実は、国連、アムネスティ、米国下院によってさらに確認されている。

ここで引用されている部分は、次のような「河野談話」の文章から抜き取られている。

慰安婦の募集については、軍の要請を受けた業者が主としてこれに当たったが、その場合も、甘言、強圧による等、本人たちの意思に反して集められた事例が数多くあり、更に、官憲等が直接これに加担したこともあったことが明らかになった。また、慰安所における生活は、強制的な状況の下での痛ましいものであった。

なお、戦地に移送された慰安婦の出身地については、日本を別とすれば、朝鮮半島が大きな比重を占めていたが、当時の朝鮮半島は我が国の統治下にあり、その募集、移送、管理等も、甘言、強圧による等、総じて本人たちの意思に反して行われた。

声明は募集の主体の部分を削除して引用しているが、「河野談話」では募集の主体は軍ではなく業者だと明記している。ここで「本人たちの意思に反して」とされている部分は、元慰安婦らが慰安婦になりたくてなったのではないと証言していたことを踏まえて本人たちの主観的思いを描写したものだ。

また、「慰安婦の募集については（…略…）官憲等が直接加担したこともあった」という部分は、朝鮮での出来事を指すのではなく、インドネシアでオランダ人捕虜を数ヵ月慰安婦にした事件を指している。

97年3月19日、(自民党) 日本の前途と歴史教育を考える若手議員の会 (中川昭一会長) の会合で、東良信《ひがしよしのぶ》内閣外政審議室審議官が私の質問に対してそのように回答している (日本の前途と歴史教育を考える若手議員の会編『歴史教科書への疑問』展転社・97年、147-153頁)。また、河野洋平も15年6月9日に日本記者クラブでそのことをはっきりと確認している (日本記者クラブ・ホームページ)。

だから、朝鮮半島における募集について述べた次の段落では、「その募集、移送、管理等も、甘言、強圧による等、総じて本人たちの意思に反して行われた」とだけされて、「官憲の加担」という表現は使われていない。

慰安所の生活に関する表現は、現在の価値観からして戦地で日本軍のために公娼として働いたことの悲惨さを指している。現在の日本では、親の借金を未成年の娘に売春をさせて返済させることは重大な人権侵害であり、許されない。この表現は当時合法であった戦地での公娼制度について、現在の価値観から評価したものであって、性奴隷、レイプ、拷問、75パーセント死亡などを認めたものではけっしてない。

8 公開書簡への日本人学者の反論を無視

声明は2015年の米国の日本研究者公開書簡を引用して、それが学界の共通認識であるかのように主張している。

約200人の日本を研究する学者が2015年に署名した公開書簡は言う。「歴史家の中には、日本軍が直接関与していた度合いについて、女性が『強制的』に『慰安婦』になったのかどうかという問題について、異論を唱える方もいます。しかし、大勢の女性が自己の意思に反して拘束され、恐ろしい暴力にさらされたことは、既に資料と証言が明らかにしている通りです」（書簡の公式訳文に従った）

しかし、この米国学者の公開書簡に対しては、私を含む日本の学者110人が反論の書簡を公開している。実はこちらの日本学者の書簡は、私が原案を書いたものだ。そこで日本の学者はこう主張した。

米学者らが慰安婦制度を軍隊にまつわる売春とみているのであれば、私たちの認識と変わりません。日本軍は戦場でレイプ事件など性的暴力を防ぎ、性病の蔓延を防ぐため、自国と当時の自国領であった朝鮮などから業者が慰安婦を連れてくることを許可し、便宜を与えました。満州やドイツなどで敗戦国民の婦女子をレイプすることを許したソ連軍、占領下の日本政府が用意した日本人女性を売春婦として利用した米軍、同盟国米軍のために自国民の女性を売春婦として働かせた韓国に比べてどこが特筆すべきか議論されるべきでしょう（歴史認識問題研究会・ホームページ）。

米国学者書簡が慰安婦に関する学界の唯一の説ではない。異なる学説があるのだ。

9　慰安婦と業者の契約の証拠について

声明は、ラムザイヤー論文が契約関係で慰安婦を捉えながら、肝心の慰安婦と業者が結んだ契約の証拠を示していないと批判する。

　日本軍による女性の奴隷化をあえて「契約」の問題として捉えることにより、著者は「慰安所」に所属する女性の間において自発的な契約関係が一般的かつ代表的であったという点が事の本質を成すと主張する。この仮定がモデルの中心であるにもかかわらず、論文はこれを正当化する証拠を何ら示さない。同論文における最も関連する証拠は、日本で営業許可を得た売春宿に関するものだ。

論文は、日本業者が日本人慰安婦募集にあたって準備した契約書や親の承諾書のひな形（日本・国立公文書館所蔵「支那渡航婦女ノ取扱ニ関スル件」）を証拠として示している。朝鮮人慰安婦の契約もこれに準ずるものと考えた論文の分析は妥当だと言える。ところが、声明や他の批判者らは朝鮮人慰安婦の契約書がないことを問題にし続けている。

朝鮮人慰安婦は文字が読めない者が多かった。だから、書面での契約書ではなく口頭での契約が主だったと思われる。それを利用して朝鮮人業者が民間の売春宿で働く朝鮮人女性を搾取していた事例はあった。

軍が管理する公娼制度である慰安所では、きちんと帳簿を作り、借金を早く返せるように軍が管理していた。だから、むしろ民間の売春宿より待遇はよかった。前掲の慰安所軍医・長沢はこう書いている。

朝鮮人業者の中には、ひどい例もあった。証文も何も、書類らしきものは一切なく、貧農の娘たちを人買い同然に買い集めて働かせ、奴隷同様に使い捨てにする。これでは死ぬまで自由を得る望みはないのだが、女たち自身も、そうした境涯に対する自覚は持っていないようであった。

藤沢軍医は業者が女に支払った金に、雑費を加えて借用証を作らせ、女たちが働きさえすれば借金を皆済し、自由な身の上になれるようにした。業者は女の借金を増すために、旅費とか衣装代を上乗せしたが、旅費は無料だし、ペラペラの安物の人絹の衣装に法外な価格をつけたりするのを是正した。（長沢前掲書・64頁）

軍が契約関係をきちんと整理させ、朝鮮人慰安婦を悪徳業者から守っていたことがわかる。契約書はなくとも、契約関係は存在していたのだ。

10　慰安婦が同意していたという前提について

声明は、ラムザイヤー論文が未成年の朝鮮女性が慰安婦になることに同意していたと書いていることを批判する。

論文は7ページで単に「女性たちは同意した」と書いている。仮に自発的合意の事例が存在していたとしても（その点に関し論文は信頼に足る証拠を示していない）、この包括的な主張には根拠がない。

実際、おさきの例は反対方向を示唆している。日本では1896年以降、民法上、20歳未満の者は契約の当事者になりえなかった。まともな法学者で、この事例を同意の証拠とみなすものはいないだろう。

20歳未満の女性を慰安婦にするときには必ず親の同意書（承諾書）が必要だった。それがなければ、軍は慰安婦としての就業を許可しなかった。これが、民法の定める「20歳未満の者は自力で契約を結ぶことができなかった」ことの結果だ。業者が親に前渡し金を支払うとき、同意書への署名と戸籍謄本を求めたのもそのためだ。前渡し金と同意書の交換こそが、契約があった証拠だ。

当時の朝鮮では女子は父親に無条件に従うことが求められていた。それが伝統であり、大多数の朝鮮の女子はそれを当然のこととして受け入れていた。だから、父親が娘を慰安婦にする代わりに大金を受け取ることが当然のこととされていた。現在の倫理でそれを評価することと、当時、何が行われていたかを考察することはまったく次元の異なる問題だ。ラムザイヤー論文は後者を学術的に行っただけだ。

11　日本軍に強制連行されたとする元慰安婦証言について

声明では、同意に基づいて慰安婦になったのではなく、日本軍により慰安婦になることを強制されたことを証明するため、韓国人の文玉珠と北朝鮮人の鄭玉順《チヨンオクスン》、中国人の Yuan Zhulin の3人の元慰安婦の証言を取り上げた。

歴史学においてある証言を歴史的事実の根拠として採用するためには、少なくともそれを裏付ける別の証拠が必要だ。特に、証言者が慰安婦にされたことに対しての金銭的な補償・賠償を求めている場合は、利害関係者になるから、より慎重に証言の裏付けを確認する作業が必要になる。ところが、声明はそのような学問的手続きを踏まずに、証言だけで日本軍による強制連行という歴史的事実を確定しようとしている。

すでに私を含む多くの学者によって、元慰安婦の証言については学問的検証がかなりなされている。文玉珠は早い時期に検証がなされた1人だ。彼女は92年に日本政府に対して損害賠償を求める訴訟を起こした。その訴状では、食堂の仕事と業者にだまされてビルマに行って慰安婦になったことは記載しているが、声明が引用した満州に日本軍人によって強制連行された経験についてはまったく書いていない。訴状は自分に有利になるように書くものだ。そのうえ、文のライフストーリーを長時間かけて聞き取りをし、徹底的に裏付け資料を調査した日本人研究者によると、ビルマでの体験については日本軍の多数の資料によって裏付けがとれているが、満州での体験については裏付けがとれていない（森川万智子『文玉珠――ビルマ戦線楯師団の「慰安婦」だった私』梨の木舎・96年）。

文らが裁判を起こしたとき、私を含む何人かの日本人学者が、原告は軍による強制連行の被害者ではないと指摘した。声明が引用したのは、その指摘後に出た挺対協の「証言集1」だが、その頃から原告のうち2人、すなわち最初に名乗り出た金学順と文が、訴状にはない強制連行の体験を語り始めた（拙著『増補新版よくわかる慰安婦問題』草思社文庫・12年）。

なお、声明は文について、『最も派手にうまくやった』と論文が主張する文玉珠は、実際には戦時中もそれ以後も、93年の時点においてさえ、自身の報酬を回収することができなかった」と書いて論文を批判した。しかし、文はビルマでの慰安婦生活によって多額の報酬を得て故郷の家族に5000円送金し、現地で2万6000円貯金していたことで日本では有名だ。

彼女は預金通帳を紛失してしまったため、韓国政府が日本から受け取った請求権資金3億ドルで行った預金への補償を受けられなかった。彼女は93年に日本で預金を返せという訴訟を起こしたが、日韓請求権協定と日本の国内法により彼女の預金は消滅しているとして敗訴した。

北朝鮮人元慰安婦、鄭玉順の証言は、国連人権委員会調査官であったクマラスワミに北朝鮮政府が書面で提出したものだが、あまりに突飛な内容であるため日本の学界では当初からその信憑性が疑われており、その後、証言を裏付ける証拠はいっさい出ていない。中国人慰安婦 Yuan Zhulin もその証言を裏付ける証拠がないのだ。

以上の点について、声明が主張する事実関係の誤りを具体的に指摘した。ただし、私は、間違いが多いことを理由に声明全体の撤回を求めることはしない。声明の起草者らとの学術的討論を求めたい。そして、声明起草者と賛同者に強く求めるのは、ラムザイヤー教授論文への撤回要求をただちに取り下げることだ。学問の自由の枠の中で慰安婦に関する学術的論争を大いにかわそうではないか。私の以上の声明批判に対してもぜひ再反論をいただきたい。

私は、以上の反論を英訳もして発表した。残念ながら、声明起草者や賛同者からはまったく反応がない。ただし、ラムザイヤー教授からは感謝のメッセージが届いている。

第11章　慰安婦不当判決と日本政府の反論

日本政府が反論開始

慰安婦問題に対する日本政府としての本格的な反論は、第二次安倍政権が朴槿恵政権と慰安婦合意を結んだ直後の2016年1月から安倍総理の国会答弁という形で始まり、19年から本格化している。その経緯をまず報告しよう。

戦後70年、日韓国交正常化50年を迎えた15年の年末、安倍晋三首相は韓国の朴槿恵《パククネ》大統領に慰安婦問題の「最終的かつ不可逆的な解決」を宣言させる合意を結んだ。15年12月28日、ソウルで日韓外相会談が開かれ、会談後、両外相は共同記者会見を開き、以下のとおり発表した。

〔1〕慰安婦問題は、日本軍の関与の下に、多数の女性の名誉と尊厳を深く傷つけた問題であり、その責任を日本政府が痛感し、安倍首相が心からおわびと反省の気持ちを表明する。

〔2〕韓国政府が設立する財団に日本政府が10億円程度を拠出し、元慰安婦の心の傷を癒やす措置を講じる。
〔3〕前項の措置を着実に実施するとの前提で、慰安婦問題が最終的かつ不可逆的に解決されることを確認する。
〔4〕日韓両政府が今後、国連等国際社会において、この問題について互いに非難・批判することは控える。
〔5〕在韓国日本大使館前の少女像について、韓国政府が関連団体との協議を通じ、適切に解決されるよう努力する。

このうち〔1〕はこれまで歴代首相が行ったのとほぼ同じ謝罪メッセージだ。ただし、そのメッセージはよく読むと「日本軍の関与の下に」とだけ言って、政府の責任は認めていない。〔3〕は安倍首相の強い希望で入った文言だ。安倍首相は合意成立直後に「次世代に謝罪する宿命を背負わせない」と語った。

なお、その後、日本政府の出資で作られた「和解・癒やし財団」は、合意時に生存していた元慰安婦47人のうち35人に1人1億ウォン（約1000万円）の支援金を支給したが（外務省ホームページ）、文在寅《ムンジェイン》政権樹立後に解散させられた。

合意成立直後に私は、上記〔4〕が慰安婦問題の真実を国際社会に伝える広報を阻害しかねないと懸念を表明して、翌16年1月6日、産経新聞に「国の名誉に禍根残す慰安婦合意」と題する次のコラムを書いた。

日韓両国政府が慰安婦問題で合意した。外交という側面からは肯定的に評価できる部分もあるが、国と国民の名誉を守るという側面では大きな禍根を残した。後者をどのようにリカバーするのかを早急に考えなければならない。

《予断を許さない慰安婦像撤去》

ともに米国と軍事同盟を結ぶ韓国との関係改善は日本にとって国益にかなう。特に北朝鮮独裁政権が核武装をほぼ完成させる一方、大物要人の亡命があいつぐなど不安定さを増している現時点において、日韓関係の改善は日米韓3国同盟強化のために不可欠だ。

朴槿恵大統領も昨年（2015年）7月に「2016年にも（北朝鮮が崩壊して）統一が来るかもしれない。影響力ある要人が亡命しているのは事実だ」と述べている。同じく昨年、ハワイに根拠をおく米太平洋軍司令部が北朝鮮有事に備えて作戦計画の再整備に取りかかっているという情報もある。

日本側からの要求を韓国が受け入れたという点も、これまでの対韓歴史外交にない新しさがあり、一定程度評価できる。これまでは韓国側からの要求を受け、まず謝罪した後、国際法上の立場から韓国の要求を値切るだけだった。それと比べると今回は日本側からも、（1）「最終的かつ不可逆的な解決」であることを韓国政府が確認すること（2）在韓日本大使館前の慰安婦像の撤去――を要求した。

前者は実現したが、すでに韓国第1野党が「合意に拘束されない」と公言しており予断を許さない。ただ、少なくとも一国の外相が公開の席で述べた国際約束を、政権交代したからといって無視するなら韓国の国際的信頼度は急降下するだろう。

後者は韓国政府が「努力する」と約束したが、そもそも公道に無許可で建造された像の撤去をなぜ民間団体と折衝する必要があるのか、韓国の「法治」が揺らいでいるとしか言いようがない。もし、日本が10億円を払った後も像の撤去が実現しないなら日本世論では反韓感情がより拡散するだろう。

《日韓関係歪めた盧政権の見解》

一方、日本にとっての慰安婦問題の解決は、虚偽によって傷つけられた日本国の名誉回復なしには実現しない。この点で今回の合意は禍根を残した。

盧武鉉政権は05年8月に「韓日会談文書公開後続対策関連民官共同委員会」(李海瓚国務総理主催)を開催して、慰安婦問題についての次のような驚くべき法的立場を明らかにした。

〈日本軍慰安婦問題等、日本政府・軍等の国家権力が関与した反人道的不法行為については、請求権協定により解決されたものとみることはできず、日本政府の法的責任が残っている。サハリン同胞、原爆被害者問題も韓日請求権協定の対象に含まれていない。〉

ここから、日韓関係はおかしくなっていく。11年8月、韓国憲法裁判所が、韓国政府が慰安婦への補償について日本政府と外交交渉しない不作為は「憲法違反」だと決定したが、それもこの盧武鉉政権の見解に基づいている。

一方、日本政府は繰り返し慰安婦問題で謝罪をしてきたが、それはあくまでも売買春が非合法化された現在の価値観からの道義的なもので、当時の法秩序の中での「不法性」を認めていないし、「請求権協定で解決済み」という立場を崩していない。今回、岸田文雄外相も「責任の問題を含め、日韓間の財産および請求権に関する日本政府の（解決済みという）法的立場は従来と何ら変わりありません」と確認している。

《事実に基づく反論を自制するな》

しかし、安倍晋三首相までもが謝罪して国庫から10億円もの資金を支出することを見て、国際社会では「日本政府が、第二次大戦中に20万人のアジア人女性を性奴隷として強制連行し、人権を蹂躙した事実を認め、韓国政府に10億円を支払うことに合意した」という虚偽が広がっているのだ。

1月4日、合意に抗議して日本大使館前に座り込んでいた女子学生らは私に「20万人が強制連行され性奴隷となり、うち18万人が日本軍に虐殺された」と説明した。

安倍首相は14年12月の総選挙で掲げた政権公約で「虚偽に基づくいわれなき非難に対しては断固として反論し、国際社会への対外発信などを通じて、日本の名誉・国益を回復するために行動します」と約束した。

しかし、今回の合意で国際社会での相互批判を自制するとしたことにより、今後「断固たる反論」が事実上、できなくなるのではないかと憂慮される。

そもそも外務省は、吉田清治証言が事実無根であることさえ積極的に広報していない。安倍政権が外務省主導の下、慰安婦問題をはじめとする歴史問題で「事実に基づく反論」を控えてきたことからすると、政府の国際広報をどのように再建するか真剣な検討が必要になる。私は繰り返し「外務省とは独立した専門部署を設置し、わが国の立場を正当に打ち出す国際広報を継続して行うこと」を提言してきた。日本国の名誉回復ぬきの慰安婦合意は評価できない。

しかし、私のこの懸念はすぐ解消した。

安倍晋三首相は16年1月18日、参議院予算委員会で慰安婦問題に関して歴史的な答弁を行った。そこで首相は次のように明快に答弁した。

〔1〕慰安婦問題に関して海外に正しくない誹謗中傷がある。
〔2〕性奴隷、20万人は事実でない。
〔3〕慰安婦募集は軍の要請を受けた業者が主にこれに当たった。
〔4〕慰安婦の強制連行を示す資料は発見されていない。
〔5〕日本政府が認めた「軍の関与」とは、慰安所の設置、管理、慰安婦の移送に関与したことを意味する。
〔6〕政府として事実でないことについてはしっかり示していく。

その日、中山恭子議員が、前年の15年12月の日韓慰安婦合意（共同発表）によって、国際社会に著しい日本誹謗が拡散しているとして、次のように質問した。

中山 （慰安婦に）日本が軍の関与があったと認めたことで、この記者発表が行われた直後から、海外メディアでは日本が恐ろしい国であるとの報道が流れているが、その本性はけだもののように残虐であるとの曲解された日本人観が定着しつつあります。日本人はにこにこしていますが、同発表後の世界の人々の見方が取り返しの付かない事態になっていることを、目をそらさずに受け止める必要があります。

外務大臣は、今回の日韓共同発表が日本人の名誉を著しく傷つけてしまったことについて、どのようにお考えでしょうか。

これに対して岸田文雄外相は、日本の名誉を守るという強い姿勢の見られない、通り一遍の答弁をしたので、中山議員が次のように安倍総理の見解を質《ただ》した。中山議員の鋭い質問を引用する。

中山 今の外務大臣のお答えだけでは、今ここで、世界で流布されている日本に対する非常に厳しい評価というのが払拭できるとは考えられません。明快に今回の軍の関与の意味を申し述べていただきたいと思っております。

安倍総理は、私たちの子や孫、その先の世代の子供たちにいつまでも謝罪し続ける宿命を負わせるわけにはいかないと発言されています。私も同じ思いでございます。しかし、御覧いただきましたように、この日韓外相共同記者発表の直後から、事実とは異なる曲解された日本人観が拡散しています。日本政府が自ら日本の軍が元慰安婦の名誉と尊厳を深く傷つけたと認めたことで、日本が女性の性奴隷化を行った国であるなどとの見方が世界の中に定着することとなりました。
今後、私たちの子や孫、次世代の子供たちは、謝罪はしないかもしれませんが、女性にひどいことをした先祖の子孫であるとの日本に対する冷たい世界の評価の中で生きていくこととなります。これから生きる子供たちに残酷な宿命を負わせてしまいました。安倍総理には、これらの誤解、事実に反する誹謗中傷などに対して全世界に向けて正しい歴史の事実を発信し、日本及び日本人の名誉を守るために力を尽くしていただきたいと考えます。総理は、この流れを払拭するにはどうしたらよいとお考えでしょうか。御意見をお聞かせいただけたらと思います。

これに対して安倍首相は、次のように明確に答弁した。

安倍　先ほど外務大臣からも答弁をさせていただきましたように、海外のプレスを含め、正しくない事実による誹謗中傷があるのは事実でございます。
性奴隷あるいは二十万人といった事実はない。この批判を浴びせているのは事実でありまして、それに対しましては、政府としてはそれは事実ではないということはしっかりと示していきたいと思いますが、政府としては、これまでに政府が発見した資料の中には軍や官憲によるいわゆる強制連行を直接示すような記述は見当たらなかったという立場を辻元清美議員の質問主意書に対する答弁書として、平成十九年〔2007年〕、これは安倍内閣、第一次安倍内閣のときでありましたが閣議決定をしておりまして、その立場にはまったく変わりがないということでございまして、改めて申し上げておきたいと思います。

また、当時の軍の関与の下にというのは、慰安所は当時の軍当局の要請により設営されたものであること、慰安所の設置、管理及び慰安婦の移送について旧日本軍が直接あるいは間接にこれに関与したこと、慰安婦の募集については軍の要請を受けた業者が主にこれに当たったことであると従来から述べてきているとおりであります。

中山議員はやりとりの最後にだめ押しの確認質問をし、首相もその意図を理解してきちんと答えた。

中山　総理の今の御答弁では、この日韓共同記者発表での当時の軍の関与の下にというものは、軍が関与したことについては、慰安所の設置、健康管理、衛生管理、移送について軍が関与したものであると考え、解釈いたしますが、それでよろしゅうございますか。

安倍　今申し上げたとおりでございまして、衛生管理も含めて設置、管理に関与したということでございます。

ここで安倍首相が「海外のプレスを含め、正しくない事実による誹謗中傷があるのは事実でございます」と答弁したことの意味は重い。「事実に反する誹謗中傷」が海外に広がっていることを、首相が国会で公式に認めたものだからだ。もう1つ、首相は「政府としてはそれは事実ではないということはしっかりと示していきたい」と明言した。事実でないことに対しては、政府として反論すると宣言したのだ。

16年1月の前記安倍答弁を受け、外務省が反論を始めた。杉山晋輔外務審議官（当時）が16年2月16日、ジュネーブの国連女子差別撤廃条約委員会で堂々たる反論を行った。主要部分を外務省ホームページから引用する。

書面でも回答したとおり、日本政府は、日韓間で慰安婦問題が政治・外交問題化した1990年代初頭以降、慰安婦問題に関する本格的な事実調査を行ったが、日本政府が発見した資料の中には、軍や官憲によるいわゆる「強制連行」を確認できるものはなかった。

「慰安婦が強制連行された」という見方が広く流布された原因は、1983年、故人になった吉田清治氏が、「私の戦争犯罪」という本の中で、吉田清治氏自らが、「日本軍の命令で、韓国の済州島において、大勢の女性狩りをした」という虚偽の事実を捏造して発表したためである。この本の内容は、当時、大手の新聞社の一つである朝日新聞により、事実であるかのように大きく報道され、日本、韓国の世論のみならず、国際社会にも、大きな影響を与えた。しかし、当該書物の内容は、後に、複数の研究者により、完全に想像の産物であったことが既に証明されている。

その証拠に、朝日新聞自身も、2014年8月5日及び6日を含め、その後、9月にも、累次にわたり記事を掲載し、事実関係の誤りを認め、正式にこの点につき読者に謝罪している。

また、「20万人」という数字も、具体的裏付けがない数字である。朝日新聞は、2014年8月

5日付けの記事で、「『女子挺身隊』とは戦時下の日本内地や旧植民地の朝鮮・台湾で、女性を労働力として動員するために組織された『女子勤労挺身隊』を指す。（中略）目的は労働力の利用であり、将兵の性の相手をさせられた慰安婦とは別だ。」とした上で、「20万人」との数字の基になったのは、通常の戦時労働に動員された女子挺身隊と、ここでいう慰安婦を誤って混同したことにあると自ら認めている。

なお、「性奴隷」といった表現は事実に反する。

まさに先に見た安倍首相の参議院予算委員会答弁とほぼ同じ内容であり、外務省が事実関係に踏み込んだ反論をしたという点で画期的なものだった。

ただし、杉山発言は、国連女子差別撤廃条約委員会の委員からの質問に口頭で答えたものであり、文書で提出された政府の正式回答や杉山審議官が同委員会の冒頭で行った政府見解ステートメントにも、このような内容は含まれていなかった。内容は画期的だが、形式が消極的だった。そのうえ、このような質問への口頭回答も、官邸の衛藤晟一《えとうせいいち》補佐官らが首相の意向を汲んで外務省に強く求めた結果、実現したものだった。ただ、残念ながらその時点では、外務省は杉山発言と同じ慰安婦問題に関する歴史的事実に基づく反論を国際広報の前面に据える姿勢はなかった。

この間ずっと外務省は反論広報をしてこなかった。本書第1章で詳しく書いたように、谷野作太郎、武藤正敏、宮家邦彦、岡本行夫など有力な外務省ＯＢが、「反論広報をするな」という論陣を張ってきた。その外務省が安倍政権下で少しずつ方向転換した。

第2次安倍政権の末期にあたる19年にその姿勢を大きく変えて慰安婦問題での反論を始めた。外務省は16年1月の安倍答弁の内容を、日本政府としての公式見解に据え、国際社会に拡散した「史実に基づくとは言いがたい主張」に対して明確な反論の広報を始めた。この問題に約30年間取り組んできた私から見ても、ついに外務省がウソと戦う覚悟を決めたのかと思い、感無量だった。

外務省が『外交青書2019年』で2ページにわたる「慰安婦問題」コラムを掲載し、その中で「強制連行、性奴隷、20万人」説への反論を掲載したのだ。その意味は大きい。全世界に赴任している外交官らは慰安婦問題に関して、この反論を赴任国でしなければならなくなったからだ。

19年4月からそのコラムを外務省ホームページにも「慰安婦問題についての我が国の取組」という題をつけ日本語と英語でアップした。それを20年10月にドイツ語、同年11月にはその韓国語もアップした。

その核心部分を引用する

日本政府の真摯な取り組みにもかかわらず、「強制連行」や「性奴隷」といった表現のほか、慰安婦の数を「20万人」又は「数十万人」と表現するなど、史実に基づくとは言いがたい主張も見られる。これらの点に関する日本政府の立場は次のとおりである。

●「強制連行」

これまでに日本政府が発見した資料の中には、軍や官憲によるいわゆる強制連行を直接示すような記述は見当たらなかった（このような立場は、例えば、97年12月16日に閣議決定した答弁書にて明らかにしている)。

●「性奴隷」

「性奴隷」という表現は、事実に反するので使用すべきでない。この点は、15年12月の日韓合意の際に韓国側とも確認しており、同合意においても一切使われていない。

●慰安婦の数に関する「20万人」といった表現

「20万人」という数字は、具体的裏付けがない数字である。慰安婦の総数については、93年8月4日の政府調査結果の報告書で述べられているとおり、発見された資料には慰安婦の総数を示すものはなく、また、これを推認させるに足りる資料もないので、慰安婦総数を確定することは困難である。

これが外務省の慰安婦問題に対する事実に踏み込んだ反論だ。繰り返し書くが、30年以上この問題に取り組み、外務省の対応を批判してきた私も、これを読んで感無量だ。

以上見たように、19年からやっと日本政府が慰安婦問題の3つのウソに対する公式反論を本格化させた。ただし、まだまだ30年間かけて反日勢力が国際社会に広めた反日デマの力は強い。

でたらめな2021年慰安婦判決

21年に入り、韓国の裁判所がまたひどい判決を下した。21年1月8日、ソウル中央地方裁判所(以下、ソウル地裁)は日本に対して元慰安婦12人に1人あたり1億ウォンの慰謝料を払えと命じた。

国際法では国家は他国の裁判の被告にはならない「主権免除」の原則が確立している。その原則に沿って日本政府は裁判に参加せず却下を求めた。ところがソウル地裁は、この裁判は「主権免除」が適用されないとして、「反人道的犯罪」論を提起した。判決は慰安婦制度を「反人道的犯罪」と一方的に決めつけたのだ。

この判決の重大な問題はまさにこの点だ。だからこそ、歴史的事実関係に踏み込んだ反論を、韓国と国際社会に対して強力に続けていかなければならない。

ただ、国内で、韓国の国際法違反はけしからんと怒っていてもだめなのだ。今のままでは、国際司法裁判所に持ち込んでも、勝てないかもしれない。なぜなら、これまで日本が歴史的事実に踏み込んだ国際広報をほとんどしてこなかった結果、慰安婦問題に関するウソの3点セット、「強制連行、性奴隷、20万人」が韓国や国際社会に拡散してしまったからだ。このままでは日本は「反人道犯罪国」というひどい濡れ衣を着せられ続ける。それに立ち向かう体制を早急に作らなければならない。

それでは、判決のでたらめさについて具体的に見ていきながら論を進めよう。先に書いたように、国際法では国家は他国の裁判の被告にはならない「主権免除」の原則が確立している。お互いの主権を尊重する外交関係の基本だ。岡島実弁護士はその点で次のように判決を批判する（21年1月8日付・岡島弁護士の西岡宛てメールより）。

〔21年1月の〕判決は国際的礼譲と主権平等の原則を踏みにじるものだ。主権免除の原則は、主権国家は相互に相手国家の裁判権に服することはないという原則で、それは、国家が互いに対等の立場

で国際的礼譲を示すことに根拠をもつ確立した国際慣習法であり、今回の判決はこれを踏みにじるものだ。そのような態度は、日本国家を格下のものとみなすことを意味し、前近代的国家観（「反日種族主義」ないし華夷秩序意識）が露呈したものといえる。韓国国家がそのような前近代的国家意識を露呈したことは、韓国国家にとって恥ずべきことだ。

たしかに、ある国が別の国の裁判で裁かれるなら、対等な国と国の関係は成り立たない。だから、主権尊重、内政不干渉を原則とする近代的な国家関係においては「主権免除」は不可欠な原則である。この国際法の原則に立って、日本政府はこの判決は国際法違反だから却下されるべきだという立場を最初から貫いた。

そもそもこの裁判は13年に12人の原告がソウル地裁に調停による日本政府からの慰謝料支払いを求めたところから始まった。日本政府は、主権免除の原則を理由に調停申請書の受領を拒否した。そのため、16年1月からソウル地裁は裁判の手続きを始めた。近代国家において裁判は被告が訴状を受け取って初めて審理に入れる。しかし、日本政府は訴状の受け取りを拒否した。

当時の朴槿恵政府は先述のとおり、15年12月に安倍晋三政権との間で「慰安婦問題が最終的かつ不可逆的に解決した」ことを明示した合意を結び、日本から10億円の出資を得て「和解・癒やし財団」を作り、合意当時生存していた元慰安婦に1億ウォンずつの見舞金を支給する活動を始めていた。朴槿恵政権は慰安婦合意を守る立場であり、そのうえ国際法の主権免除原則をよく理解していたので、水面下で司法に働きかけていた。その働きかけの効果もあり、ソウル地裁は訴状受け取り拒否を理由に裁判を開かずにいた。

なお、『帝国の慰安婦』の著者である朴裕河《パクユハ》教授によると、原告12人のうちなんと6人が「和解・癒やし財団」からの見舞金を受け取っているというから、その厚顔無恥さには驚くしかない。

ところが、文在寅政権の検察は朴槿恵政権の司法への働きかけを不当な介入だとして当時の大法院長を逮捕した。そのようななか、ソウル地裁は20年1月、裁判所が訴状を掲示することによって日本政府が受け取ったとみなす「公示送達」という便法を使い、提訴から4年経って初めて審理を開始した。

当然、被告側は誰も出ない。すると、裁判官が異様な裁判指揮をした。原告側に「主権免除」が適用されないことを証明する証拠をもっとそろえろと求めたのだ。法と証拠だけに基づいて独立して裁きを下すべき裁判官が、原告を勝たせることを目的にして裁判を進めたかのようだった。

そして、1月8日のひどい判決を下した。判決は「主権免除」が適用されないとして、「人道に対する犯罪」論を提起した。たしかに、最近の国際法の解釈では、主権免除にも例外がある。判決は「反人倫的・反人権的行為に対する訴訟が提起される場合には主権免除を認めてはならないという学説も提起されている」と書いた。ここで言う「人道に対する犯罪」とは、ナチスドイツを裁いたニュルンベルク裁判で初めて規定されたものだ。ナチスによるユダヤ人大虐殺がこの罪として裁かれた。

つまり、ソウル地裁は慰安婦制度をナチスのユダヤ人虐殺と同じ程度に悪辣だと決めつけようとしたのだ。そうしないと、主権免除の壁を破れなかったからだ。

判決は慰安婦制度を「日本帝国によって計画的、組織的に広範囲に強行された反人道的犯罪行為で国際的な強行規範（絶対的な規範を意味する法律用語）に違反したものであり、当時日本帝国によって不法占領中であった韓半島内でわが国民である原告たちに対して強行されたもの」と決めつけた。

そして、主権免除を適用しない理由を6つあげて長々と書いた。そのうち法理論的な部分は省いて、国際法の専門家でなくても偏向ぶりがわかる3つ、(1)と(5)と(6)の理由を、裁判所が出した報道資料の判決要約（以下、判決要約）から拙訳で引用しよう。

(1) 我が国憲法第27条第1項、国連「世界人権宣言」第8条でも裁判を受ける権利を宣明している。

元慰安婦は日本で裁判を起こしているし、今後も起こすことは可能だ。日本の裁判所であれば主権免除は適用されないからだ。したがって、原告らの裁判を受ける権利はこの裁判が主権免除によって却下されても十分に保障される。

(5) 被告となった国家が、国際共同体の普遍的な価値を破壊し反人権的行為によって被害者たちにきわめて深刻な被害を加えた場合までも、最終的な手段として選択された民事訴訟で裁判権が免除されると解釈することは不合理で不当な結果をもたらす。
すなわち、ある国家が他の国家の国民に対して人道に反する重犯罪を犯さないようにするいろいろな国際協約に違反しても、これを制裁できなくなり、それによって人権を蹂躙された被害者たちは憲法に保障された裁判を受ける権利を剥奪され、自身の権利をまともに救済され得ない結果を招来し、憲法を最上位規範とする法秩序全体の理念にも符合しない。

「慰安婦」被害者たちは日本、米国などの裁判所で何回も民事訴訟を提起したがすべて棄却されたり却下されたりした。請求権協定と2015年「日韓慰安婦合意」もまた被害を受けた個人に対する賠償を包括できなかった。交渉力、政治的な権力を持つことができない個人に過ぎない。原告たちとしてはこの事件訴訟以外に具体的に損害を賠償される方法はほぼない。〔傍線西岡〕

傍線を付けた最後の一文でわかるとおり、判決は原告らが賠償を受ける権利があることを前提に論を展開している。いや、もっと偏向していて、原告らが必ず日本国から賠償を受けなければならないという強い信念を持っており、それをまったく隠そうともしていない。先に結論を決めて、それに合う理屈を作り上げて判決を書くとみずから宣言しているのに等しい。これは法治国家の裁判ではなく、共産党独裁政権下の人民裁判のようだと言ったら言いすぎだろうか。

（6）主権免除理論は、主権国家を尊重しむやみに他国の裁判権に服従させないようにする意味を持っているのであって、絶対規範（国際強行規範）に違反して他国の個人に大きな損害を負わせた国家が主権免除理論の後ろに隠れて賠償と補償を回避できる機会を与えるために形成されたものではない。

やはり、これも前項と同じように、日本が賠償をするべきだという前提で書かれている。

それでは、判決は慰安婦制度を本当に「人道に対する罪」だと証明できているのか。次に、判決が前提にしている歴史認識の歪みを検討しよう。判決は次のような事実認定をして、慰安婦制度が「人道に対する罪」だと断定した。その部分をやはり判決要約から引用する。

日本帝国は侵略戦争遂行過程で軍人たちの士気高揚および不祥事発生の低減、効率的統率を追及するためにいわゆる「慰安婦」を管理する方法を考えだし、これを制度化して法令を整備し軍と国家機関で組織的に計画を立てて人力を動員、確保し、歴史で前例を見つけられない「慰安所」を運営した。10代の初中盤から20歳あまりにしかならない未成年女性や成年になりたての原告たちは「慰安婦」として動員された後、日本帝国の組織的で直・間接的な統制の下で強制されて1日に数十回も日本軍人の性的行為の対象になった。原告たちは過酷な性行為による傷害、性病、望まない妊娠、安定性がまともに保障されない産婦人科の治療の危険を甘んじて受けなければならず、日常的な暴力にさらされ、まともな衣食住を保障されなかった。原告たちは最小限の自由も制圧され監視下で生活した。終戦以後も「慰安婦」だったという前歴は被害を受けた当事者に不名誉な記憶として残り、長らく大きな精神的な傷になり、そのため原告たちはその後に社会に適応することに困難を経験した。

これは当時、日本帝国が批准した条約および国際法規に違反するだけでなく、第2次世界大戦後の東京裁判憲章で処罰を定めた「人道に対する罪」にあたる。

ここで朝鮮人慰安婦を「法令を整備して軍と国家機関で組織的に計画を立てて動員、確保した」と断定している。しかし、この歴史認識は学界の定説から大きくかけ離れた虚偽だ。慰安婦制度は、当時合法だった公娼制度の一環だ。朝鮮人慰安婦を募集したのは民間業者であり、また、彼女らが働いた慰安所の経営者も民間人だ。その両者のなかには多数の朝鮮人が含まれていた。日本軍は慰安所の設置、慰安婦の移送、業者が不法を行わないようにするための管理、性病を防ぐ衛生などで関与しただけだ。

そのことは日本で多数の学者、専門家、ジャーナリストによる論争の結果、明らかになった事実だ。韓国でも李栄薫前ソウル大学教授が日韓でベストセラーになった『反日種族主義』で多数の資料を使って慰安婦制度は軍が管理した公娼制度だったことを論証している。李栄薫が詳しく書いているように、独立後の韓国軍は「慰安婦」という言葉をそのまま使って、慰安婦制度をそのまま維持していたし、在韓米軍のための慰安婦も存在した。それらも人道に対する罪だと言うのだろうか。

裏付け調査なく証言を鵜呑み

判決は慰安婦動員について次のような驚くべきことを書いている。

日本帝国は自国および占領地の女性を対象にして、さまざまな方式で戦地に設置された慰安所に「慰安婦」らを動員したが、①女性たちを暴行、脅迫、拉致して強制的動員をする方式、②地域の有力者、公務員、学校などを通じて募集する方式、③「就職させてやる」「おカネを多く稼げる」とだまして募集する方式、④募集業者に委託する方式、⑤勤労挺身隊の供出制度を通じた動員方式などを利用した。

このうち④は存在したが、それ以外はみな虚構だ。①のような暴力的募集も皆無ではなかった。③の就職詐欺はかなりあったようだ。だが、その主体は官憲ではなく民間業者だ。当時、官憲はそのような犯罪行為を取り締まっていた。②は勤労動員ではあったが、慰安婦募集ではありえない。⑤も挺身隊と慰安婦はまったく別の制度であって、挺身隊制度を通じた慰安婦募集などありえない。

この判決を書いた裁判官は、いったい何を根拠にしているのか。この間の学界の研究成果をまったく無視した虚偽の上に書かれた判決だと言うしかない。

また、慰安所での生活についても次のような驚くべき虚偽を堂々と書いている。

「慰安婦」が逃げる場合、日本軍が直接追いかけて逃げた「慰安婦」を再度、慰安所に連れ戻したり、射殺したりした。

日本軍による逃げた慰安婦射殺なども虚偽だ。

ではなぜ、このような荒唐無稽なことが判決に書かれたのか。実は判決が、原告らの一方的な証言を裏付け調査をしないでそのまま事実だと認定したために、このような虚偽が事実とされてしまったのだ。

判決には、原告12人の動員過程と慰安婦生活についての証言がそのまま事実として採用されている。そのうち7人が官権によって強制連行されたと言っている。

「お使いに行く途中の道で軍人の服装をした男性に強制的に連れていかれた」

「日本人巡査が家を訪問してきて、徴用文書を渡していき、『機《はた》を織る所に行く』という言葉を聞いて、どこに行くかわからない状態でトラックの後部座席に乗って故郷を離れた」

「強制徴用を避けるために結婚したが、夫は結婚翌日強制徴用され、2～3日後に日本の巡査によって強制的に汽車に乗せられた」

「町内の公務員が『あるところに行けばご飯もたくさん食べられる』と言って連れて行こうとし、むりやりついて行かされた」

「日本人巡査たちにより強制的に連れて行かれた」

「日本人軍人から就職の勧誘を受けた。これを断ったが強制的に連れて行かれた」

「海辺で貝掘りをしていたところ日本軍人に強制的に連れて行かれた」

また、1人は正体不明の男に強制連行されたと言っている。

「お使いに行く途中で知らない男たちに強制的に連れられて中国に行った」

別の1人は、日本に留学に行くと送り出されたが、軍需工場に動員され、そこで慰安婦になったと言っている。

「1945年2月頃『日本に留学することになった』といって全校生徒の祝福を受けて日本に出発した。岡山の飛行機軍事物資工場に動員され、そこに収容され、このとき日本軍人たちの『慰安婦』生活をすることになった」

おそらく、女子挺身隊として軍需工場に勤労動員されたことまでは真実なのだろう。当時、女子挺身隊で日本に行く場合、働きながら学校に通うことができると言われていたからだ。しかし、岡山で軍需工場に動員された挺身隊員を慰安婦にすることなどありえない。

それ以外の3人は「就職詐欺にあって慰安婦になった」と言っている。そのうち1人は「慰安婦募集人について行った」「慰安所管理人は朝鮮人だった」「慰安所で妊娠したとき日本軍人が借金を返してくれたので慰安所を出ることができた」などと比較的正直に話していた。

以上の原告の証言は、あくまでも彼女たちが現時点で語っているにすぎない。官憲による強制連行の存在を証明するためには、これらの証言を裏付ける証拠が必要だが、それは何も出されていない。

日本発のデマへの反論広報を活発化せよ

ただ、官憲による強制連行という判決の虚構は、本書で繰り返し書いてきたとおり日本で生産されたウソなのだ。90年代初め、朝日新聞や一部反日弁護士ら日本内の反日勢力が、「挺身隊」という労働動員の公的制度が朝鮮人慰安婦募集に使われたというデマをまき散らし、韓国で原告を集めて日本で裁判を起こした。「強制連行、性奴隷、20万人」というデマもその頃拡散し、それが今回の判決を生んだのだ。

朝日新聞は14年になって、軍の命令で奴隷狩りのように多数の朝鮮女性を強制連行して慰安婦にしたというウソを語っていた吉田清治証言を取り消し、挺身隊と慰安婦は別のものであって挺身隊の名で慰安婦に動員された例は見つかっていないことを認めて謝罪した。

しかし、朝日と高木健一弁護士らが作り上げた「強制連行、性奴隷、20万人」というデマはいまだに多数の韓国人に真実だと信じられている。そのデマの上に今回の判決の荒唐無稽な歴史認識があるのだ。

だから、今回の判決を批判するためには、ただ国際法の原則を語るだけでは不十分で、遅ればせながら19年から日本政府が本格化させた日本発の3つのデマに対する反論広報を強化しなければならない。そのためには官民が協力する研究と広報体制の整備が急務だ。

しかし、現状では広報を支える研究活動があまりにも弱体だ。21年1月段階で、文部科学省の予算である科研費を使った慰安婦問題の研究は47件あったが、「強制連行、性奴隷、20万人」説の間違いを指摘する研究は皆無だ。外務省の外郭団体である日本国際問題研究所は、17年に歴史認識問題などでの研究と国際発信のために領土・歴史センターを設置したが、同センターのホームページでは慰安婦問題に関する発信を行っていない。

私は有志学者らとともに16年9月、日本国と先人の名誉を守る研究と広報をすることを目的に「歴史認識問題研究会」という小さな研究会をつくって活動してきた。

内外の反日勢力は、慰安婦問題を使って30年以上の年月をかけて虚偽まみれの反日キャンペーンを展開してきた。悪意をもって大規模に展開されてきたキャンペーンの悪影響を払拭するには、わが国も国家次元で事実に基づく反論を、体系的かつ持続的に展開するべきである。少なくとも今後10年以上、対外広報の柱に歴史認識における反論を据えるべきなのだ。

なお、21年4月21日、ソウル地裁は元慰安婦16人らが日本政府を相手に賠償を求めて起こした2つ目の裁判で、主権免除原則を認めて原告らの訴えを却下した。日本ではこの判決は日本の主張を受け入れたものだと、肯定的に評価する議論が多かった。しかし、70ページを超える判決全文を読んでみた私は、とても肯定的な評価を下せなかった。

1月の判決と4月の判決は、慰安婦被害は日本国による人道犯罪であって、1965年の請求権協定と2015年の慰安婦合意によっても元慰安婦らの損害賠償請求権は消滅しないとしている点で共通している。ただ、主権免除という国際法上の原則をこの案件でも適用すべきかどうかという一点だけで2つの判決の立場が異なっているにすぎない。

4月の判決も慰安婦問題は今も未解決として、韓国政府に日本との外交交渉による解決を求めているのだ。

特に、見逃せないのは、慰安婦の募集を日本軍が朝鮮総督府の行政組織を使って地域ごとの募集人員を定め（官斡旋という言葉を使っている）、業者らの拉致や詐欺を支援したと、原告らの主張をそのまま認めたことだ。なんと、日本国内の慰安所で働かされたと主張している原告も、日本軍により強制的に連行された慰安婦だと認定している。

なお、4月の判決によると、こちらの原告16人のうち9人が日韓慰安婦合意によって日本が出資した10億円で作られた「和解・癒やし財団」から支援金を受け取っていた。6人が生存者支援金1億ウォン、3人の遺族が死亡者支援金2000万ウォンを受け取りながら、そのうえまた日本政府の賠償金を求めていたのだ。

これらの主張は日本として到底認めることはできない。やはり、国際広報をいっそう強化して体系的な反論を加え続けるしか解決策はないのだ。

第12章　新談話で河野談話の上書きをせよ

教科書問題に対して重要な閣議決定

２０２１年４月27日、菅義偉《すがよしひで》内閣が慰安婦問題と朝鮮人戦時労働者問題で重要な閣議決定を行った。20年検定を合格してすでに今年から教育現場で使われている山川出版社の中学歴史教科書に、「いわゆる従軍慰安婦」という用語が使われていることが問題になっている。また、21年検定を合格し22年から使われる高校『歴史総合』でも、清水書院と実教出版の2社で「いわゆる従軍慰安婦」と書いている。

安倍政権下の14年、教科書検定基準に閣議決定などの政府の統一見解を用いることが決められた。教科書正常化のためには、１９８２年の第１次教科書事件により検定基準に加えられた近隣諸国条項の廃棄が求められた。その問題意識を持つ現在の萩生田《はぎうだ》光一文科相らが、外交摩擦を避けながら実質的にその条項を無力化するために主導した改訂だった。それによって領土問題などでわが国の立場がきちんと書かれるようになった。

ところが、一部の教科書筆者たちがそれを悪用して、河野官房長官談話で「いわゆる従軍慰安婦問題」という用語が使われているとしてその表現を使い、検定を通してしまった。

「従軍慰安婦」という用語は戦時中には使われておらず、千田夏光という作家が戦後に造語したものだ。「従軍記者」「従軍看護師」という言葉と同じように、慰安婦が「軍の一部」に位置づけられていたという誤解を与え、強制連行をイメージさせるので、最近は学術用語や政府文書では使われていない。この語を教科書で使うことをやめさせるためには閣議決定が有効だと、私は21年1月から関係者に提案していた。

日本維新の会の馬場伸幸衆議院議員は21年4月16日に提出した質問主意書で、『「従軍慰安婦」という用語に、軍により『強制連行』されたかのようなイメージが染みついてしまっている』として、政府として「従軍慰安婦」、「いわゆる従軍慰安婦」、そして「慰安婦として従軍させられた」など「従軍」と「慰安婦」を組み合わせて使うことは不適切ではないかと問うた。

それに対して4月27日、菅内閣は、

（…略…）政府としては、「従軍慰安婦」という用語を用いることは誤解を招くおそれがあることから、「従軍慰安婦」又は「いわゆる従軍慰安婦」ではなく、単に「慰安婦」という用語を用いることが適切であると考えており、近年、これを用いているところである。また、御指摘のように「従軍」と「慰安婦」の用語を組み合わせて用いるなど、同様の誤解を招き得る表現についても使用していないところである。

という明確な答弁書を閣議決定した。

答弁書の中には、強制連行というウソを広げた責任は朝日新聞の誤報にあることも明記されていた。

その上で、政府としては、慰安婦が御指摘の「軍より「強制連行」された」という見方が広く流布された原因は、吉田清治氏（故人）が、昭和五十八年に「日本軍の命令で、韓国の済州島において、大勢の女性狩りをした」旨の虚偽の事実を発表し、当該虚偽の事実が、大手新聞社により、事実であるかのように大きく報道されたことにあると考えているところ、その後、当該新聞社は、平成二十六年に「「従軍慰安婦」用語メモを訂正」し、「『主として朝鮮人女性を挺身隊の名で強制連行した』という表現は誤り」であって、「吉田清治氏の証言は虚偽だと判断した」こと等を発表し、当該報道に係る事実関係の誤りを認めたものと承知している。

ここで言われている「大手新聞社」とは朝日新聞のことだ。21年5月31日、参院決算委員会で加藤勝信官房長官が有村治子議員の質問に対して、「大手新聞社は朝日新聞であります。朝日新聞が報じていた吉田清治氏の証言により、あたかも強制連行があったような、事実に反する認識が、韓国をはじめ国際社会に広まったのは極めて問題だった」と明白に答弁した。

労働者「強制連行」も不適切

また、馬場議員は、戦時朝鮮人労働者に「強制連行」「強制労働」という用語を使うことは不適切ではないかという質問主意書も同時に出していた。これに対して政府はやはり4月27日に、

（…略…）朝鮮半島から内地に移入した人々の経緯は様々であり、これらの人々について、「強制連行された」若《も》しくは「強制的に連行された」又は「連行された」と一括りに表現することは、適切ではないと考えている。

（…略…）国民徴用令（昭和十四年勅令第四百五十一号）により徴用された朝鮮半島の労働者の移入については、これらの法令により実施されたものであることが明確になるよう、「強制連行」又は「連行」ではなく「徴用」を用いることが適切であると考えている。

強制労働ニ関スル条約（昭和七年条約第十号）第二条において、「強制労働」については、「本条約ニ於テ「強制労働」ト称スルハ或者ガ処罰ノ脅威ノ下ニ強要セラレ且右ノ者ガ自ラ任意ニ申出デタルニ非ザル一切ノ労務ヲ謂フ」と規定されており、また、「緊急ノ場合即チ戦争ノ場合…ニ於テ強要セラルル労務」を包含しないものとされていることから、いずれにせよ、御指摘のような「募集」、「官斡旋」及び「徴用」による労務については、いずれも同条約（強制労働に関する条約）上の「強制労働」には該当していないものと考えており、これらを「強制労働」と表現することは、適切ではないと考えている。

という答弁書を閣議決定した。

この2つの閣議決定により、今後教科書から「従軍慰安婦」「強制連行」「強制労働」という反日的な用語が追放される。それどころか萩生田文科相は5月10日、衆議院予算委員会で現在使用中の教科書に対しても、「答弁書を踏まえ、発行会社が訂正を検討する。基準に則した記述となるよう適切に対応したい」と訂正を求めた。

もう1つ、答弁書の中で見逃せない記述があった。「従軍慰安婦」等の表現に関する答弁書の最後にこう書かれてあった。


引き続き、政府としては、国際社会において、客観的事実に基づく正しい歴史認識が形成され、我が国の基本的立場や取組に対して正当な評価を受けるべく、これまで以上に対外発信を強化していく考えである。


菅内閣は、歴史認識問題について、「これまで以上に対外発信を強化していく」と閣議決定したのだ。安倍政権時代は首相が国会答弁で同じことを語ったことはあるが、閣議決定は、私の知るかぎり今回が初めてだ。以上の菅内閣の毅然たる決定を高く評価したい。

菅内閣は答弁書で「河野談話」を継承するという従来の政府の立場を再確認した。馬場議員も質問主意書で、「菅内閣が同談話を継承して、そこで表現されているお詫びと反省の気持ちを引き継ぐことは十分理解するので、同談話そのものを見直すことは求めない」と書いた。

一方、「河野談話」の撤回を求める声も強くある。産経新聞は4月30日社説で今回の菅内閣の決定を高く評価しつつ、「河野談話」について次のように書いた。


政府は、河野談話を継承するとしている。だが、同談話は、慰安婦の強制連行などを裏付ける証拠のないまま、韓国側に配慮した作文であることが分かっている。談話によって日本の名誉が著しく傷つけられてきた。教科書などへの影響もいまだに続く。

やはり、この談話は撤回が必要である。


私は「河野談話」について、撤回ではなく上書きが必要だとずっと主張し、12年には拙著『増補新版よくわかる慰安婦問題』で新しい談話案も提案している。

悪用・誤用が続く「河野談話」

ここからは、今後の慰安婦問題に関する誤解を解くための国際発信強化という観点から、「河野談話」をどう扱うべきなのかについて私の考えを詳しく書きたい。

まず確認したい事実が2つある。第1に、国際社会では「河野談話」によって日本政府は慰安婦の強制連行を認めたという認識が定着している。第2に、政府は「河野談話」で慰安婦の強制連行を認めたという立場に立ってはいない。

第1の点をまず見ておく。「河野談話」によって日本政府が強制連行を認めたという認識は広く存在する。いや、国際社会の談話理解の主流はそうした認識だ。例えば、11年8月に出された韓国政府が元慰安婦の賠償を求める外交交渉をしないことは憲法違反だとした、韓国憲法裁判所の判決でもこのように「河野談話」が利用されている。

日本政府は1992年7月、慰安婦被害者問題に対する政府次元での関与自体は認めたが、強制連行を立証する資料はないという第1次調査結果を公表したが、1993年8月4日、第2次政府調査結果とともに日本軍と官憲の関与と徴集・使役での強制を認め、問題の本質が重大な人権侵害であることを承認し謝罪する内容の河野官房長官の談話を発表した。

「日本軍と官憲の関与と徴集・使役での強制を認め」とされている部分で、談話が日本軍と官憲が募集における強制、すなわち強制連行に関与したことを認めたと主張しているのだ。これとまったく同じ文章が、21年4月21日にソウル地裁で元慰安婦らが日本国に賠償を求めた裁判での原告敗訴判決でも引用されている。21年1月の元慰安婦らが勝訴した判決では、「河野談話」がそのまま引用されていた。

また、第10章で見たように、ハーバード大学のラムザイヤー教授が、慰安婦と業者の契約関係の特徴を法経済学の立場から学術的に分析した論文を学術雑誌に寄稿したことに対して、論文を撤回せよとしてノーベル賞受賞者を含む世界の経済学者ら3000人以上が署名した書簡にも、「河野談話」が誤用、悪用されていた。

日本政府は「強制連行」を否定

次に、第2の「政府は河野談話で慰安婦の強制連行を認めたという立場に立ってはいない」という点だ。政府は「河野談話」でも慰安婦の強制連行を認めていないと主張し続けている。

安倍晋三首相は16年1月18日、参議院予算委員会で中山恭子議員の質問に答えて、慰安婦問題に関して海外で正しくない事実による誹謗中傷があるとして、次のような総合的な答弁を行った。本書第11章で詳しく紹介したが、ここでその主要部分を再度引用しておく。

（…略…）海外のプレスを含め、正しくない事実による誹謗中傷があるのは事実でございます。

性奴隷あるいは二十万人といった事実はない。この批判を浴びせているのは事実でありまして、それに対しましては、政府としてはそれは事実ではないということはしっかりと示していきたいと思いますが、政府としては、これまでに政府が発見した資料の中には軍や官憲によるいわゆる強制連行を直接示すような記述は見当たらなかったという立場を辻元清美議員の質問主意書に対する答弁書として、平成十九年〔2007年〕、これは安倍内閣、第一次安倍内閣のときでありましたが閣議決定をしておりまして、その立場にはまったく変わりがないということでございまして、改めて申し上げておきたいと思います。

また、当時の軍の関与の下にというのは、慰安所は当時の軍当局の要請により設営されたものであること、慰安所の設置、管理及び慰安婦の移送について旧日本軍が直接あるいは間接にこれに関与したこと、慰安婦の募集については軍の要請を受けた業者が主にこれに当たったことであると従来から述べてきているとおりであります。

やはり第11章で紹介したが、外務省も令和元年からホームページで次のように発信している。

日本政府の真摯な取組にもかかわらず、「強制連行」や「性奴隷」といった表現のほか、慰安婦の数を「20万人」又は「数十万人」と表現するなど、史実に基づくとは言いがたい主張も見られる。（…略…）これまでに日本政府が発見した資料の中には、軍や官憲によるいわゆる強制連行を直接示すような記述は見当たらなかった。（このような立場は、例えば、1997年12月16日に閣議決定した答弁書にて明らかにしている。）

ここで言われている「1997年12月16日に閣議決定した答弁書」とは、橋本龍太郎内閣が高市早苗議員の質問主意書に対する答えとして決定したものだ。質問主意書は通常、与党の議員は出さない。高市議員はこの質問書を出した時点では無所属だった。ここでわかるのは、外務省も慰安婦の強制連行を「史実に基づくとは言いがたい主張」と断定しているという事実だ。

つまり、日本政府は「河野談話」を継承しつつ、強制連行を否定しているのだ。だが、この立場は大変わかりにくい。だから、すでに見たように、国際社会で「河野談話」が強制連行の証拠として誤用・悪用され続けているのだ。

今になって「河野談話」を撤回すると、あたかも日本は一時期、強制連行を認めたが、それを歴史修正主義者の圧力で覆したと内外の反日勢力から非難される。だから、私は、日本は「河野談話」でも強制連行を認めていないのだが、談話の表現が韓国との裏折衝で調整されたためわかりにくくなってしまったので、新しい談話を出して日本の当初からの立場を再度明らかにするというやり方が、国際発信において最も有効だと主張してきた。

談話を上書きするためには、なぜ、「河野談話」が強制連行認定の証拠として使われているのかを解明する必要がある。談話全文を読んでも「強制連行」という言葉は使われていない。それなのに談話が強制連行の証拠として使われているのは、①河野官房長官の談話発表時の記者会見発言と②談話の中の「官憲等が直接これに加担したこともあった」という表現の2つの理由がある。

①から確認しよう。安倍政権が14年6月20日に公表した「慰安婦問題を巡る日韓間のやりとりの経緯——河野談話作成からアジア女性基金まで」に、談話発表当日（93年8月4日）の記者会見でのやりとりが詳しく書かれている。それを引用する。

「強制性」の認識に関し、河野官房長官は同日行われた記者会見に際し、今回の調査結果について、強制連行の事実があったという認識なのかと問われ、「そういう事実があったと。結構です」と述べている。

また、「強制」という言葉が慰安婦の募集の文脈ではなく慰安所の生活の記述で使われている点につき指摘されると、河野官房長官は「『甘言、強圧による等、本人たちの意思に反して集められた』というふうに書いてあるんです。意思に反して集められたというのはどういう意味か。お分かりだと思います」と述べた。

さらに、公文書で強制連行を裏付ける記述は見つからなかったのかと問われ、河野官房長官は、「強制ということの中には、物理的な強制もあるし、精神的な強制というのもある」、精神的な強制という点では、「官憲側の記録に残るというものではない部分が多い」、「そういうものが有ったかなかったかということも十分調査を」し、元従軍慰安婦から聞いた話や証言集にある証言、元慰安所経営者等側の話も聞いたとした上で、「いずれにしても、ここに書きましたように、ご本人の意思に反して、連れられたという事例が数多くある」、「集められた後の生活についても、本人の意思が認められない状況があったということも調査の中ではっきりしております」と述べた。〔傍線西岡〕

ここで見逃せないのは、強制連行の事実があったという認識なのかと問われ、「そういう事実があったと。結構です」と述べている傍線の部分だ。

この調査は有識者を集めて行われたが、実体は内閣官房の外務省からの出向者らが主導していた。

たしかに、河野の発言は軽率であり、問題だった。しかし、河野はその問題発言に続く部分で、ここで言う強制とは「精神的強制」つまり本人の主観の問題であるとして、それは「官憲側の記録に残ってない」という点にも言及している。だから、この発言だけなら、「河野談話」が強制連行を認めたという間違った理解は広がらなかったはずだ。
②にあげた談話にある「官憲等が直接これに加担したこともあった」という表現がより大きな影響を与えたのだ。ここで、談話から慰安婦の募集について書かれた部分を引用しよう。

今次調査の結果、長期に、かつ広範な地域にわたって慰安所が設置され、数多くの慰安婦が存在したことが認められた。慰安所は、当時の軍当局の要請により設営されたものであり、慰安所の設置、管理及び慰安婦の移送については、旧日本軍が直接あるいは間接にこれに関与した。慰安婦の募集については、軍の要請を受けた業者が主としてこれに当たったが、その場合も、甘言、強圧による等、本人たちの意思に反して集められた事例が数多くあり、更に、官憲等が直接これに加担したこともあったことが明らかになった。また、慰安所における生活は、強制的な状況の下での痛ましいものであった。

なお、戦地に移送された慰安婦の出身地については、日本を別とすれば、朝鮮半島が大きな比重を占めていたが、当時の朝鮮半島は我が国の統治下にあり、その募集、移送、管理等も、甘言、強圧による等、総じて本人たちの意思に反して行われた。〔傍線西岡〕

傍線を付けた「慰安婦の募集については、軍の要請を受けた業者が主としてこれに当たったが、その場合も、甘言、強圧による等、本人たちの意思に反して集められた事例が数多くあり、更に、官憲等が直接これに加担したこともあったことが明らかになった」という部分に注目してほしい。慰安婦の募集は業者が行ったという部分は歴史的事実だ。「本人たちの意思に反して集められた事例が数多くあり」という部分は、いくら探しても強制連行を示す資料は出てこなかったなか、韓国政府から強制連行を認めよという強い外交圧力があり、谷野作太郎外政審議室長らが強制の定義を「本人の意志に反すること」に広げるという理屈を考え出して、作り出した表現だった。

「慰安婦問題を巡る日韓間のやりとりの経緯」報告書は、「（談話作成前の）一連の調査を通じて得られた認識は、いわゆる『強制連行』は確認できないというものであった」という重大な事実を明記している。

ところが、「河野談話」に強制連行を認めたと読まれてしまう記述があった。それが傍線部分の後半、「官憲等が直接これに加担したこともあったことが明らかになった」という表現なのだ。本人の意志に反して行われた募集に「官憲等が直接加担した」と書いた。これを普通に読めば、官憲による強制連行があったことを認めたとしか受け取れない。

報告書は、「河野談話」の中に、強制連行を意味するとしかとれない、禍根を残すこの表現が入っていたことにいっさい触れていない。河野の記者会見発言だけに責任をかぶせて外務省出身の谷野氏らの重大な失敗を隠そうとしたのではないかと、私は疑っている。

強制連行はインドネシアの話だった

談話発表の翌日、93年8月5日の国内マスコミ（朝日新聞、読売新聞、毎日新聞、産経新聞、NHK）の報道をあらためて調べてみた。その結果、全社が「日本政府が慰安婦の強制連行認めた」と書いていた。問題はその根拠だ。5社すべてが「河野談話」の「官憲加担」表現を根拠にあげた。産経のみがそれに加えて河野長官の会見での発言をも根拠にあげた。

各社の見出しと記事中の「強制連行認めた」と書いた根拠の部分は以下のとおり（波線西岡）。

◆朝日〈慰安婦「強制」認め謝罪　「総じて意に反した」　調査結果を政府公表〉

今回の調査は慰安婦募集の「強制性」が焦点だった。報告書はこの点について「本人の意向に反して」集められるケースが数多くあったとの表現で強制があったことを認めた。（…略…）報告書のうち「慰安婦の募集」の項は、こうした聞き取り調査と新たに見つけた資料約百件をもとにまとめたもので、「軍当局の要請を受けた経営者の依頼により斡旋業者らが当たることが多かった」としたうえで、「業者らがあるいは甘言を弄し、あるいは畏怖させる等の形で本人たちの意向に反して集めるケースが数多く、更に、官憲等が直接これに加担する等のケースもみられた」と記述した。

「官憲加担」表現 有／河野発言 無

◆読売〈従軍慰安婦問題　政府が強制連行を謝罪　最終報告書発表　旧日本軍の関与明記〉

政府は四日、第二次大戦中の従軍慰安婦問題に関し、〈1〉旧日本軍の要請を受けた業者が、甘言や強圧で従軍慰安婦を本人の意思に反して募集（徴用）した例が数多く、日本の官憲（軍人、巡査）が直接、加担した例もある〈2〉慰安所は旧日本軍が直接経営していた例もあり、民間業者の経営でも、慰安婦の生活は強制的な状況のもとでの痛ましいものだった――とする最終報告書を発表した。政府が旧日本軍などが女性を従軍慰安婦として強制的に連行し、働かせていた事例があったことを公式に認めたのは初めて。

「官憲加担」表現 有／河野発言 無

◆毎日〈慰安婦の「強制連行」認める　「旧日本軍の直接関与」も――政府調査結果〉
焦点の強制連行の有無について「甘言をろうし、畏怖（いふ）させる等の形で本人たちの意向に反して集めるケースが多かった」との表現で強制的募集が広範に行われていた事実を公式に初めて認定した。同時に「官憲等が直接これに加担する等のケースもみられた」とし、連行に旧日本軍が直接関与していたことも認めた。

「官憲加担」表現 有／河野発言 無

◆産経〈従軍慰安婦、強制連行認める　河野長官が謝罪談話　政府、調査報告〉
政府は四日、従軍慰安婦に関する政府の第二次調査結果を発表し、第二次大戦中に日本軍が関与した慰安所が広範囲に存在し、朝鮮半島などからの慰安婦の募集では「強制連行」の事実があったことを初めて公式に認めた。（…略…）発表された主な内容は、（1）慰安婦の募集では、官憲等が加担し、本人の意向に反して集めるケースがあった（2）日本人以外の慰安婦は朝鮮半島が大きな比重を占め、中国、オランダ出身者もいた（3）慰安婦の総人数は不明だが、広範囲に数多く存在していたなどで、河野長官は会見で「強制連行」があったと明言した。

「官憲加担」表現　有／河野発言 有

◆NHK〈従軍慰安婦問題　強制連行認める調査結果発表　謝罪の意表明　日本政府〉
政府は韓国との間で懸案となっている、いわゆる従軍慰安婦問題の解決を図るため、慰安婦たちが強制的に連行されていたことを認める調査結果を発表するとともに元慰安婦に対して謝罪の意を表明する官房長官の談話を発表しました。（…略…）旧日本軍などによる従軍慰安婦の強制的な連行については「旧日本軍当局の要請を受けたあっせん業者らが慰安婦の募集に当たることが多かったが、甘い言葉や強圧などによって、本人の意志に反して集められた事例が数多くみられ、さらに日本の軍関係者などがこれに直接、加担するケースもあった」として、強制連行があったことを認めています。

「官憲加担」表現 有／河野発言 無

私も談話公表当初から、この部分を問題にして、談話を撤回せよと主張していた。調査の結果、強制連行は確認できなかったのに、なぜ「河野談話」でこの文言が入ったのか。その疑問が解けたのが97年だった。第10章にも書いたが、97年3月19日、自民党の「日本の前途と歴史教育を考える若手議員の会」（中川昭一会長、安倍晋三事務局長）の会合で、東良信内閣外政審議室審議官が私の質問に対して、「慰安婦の募集については（…略…）官憲等が直接加担したこともあった」という部分は、朝鮮での出来事を指すのではなく、インドネシアでオランダ人捕虜を数ヵ月慰安婦にした事件を指していると回答したのだ（同会編『歴史教科書への疑問』展転社・97年、147－153頁）。

そう言われて再度談話を見直すと、「官憲加担」表現は各国にまたがる慰安婦に関わる段落に書かれてあり、その後に続く朝鮮半島での状況を記した段落では、「当時の朝鮮半島はわが国の統治下にあり、その募集、移送、管理等も、甘言、強圧による等、総じて本人たちの意思に反して行われた」とされて、募集について書いたところに「官憲加担」表現は存在しない。

実は、河野元長官自身が同じことを認めているのだ。15年6月9日に河野元長官が村山元首相と一緒に、日本記者クラブで会見した。そこでこのように明確に、談話では朝鮮における官憲による強制連行については書くことは証拠がなくて適当ではなかったが、インドネシアのオランダ人捕虜については強制連行があったと語っていた（日本記者クラブのホームページより引用）。

腕を引っ張って連れてきたとか、襟首つかんで引きずり出したとかということが文章で残っているわけではありませんから、そういうことを書くわけにはいきません。しかし、本人の意思に反して集められた、その集められ方は、甘言によって、つまりうまい話をして集めた、あるいはうそをついて集めた、別のところで働き場所があるから来ないか、と言って集められたものもあるでしょう。あるいは、最近［安倍］総理もご発言になっておりますけれども、人身売買によって集められたんだ、そういうケースもあったかもしれません。

しかし、総じて本人の意思に反して集められた。（…略…）談話の中に書くときには、「強制的に集められた」とか、「強制性があった」とか、「強制連行であった」というふうに書くには、十分ではないだろう。とりわけ日韓の、韓国の従軍慰安婦については適当でないだろうということで、「総じて本人の意志に反して」と書きましたが、いまお話があったように、それでは、強制的ないわゆる強制連行はなかったのかといえば、インドネシアにおけるオランダ人女性のケースからみると、これはインドネシアで集められていた女性を、軍が行って、明らかにそれは強制的に連れ出して、そして慰安婦として働かせたというケースは、これはオランダの調査によっても明らかで、オランダ政府もそれを明らかにしているところです。

それに対して、いや、その施設はすぐにやめたんだよ、しかも、それは裁判によって責任者も処分されているから、これはもうなかったことだよ、とおっしゃる方もおられますけれども、そのことによって事実がなかったということは絶対に言えない。事実があったことだけは間違いがない、というふうに私は思っておりまして、強制連行ということもあったということは言っていいと思うんです。（…略…）私の談話発表後の記者会見での話は、いま申しあげたように、集められた後の管理、あるいは仕事に対する命令、そういったものを含めれば、これは明らかに強制性があったと言っていいと私は思います。

しかし、「河野談話」のこの部分の表現はあまりにもわかりづらい。国際発信としては完全に失格だ。わざわざ、日本が強制連行を認めたかに読める文章を入れて、そのように誤読するように日本政府がみずから仕向けているとしか言いようがない。

そこで私は「河野談話」を上書きして、日本国の名誉を守るためにはどうしても新しい談話を出すことが必要だと考えて、２０１２年に出した拙著『増補新版よくわかる慰安婦問題』（草思社文庫）などで新談話西岡試案を発表している。

その最新版をここに掲げる。ぜひ、菅内閣は国際発信の強化のため、新談話を出すことを積極的に検討してほしい。

慰安婦問題に関する内閣官房長官新談話試案

慰安婦問題について、政府は、平成5年8月4日その時点までの調査結果をもとに河野内閣官房長官が談話を発表した。また、平成19年3月16日には「政府が発見した資料の中には、軍や官憲による強制連行を直接示すような記述も見当たらなかった」とする閣議決定を行った。

しかしながら、「河野談話」の表現がわかりやすいものでなかったことなどにより、わが国政府が、権力による慰安婦の強制連行を認めたかのような事実誤認が生まれている。国際社会ではいわゆるセックススレーブなどという表現さえ出現し、わが国と国民の名誉を傷つけている。そこで、ここに新たに「慰安婦問題に関する内閣官房長官談話」を発表して、わが国政府は権力による組織的な慰安婦連行を認めていないことを明らかにすることにした。

「河野談話」で「長期に、かつ広範な地域にわたって慰安所が設置され、数多くの慰安婦が存在したことが認められた。慰安所は、当時の軍当局の要請により設営されたものであり、慰安所の設置、管理及び慰安婦の移送については、旧日本軍が直接あるいは間接にこれに関与した」とした部分については、「河野談話」以降の調査研究でも変更する必要がない事実と認められた。

ただし「河野談話」が「慰安婦の募集については、軍の要請を受けた業者が主としてこれに当たったが、その場合も、甘言、強圧による等、本人たちの意思に反して集められた事例が数多くあり、更に、官憲等が直接これに加担したこともあったことが明らかになった」とした部分について、誤解の余地がある表現であったので、ここにわが国政府の立場を明確にしたい。まず、「本人たちの意思に反して集められた事例」とは権力による連行を意味するものではなく、あくまでも慰安婦にさせられた方々が不本意であったことを指している。特に「更に、官憲等が直接これに加担したこともあった」という部分は、インドネシアでごく少数の軍人らが司令部の方針に反して犯した戦争犯罪を意味しており、責任者は連合国により戦犯として処刑されている。権力による連行を指してはいない。しかし、そのことを明示的に書かなかったために、国連や諸外国議会などで事実関係における誤解が広がってしまったことは遺憾である。

一方、「いずれにしても、本件は、当時の軍の関与の下に、多数の女性の名誉と尊厳を深く傷つけた問題である。政府は、この機会に、改めて、その出身地のいかんを問わず、いわゆる従軍慰安婦〔河野談話の表現のママ〕として数多の苦痛を経験され、心身にわたり癒しがたい傷を負われたすべての方々に対し心からお詫びと反省の気持ちを申し上げる」とした部分については、現在まで変わらないわが国政府の人道的な立場である。

本人の意志に反する女性の名誉と尊厳の侵害は、残念ながらこの地上でまだ厳然と存在する。わが国はそれらが完全になくなるよう、普遍的人権の観点から今後もいっそう努力する所存だ。

おわりに　韓国と日本の未来に向けて

日韓関係悪化を30年前から心配

私事で恐縮だが、私は1977年、大学3年次に1年間、韓国に留学した。留学準備期間を含めると私は約45年間、韓国と日韓関係を研究対象としてきたことになる。その間、多くの尊敬できる韓国人と出会い、たくさんのことを教えていただいた。私の研究はそれ抜きには成り立たなかった。

日韓関係が悪化している。論者のなかには最悪だという者さえいる。

心配なのは日本人の嫌韓だ。韓国の反日の背後にある政治工作を見ず、その理不尽さをすべて韓国人の民族性・国民性に還元する議論の拡散を、私は心配し続けている。事柄を形づくる要素のうち、一番最近に起き、かつ一番影響力が大きい部分を見ないで議論すれば、事柄の全体像を正確に把握することができない。その結果、悪意をもって政治工作を行っている勢力だけが喜ぶことになる。

本書ではここまで、日韓両国民の感情的対立、特に最近の日本人の嫌韓感情を作り出した主犯が北朝鮮と韓国内の左派勢力、そして日本国内の「反日日本人」であり、彼らが作り出した「反日反韓史観」が日韓関係悪化の主因であることを書いてきた。ここでは、その議論を踏まえて、日韓正常化のために何ができるのかを考えたい。

話を92年8月に出版した私のデビュー作『日韓誤解の深淵』の前書きから始めたい。そこで私は、日韓関係を心配して次のように書いた。読み返すとあまりに拙劣な文章で赤面するばかりだが、率直に思いを綴ったことだけは確かだ。

一九七七年、当時大学三年生だった私は韓国の延世大学に交換留学生として留学した。在日朝鮮人差別問題のサークルの会員だった私は、日本人の一人として韓国の人々に過去を深く謝罪したいという気持ちで金浦空港に降り立った。

留学した当初は韓国語があまり出来なかったので、親しくなった友人とはブロークンの英語で話し合っていた。K君もその友人の一人だった。ところがK君は実は日本語が出来たのだった。私が少ない奨学金を工面して大学での授業以外に家庭教師を雇って韓国語の勉強をしているのを知った後、K君は日本語を使い始め私を驚かせた。それまで三、四回話したときはまったく日本語を分かる素振りすらみせなかったのに、である。私の韓国に対する姿勢をひそかに確かめていたのだろうか。

私はさっそくK君に対し、英語では伝えられなかった私の気持ち、つまり、日本人の一人として植民地支配について謝罪したいと語った。すると彼は「力の強い国が弱い国を植民地にしたのは当時としては当たり前のことだった。我々が弱かったから侵略されたのだ。謝ってもらうべきことではない。国際社会はパワーがすべてだ。ぼくが今、日本語を勉強しているのも、うんと極端なことを言うと、もし将来日本と戦争になった場合、相手の無線を聞いて作戦を立てられるようになるためなんだ。日本語が分かる者がいればその分韓国のパワーを強めることになるからだ」。

私は彼の論理の明快さと自信に圧倒された。

それから一五年経って、ふりかえると、当時に比べて日韓関係はむしろ悪くなっているように思う。特に、両国民の感情的対立が表面化し、このままいけば、回復不能な状況に至るかもしれない。今こそ私たちは戦いを強化しなければならない。といっても、K君と私が敵対するということではまったくない。両国の関係を悪くしている誤解、デマ、偏見、摩擦の根源に対して、真剣に両国の友好を願う者同士が手を組んで戦う時なのだ。

これを書いてから約30年が経つが、私が言おうとしていたことは間違っていなかったと、しみじみ考えている。

韓国の気高き民族主義

思い返せば、私が交換留学生としてソウルで暮らした77年から78年にかけて、安易な謝罪を拒否し、自民族の弱さを直視して、それを自分たちの努力によって補おうという気高き民族主義に出会うことが多かった。

78年3月1日、3・1独立運動記念日でソウル市内のいたるところに韓国の国旗である太極旗が掲揚されていた。私は韓国人の友人P君と大学街を歩いていた。1人の幼稚園生くらいに見える男の子が、門柱から垂れ下がっていた太極旗を棒でたたいて遊んでいた。それを見たP君が大きな声で「国旗をないがしろにしたらだめだ」と叱りつけた。

そして、私のほうを向いて、「お前の家には日の丸があるか。日本ではいつ国旗を飾るのか」と聞いてきた。うちには国旗がない。また、日本では公立小学校や中学校の卒業式に日の丸を掲げることに反対する声が強いことなどを説明すると、P君から、「日本人は愛国心がないな。先日の新聞を見ると、日本の若者の過半数が戦争になったら逃げると答えていた。俺はもし自衛隊が竹島を取りに来たら銃をとって戦うぞ。お前も日本人なら愛国心をもって日本のために戦え」と、まじめな顔で言われたことを今も鮮明に覚えている。相手国の民族主義をも尊重する健全な民族主義、愛国心を、私は韓国で学んだ。

このような誇り高い民族主義は、65年、日韓国交正常化を推進した朴正熙《パクチョンヒ》大統領が持っていたものだ。朴正熙の演説からいくつかの名言を紹介しよう。

朴正熙が残した名言

まず、65年5月18日、米国ワシントンDCのナショナル記者クラブでの「自由と平和のための賢明と勇気」演説からだ。みずからの反日感情を率直に認めながらも、「自由と繁栄のための賢明と勇気」をもって決断を下すと語ったものだ。

韓日会談が十四年間も遅延してきたことは、みなさんよくご存じのことと思います。それには、それだけの理由があるのでありまして、外交史上いかなる国際関係にも、類例のない幾多の難関が横たわっているのであります。

周知のとおり、いま韓国には、韓日問題について、極端論をふくむありとあらゆる見解が横行しております。もしみなさんがわたくしに『日本について…』と質問されれば、わたくしはためらうことなくわたくしの胸に鬱積している反日感情を烈しく吐露することでありましょう。またみなさんがわたくしに『親日か』、『反日か』ときかれるならば、わたくしの率直な感情から言下に『反日だ』と答えることでありましょう。これはいやしくも韓国人であれば、誰でも同じことであります。四十年にわたる植民統治の収奪、ことに太平洋戦争で数十万の韓国人をいけにえにした日本は、永久に忘れることのできない怨恨を韓国人に抱かしめているのであります。

それにもかかわらず、そしてこの不幸な背景と難関をのりこえて、韓日国交の正常化を促進せねばならない韓国の意志にたいして、みなさんの深いご理解を期待するものであります。われわれは、より遠い将来のために、より大きな自由のために、より次元の高い自由陣営の結束のために、過去の感情に執着することなく、大局的見地において賢明な決断をくだしたいと考えるのであります。

(『朴正熙選集③主要演説集』申範植編・鹿島研究所出版会・70年、23頁)

次に紹介するのは65年6月23日、韓日条約妥結に際しての朴正熙大統領の特別談話文からだ。

去る数10年間、いや数100年間われわれは日本と深い怨恨のなかに生きて来ました。彼等はわれわれの独立を抹殺しましたし、彼等はわれわれの父母兄弟を殺傷しましたし、そして彼等はわれわれの財産を搾取しました。過去だけに思いをいたすならば彼等に対するわれわれの骨にしみた感情はどの面より見ても不倶戴天といわねばなりません。しかし国民の皆さん！　それかと云ってわれわれはこの刻薄な国際社会の競争の中で過去の感情にのみ執着していることは出来ません。昨日の怨敵とはいえどもわれわれの今日と明日のため必要とあれば彼等とも手をとらねばならないことが国利民福を計る賢明な処置ではないでしょうか。（…略…）諸問題がわれわれだけの希望と主張の通り解決されたものではありません。しかし、私が自信をもって云えますことはわれわれが処しているところの諸般与件と先進諸国の外交慣例に照らしてわれわれの国家利益を確保することにおいて最善を尽くしたいという事実であります。外交とは相手があることであり、又、一方的強要を意味することではありません。それは道理と条理を計り相互間に納得がいって始めて妥結に至るのであります。（…略…）

天は自ら助ける者を助けるのであります。応当な努力を払わずにただで何かが出来るだろうとか又は何かが生れるであろうとかいう考えは、自信力を完全に喪失した卑屈な思考方式であります。

今一部国民の中に韓日国交正常化が実現すればわれわれは又もや日本の侵略を受けると主張する人々がありますがこのような劣等意識こそ捨てねばならないと同時にこれと反対に国交正常化が行われればすぐわれわれが大きな得をするという浅薄な考えはわれわれに絶対禁物であります。従って一言でいって、韓日国交正常化がこれからわれわれに良い結果をもたらすか、又は不幸な結果をもたらすかという鍵はわれわれの主体意識がどの程度に健在するか、そしてわれわれの姿勢がどの程度に正しいか、われわれの覚悟がどの程度に固いかということにかかっているのであります。（『朝鮮研究』65年7月号、45－46頁）

朴正煕大統領が進めた日韓国交正常化交渉に対して、韓国内では烈しい反対運動が起きた。私は修士論文のため、韓国の反日の論理を調べたことがあり、その一環として当時の日韓国交正常化反対論をかなり集めて分析した（拙稿「戦後韓国知識人の日本認識」、川村湊・鄭大均編『韓国という鏡』東洋書院・86年収録）。

重なる部分がない日韓の国交反対の論理

本書の「はじめに」でも少し書いたが、野党と言論界はほぼ反対一色、学生らは街頭に出て烈しいデモを行った。それに対して64年に戒厳令、65年に衛戍令を布告して軍の力で押さえつけて正常化を決めた。自分は反日だと断言する朴正煕大統領が、そこまでして日本との国交を結んだ背景には、北朝鮮とその背後にあるソ連、中国という共産陣営に対する危機感があった。特に中国はその頃、原爆実験を成功させ、国連で支持国を増やして、近い将来、中華民国から国連議席を奪う見通しで、東アジアの自由陣営にとって脅威が増していた。

その点は当時の韓国内の反対運動も認識が一致していた。反対の論理は大きく二つだった。第1は、韓国の民族的利益が十分に確保されていないという批判、すなわち過去の清算が不十分であり、再び日本の経済的侵略を受けるおそれがあるという議論だった。第2は、日本が反共の立場にきちんと立たず、二股外交、すなわち北朝鮮やその手先である朝鮮総連への配慮、優遇をやめさせていないという批判だった。

一方、日本国内の反対運動は、韓国の反対運動と重なり合う部分がまったくなく、正反対の立場から反対していた。韓国での反対理由の第1の点については、日本ではまったく逆に、日本の利益が犯されているという主張が多かった。すなわち、過去清算で韓国に譲りすぎであり、竹島不法占拠を事実上認めているなどだった。当時、社会党議員が国会で朝鮮からの引き揚げ者が置いてきた莫大な財産に言及し、対韓経済協力が大きすぎると批判し、労組の反対デモでは（経済協力資金を）「朴にやるなら僕にくれ」というスローガンがあった。そして、与党自民党もこの点は内心同じ考えを持っていた。

韓国での反対運動の第2の論点、反共の立場については、まさに日本の反対運動は米国の戦争戦略に巻き込まれるとして、烈しい批判を展開していた。それに対して、自民党政府は「釜山に赤旗が立てば日本の安全保障に重大な危機が来る」として、反共韓国への支援が日本の安全保障につながると主張した。

日韓国交正常化は、両国内にあった民族的利害を主張する反対論を、両国政府が反共自由陣営の結束という安全保障上の共通認識で押さえ込んで成し遂げたものと言える。

当時の韓国は、朝鮮戦争で共産軍からひどい扱いを受けた体験を土台にした反共意識が強く、また反共法などで国内の左翼活動を厳しく取り締まっていた。

ところが、日本では60年に日米安保反対運動が国民運動として大きく盛り上がるなど、国内で反米左翼勢力や中立を志向する勢力が一定程度、力を持っていた。だから、共産陣営という共通の敵の存在によって、日韓両国が民族的利害を相互に譲歩して国交正常化を進めたのに対して、日本国内の左派が内部から反対するという構図があった。それについて、朴正煕政権が国内の反対運動に答えるために65年3月に発行した『韓日会談白書』はこう書いた。

自由陣営の結束

最近のアジアの情勢とベトナム事態の流動的国際情勢の激変をあらためて列挙しなくても、自由陣営の結束はどの時期よりも最も至急に要請されているのが事実だ。（…略…）

日本も変遷する国際情勢と中共の急速な膨張に対処するため、自由陣営が結束しなければならず、特に極東において共産勢力の脅威をもっとも近距離で受けている韓日両国が国交正常化を通じて結束しなければならない必要性、ないしは不可避性を認識していることを物語っていた。

韓日両国が国交を正常化することは、ただ韓日両国だけでなく全自由世界の利益に符合している。これがまさに米国をはじめとする友邦国家が一斉に韓日交渉の早期妥結を強力に希望している理由であり、同時に中共、北傀〔北朝鮮の傀儡政権の意味〕、および日本の左翼勢力が今まで韓日会談の破壊工作を執拗に展開してきたもっとも大きな理由なのだ。〔傍線西岡〕

その後、日韓関係は共通の敵に対する日本側の態度の甘さにより揺れ続け、80年代から韓国国内に急速に広がった「反日反韓史観」によって韓国内で共通の敵をむしろ擁護する勢力が急成長し、いよいよ動揺の幅が大きくなっていった。昨今の韓国の執拗な反日外交とそれに対する日本国内の嫌韓感情の増大は、この枠組みで見ないかぎり全体像が理解できない。

70年代までの日韓関係悪化の要因は日本の容共

まず、70年代までの日韓関係をこの構図から概観する。

韓国保守派随一の知日派である洪熒《ホンヒョン》元駐日大使館公使は、日韓国交50年間を振り返り、関係悪化の大きな原因は、65年の国交正常化の際、日本が韓国を半島における唯一の合法政府だと認めなかったことだと指摘する。

中共と国交を結んだとき、日本政府は台湾との関係を断絶した。中共側が強力に要求した「一つの中国」という主張に譲歩したのだ。しかし、自由陣営の結束という共通の利害から行った日韓国交において日本は、最後まで「二つの朝鮮」の存在を認めることに固執した。すなわち、韓国の憲法では、韓国の領土を韓半島とその付属島嶼と規定しており、韓国政府は日本に対して基本条約でそのことを認めるように要求していた。その結果、基本条約第3条は「大韓民国政府は、国際連合総会決議第百九十五号(Ⅲ)に明らかに示されているとおりの朝鮮にある唯一の合法的な政府であることが確認される」となっている。

一見すると韓国の主張が通ったかのようだが、ここで国連総会決議を引用することで、日本は韓国の主張を巧妙にかわした。この決議は、韓国政府のことを、48年5月に国連の監視の下で行われた選挙によって成立した「唯一合法政府」と定めたものだ。

ところが、北朝鮮地域を占領していたソ連軍と、北朝鮮を事実上支配していた人民委員会(委員長金日成）は国連監視団の入境を拒否したため、選挙は38度線の南に限定して行われた。日本のこの条文解釈は、「北朝鮮地域については何も触れていない」というものだ。したがって、日本が北朝鮮と国交を持たないでいることと第3条は関係がない。「第3条の結果としてそうなったり、そうする義務を法律的に負うのではない」（外務省条約局条約課の見解。『時の法令別冊　日韓条約と国内法の解説』大蔵省印刷局・66年）。この解釈の結果、事実上、わが国政府は日本を舞台にする韓国政府転覆活動を放置することになった。

韓国では憲法の規定に基づき、政府を僭称する団体などを反国家団体として位置づけ、その構成員や支持勢力を処罰する国家保安法という法律がある。具体的には同法第2条は反国家団体を「政府を僭称することや国家を変乱することを目的とする国内外の結社又は集団として指揮統率体制を備えた団体」と規定している。同法に基づき、国家情報院（60〜70年代は大韓民国中央情報部＝ＫＣＩＡと呼ばれていた）が反国家団体などを取り締まってきた。

反国家団体として認定されているのは、朝鮮民主主義人民共和国だけでなく、日本にある朝鮮総連と韓民連（在日韓国民主統一連合。78年に指定）も反国家団体とされている。反国家団体の首魁は最高死刑と定められている。それくらい、韓国の法体系の中で重大な犯罪者だ。ところが、日本政府は国内で活発に韓国政府を転覆することを目的として活動する二つの「反国家団体」を放任してきた。

金大中拉致事件の真相

その結果、70年代に入り、野党大統領候補だった金大中《キムデジュン》が半亡命状態で日本に滞在し、朝鮮総連と背後でつながりながら民団を分裂させようとしていた在日韓国人活動家らと韓民統（のちの韓民連）を結成する動きを見せたときも、日本当局はそれを放置していた。

事実上の亡命政権的組織が東京にできるかもしれないと危機感を持った中央情報部は、韓民統結成の直前である73年8月、金大中を東京のホテルで拉致して強制的に韓国に帰国させるという事件を起こした。韓民統は金大中不在のまま、彼を初代議長にして発足した。そして当時、日本外務省は、韓国の実定法に反する反国家活動をしていた金大中を保護していた。旅券の有効期限が切れた後、外務省が身分保障をして赤十字社にパスポートに代わる身分証明書を発給させ、ビザを与えていた。

白昼、日本国内のホテルから自国の政治家を暴力で拉致した韓国情報機関の乱暴なやり方は許されないが、その背後には、金大中が日本で韓国政府を転覆する活動を行うことを日本外務省が裏で支援し、自由陣営の結束を乱し、ともに戦うべき相手である北朝鮮を有利にしたことがあった。

金大中拉致事件の翌年74年8月には、日本が拠点となった重大なテロ事件が起きた。文世光《ムンセグァン》事件である。在日韓国人・文世光は朝鮮総連生野支部政治部長の金浩《キムホ》龍《ヨン》らによって洗脳され、大阪港に入港した万景峰号《マンギョンボン》の船室で北朝鮮工作機関幹部から朴正煕を暗殺せよとの指令を受けた。文は、大阪の交番から盗んだ拳銃と偽造した日本旅券を持って訪韓し、独立記念日の行事会場に潜入して朴正煕大統領に向けて拳銃を撃ち、大統領夫人らを射殺するという重大なテロ事件を起こした。

韓国政府は日本に、朝鮮総連と関連地下組織に対する徹底した取り締まりを求めたが、日本政府は事実上それを拒否した。総連は捜査を受けず、文を洗脳した総連幹部も逮捕されなかった。それどころか、日本マスコミは朝鮮総連の宣伝に乗せられて、むしろ韓国政府批判のキャンペーンを行った。朴正煕政権による自作自演説が報じられさえした。国会では外務大臣が「韓国に対する北朝鮮の脅威はない」と答弁した。韓国では反日デモ隊が日本大使館になだれ込むという前代未聞の事件が起きた。朴正熙大統領は一時、国交断絶を検討したという。

拉致はなぜ多発したのか

横田めぐみさん拉致を国会で最初に取り上げた西村眞悟前議員は、この事件で総連を捜査しなかったため、その後、つぎつぎと日本人が拉致されたのだと以下のように鋭く追及している（「西村眞悟の時事通信」電子版2013年12月20日）。私もまったく同感だ。

問題は、日本のパスポートと日本警察の拳銃を所持して日本から出国し隣国に日本人として入国して大統領を狙撃するというほどの事件であるにもかかわらず、また、金正日が認めるまでもなく、事件当初から朝鮮総連の関与が明白であるにもかかわらず、何故日本政府（田中角栄内閣）は、朝鮮総連の捜査をしなかったのか、ということである。

昭和四十九年（1974年）の時点で、この捜査を徹底しておれば、その後の拉致は無かった。宇《う》出《し》津《つ》事件も横田めぐみさん拉致もなかった。そして、大韓航空機爆破もなかったのではないか。

（…略…）

しかし、朝鮮総連をアンタッチャブルとしようとする政治家の政治的思惑が最も大胆かつ露骨に捜査よりも優先したのは、明らかに文世光事件であった。

以来、内閣が替わってもこの思惑は生き続け、大統領狙撃指令に使われた北朝鮮の万景峰号も何事も無かったように北朝鮮と我が国をいろいろな物資と人物を乗せて往復し続け、朝鮮総連も何事もなかった如く現在に至る。そして、日本人は国内から忽然と拉致され続けたのだ。

文世光事件も日本人拉致事件も、日韓の共通の敵である北朝鮮政権によって引き起こされたテロである。ところが、70年代に日本が反共姿勢を曖昧にして利敵行動をとっていたため、文世光事件によって日韓関係が悪化し、そのため日韓の当局の協力が弱くなり、日本人拉致を防げなかったという、日本の国益に反する事態が生まれた。

外務省が全斗煥をファッショと規定

日本の利敵行動は全斗煥《チョンドウファン》政権になっても続いた。北朝鮮の脅威に対する危機感からクーデターで政権を握った全斗煥将軍らは、レーガン政権が進める世界規模での共産勢力に対抗する軍拡路線に参与するため、韓国軍の近代化を計画し、そのための資金援助を日本に求めた。そのとき、日本外務省は「全斗煥体制は、軍事ファッショ政権」だとして経済協力に反対した。当時の外務省の内部文書（81年8月10日付外務省文書「対韓経済協力問題」。小倉和夫『秘録・日韓1兆円資金』講談社・13年に収録）は次のように反対理由をあげた。

（一）全斗煥体制は、軍事ファッショ政権であり、これに対して日本が財政的てこ入れをすることは、韓国の民主化の流れに逆行するのではないか、とくに、金大中事件が完全に解決していないいまま、かつ政治活動の規制がきびしく実施されている現在、韓国に対して経済協力を行うことは、日本の対韓姿勢として納得できない。

(二)韓国への経済協力は、韓国への軍事的協力のいわば肩代わりであり、日・韓・米軍事同盟(強化)の一環として極東における緊張を激化させる。

(三)南北間の緊張が未だ激しく、南北対話の糸口さえ見出しえない現在、その一方の当事者である韓国のみに多額の経済協力を行うことは朝鮮(半島)政策として理解しがたい。

この文書に表れている外務省の認識の決定的欠陥は、北朝鮮政権をどう位置づけるかが示されていないことだ。朝鮮戦争を起こし300万人を殺害し、その後も繰り返し韓国へのテロを続けるだけでなく、日本人を拉致していたテロ政権の脅威と、それとの対抗のために完全なる民主化を遅らせざるをえない韓国政治の実態を完全に無視する容共姿勢に驚くばかりだ。自由陣営の一員として共産主義勢力を共通の敵とする意識はまったくない。この時点で外務省は「日・韓・米軍事同盟」の強化に反対していたのだ。文在寅《ムンジェイン》政権とまったく同じ姿勢だ。

全斗煥政権がファッショなら、それを支援する米国レーガン政権の外交をどう評価するのか、いや、北朝鮮政権をどう評価するのかという根本的観点の欠落こそが、日韓関係悪化の第1の要因だ。

ただし、この日米韓同盟強化が日本にとって望ましくないという歪んだ容共姿勢は、少しずつ改善されてきた。特に90年代後半、韓国情報機関が人道的観点から、ある意味、超法規的に日本に提供してくれた横田めぐみさん拉致情報により、日本は北朝鮮の脅威に目覚め始めた。そして、中国の軍事的台頭を目の当たりにした日本は、2010年代に入り、集団的自衛権に関する憲法解釈を変えるなど、大きな政治決断をしながら、日米韓同盟を強化する方向に動き出した。

全斗煥政権の歴史糾弾外交

ところが、反対に韓国がおかしくなっていった。歴史認識を外交の手段にするという禁じ手を使った。これが日韓関係悪化の第2の要因だ。全斗煥政権は上記の日本の容共姿勢に業を煮やし、中国共産党と日本国内の反日左派勢力と手を組んで、その圧力で経済的支援を得ようとする歪んだ反日外交を開始した。82年、日本のマスコミの誤報から始まった教科書問題で中国と歩調を合わせて韓国が外交的に日本を非難し始めた。

このとき、全斗煥政権と中国共産党と朝日新聞が連帯して、ウソに基づいて日本の過去を責めるという、歪な反日連帯が始まったのだ。ここから、私の言う日韓「歴史認識」問題が始まり、すでに40年も続いている。

そもそも、当初は「検定によって政府が華北への侵略を進出と書き直させた」という誤報が発端だったが、いつの間にか韓国では「韓国・中国への侵略を進出と書き直させた」とする2つ目の誤報がなされた。それなのに、鈴木善幸内閣は謝罪し、検定基準を直して、韓国、中国の意見を教科書基準に反映させる異例の措置をとった。

外務省は文部科学省の反対を押し切ってそれを推進した。その後、中曽根政権が40億ドルの経済協力実施を決めた。共通の敵に対抗する経済協力は拒否されたが、中国と組んだ歴史糾弾外交は成功して、多額の経済協力が決まった。これ以降、韓国政府は、日本マスコミが提供する反日事案を外交案件として取り上げ、テーブルの下で経済支援を求めることを続けた。

92年1月、宮澤総理が訪韓した際、盧泰愚《ノテウ》政権は朝日新聞などが作り上げた「強制連行」説に乗っかって首脳会談で総理に謝罪を求め、総理はそれに応じて8回も謝罪したという。このときも、駐日大使などが首脳会談で慰安婦問題を取り上げることに反対したが、経済部署が日本からの技術協力などを得る手段として取り上げるべきと主張したという。

田中明の反日分析

韓国政治研究の泰斗である田中明は、全斗煥政権以降の韓国の反日が「拒否する」反日ではなく「引き寄せる」反日だと次のように述べている。（田中明『遠ざかる韓国——冬扇房独語』晩聲社・10年）

> 誰それがけしからぬというとき、われわれはそういう手合いとはつき合わぬ（拒否する）選択をするが、韓国の場合は違う。「汝はわれわれの言い分をよく聞いて反省し、われわれの意に副う〝正しい〟関係を作るよう努力せよ」というおのれへの「引き寄せ」が流儀である。それは一見〝主体的〟な態度に見えるかもしれないが、詰まるところは、けしからぬ相手の翻意に期待する他者頼みの思考である。

他人のせいにせず自己の弱さを直視する朴正熙大統領や、私の留学時代の友人K君の「反日」とはまったく違う甘えをそこに感じざるをえない。それが積み重なって韓国は日本人から尊敬心を得られにくくなっている。

その後、金泳三《キムヨンサム》大統領時代から歴史糾弾外交の目的が変化した。それまでは経済支援が目的だったが、95年、金泳三大統領が江沢民《こうたくみん》総書記と会った後、猛烈に展開した反日外交は、国内での自身の支持率を上げることを目的としていた。金泳三大統領はそのとき、日本人指導者のポリチャンモリ（生意気な頭の中）を直すと語り、竹島近海で軍事演習を行った。その年の夏、「村山談話」が出た直後の出来事だから、日本が謝罪しないからではなく、韓国の内政上の目的があればいつでも反日外交は利用されることが明らかになった。

李明博《イミョンバク》大統領の竹島上陸強行や、朴槿恵《パククネ》大統領の「反日告げ口」外交（外国首脳に対して歴史的問題での日本の態度を強く批判して同調を求める外交）も同じ文脈から理解できる。再度確認しておくが、日韓関係を悪化させている第2の要因は、全斗煥政権以降始まった「引き寄せる反日」外交、すなわち日本からの支援や内政上の人気回復のためのパフォーマンス外交なのだ。

反日反韓史観が第3の要因

しかし、国交正常化50年以上を過ぎてもなお、反日パフォーマンスが支持率上昇に寄与するという韓国社会の状況は、自然にできあがったものではない。70年代末以降、北朝鮮とそれにつながる韓国内左翼勢力の作り出した「反日反韓史観」が韓国社会を強く束縛していることが、その根本に存在する。これが私の考える日韓関係悪化の第3の要因である。

そして、この呪縛から韓国社会が抜け出せなければ、今後の日韓関係はよりいっそう悪化し、韓国が自由主義陣営から抜けて、具体的には韓米同盟を破棄し、中国共産党の影響下に入るか、北朝鮮主導の統一が実現するという悪夢の可能性さえ存在すると、私は危機感を持っている。

韓国社会をここまで反日に縛りつけた契機は、79年からシリーズで出版された『解放前後史の認識1』という1冊の本だった。

それまで韓国の学生運動や反体制運動には容共反米は存在しなかった。反日の半分は、日本の容共的姿勢を糾弾するものだった。ところが、朴正煕大統領が暗殺される年に第1巻が出たこの本は、その枠組みを大きく揺り動かす歴史認識を若者らに植え付けた。『解放前後史の認識』の悪影響については本書第7章で詳しく書いた。ここでは、李栄薫《イヨンフン》による同書の歴史観の要約を再度あげておく。

日本の植民地時代に民族の解放のために犠牲になった独立運動家たちが建国の主体になることができず、あろうことか、日本と結託して私腹を肥やした親日勢力がアメリカと結託し国をたてたせいで、民族の正気がかすんだのだ。民族の分断も親日勢力のせいだ。解放後、行き場のない親日勢力がアメリカにすり寄り、民族の分断を煽った。（『大韓民国の物語』文藝春秋）。

この歴史観に立つから金日成が民族の英雄となり、朴槿恵大統領の父親、朴正煕大統領は日本軍人出身だとして「親日勢力」の代表として非難されるのだ。

恐ろしいことに、この歴史観は北朝鮮が一貫して維持してきた対南革命戦略と見事に一致している。北朝鮮は韓国を植民地半封建社会と規定し、まず米国帝国主義とそれに寄生する親日派勢力を打倒し、その後、社会主義革命を行うという「2段階革命論」をとってきた。北朝鮮の工作がそこに入っていないと見るのはあまりにナイーブな考え方だろう。

この歴史観は90年代以降、各界各層に浸透し、現在、韓国の小、中、高校で使われている歴史教科書もこの歴史観に基づいて書かれている。05年以降、一部の実証主義学者らが教科書改善運動を開始したが、彼らが執筆した歴史教科書は採択率ゼロだった。そこで、朴槿恵大統領は、歴史教科書を国定に戻すという英断を下した。しかし、17年5月に朴槿恵弾劾を受けて、半年以上前倒しで行われた大統領選挙で当選した文在寅《ムンジェイン》大統領は、就任初日、まだ教育長官も任命しないうちに、歴史教科書国定を廃止した。文在寅大統領とそれを支える従北左派勢力は、自分たちの政治基盤が「反日反韓史観」であることをよく知っている。

戦わなかった朴槿恵

ところが、朴槿恵大統領は、「反日反韓史観」と正面から対決しなかった。慰安婦問題は「反日反韓史観」派にとって格好の材料となっている。親日派の朴正熙が日韓国交正常化を行ったから、自分たちの悪業を隠蔽するために慰安婦問題を取り上げなかったという理屈が成り立つからだ。もちろん、当時を生きていた誰もが慰安婦の強制連行などなかったことを知っており、だから韓国は日韓国交交渉で一度も慰安婦問題を持ち出さなかったのだ。

反韓史観の枠組みで激しく非難されている李承晩《イスンマン》大統領は「悪質的な独立運動妨害者以外に親日派はありえない」「倭政《ウエジョン》〔日本の植民地統治〕のときにいくら警察官だった人でも、建国事業に参加して大きい功績をたてればその人はすでに親日派ではない。著しい親日経歴がない人でも日本語をしばしば口にして日本食が好きで日本にしばしば行き来し、日本が再進出してくることを待つ人ならば、彼らこそ清算される親日派だ」と繰り返し明言しつつ、日本時代に教育を受け実務経験を積んだ官僚、軍人、警察官らを建国過程で使い続けた。それが大韓民国建国に役立つと信じたからだ。

この李承晩の信念を、李栄薫は「建国のための未来指向的な精神革命としての親日清算」と呼んだ。朴槿恵大統領がその立場に立てば、北朝鮮の世襲テロ政権を共通の敵として歴史観や領土問題等をお互いに譲歩し合う、65年に日本の先人たちと朴正煕大統領が築いた日韓友好関係に戻ることは十分可能だった。

安倍晋三首相は、朴槿恵大統領の就任直後に、韓国を代表する保守派の論客である趙甲済《チョガプチェ》のインタビューを受けて、次のように明確に自由統一を支持すると発言した。日本の歴代首相の中で自由統一を支持すると明言したのは、現在までのところ安倍首相だけだ。

趙甲済　韓国には北朝鮮が行った核開発、強制収容所などの人権弾圧と拉致など国際犯罪を最終的に解決するには、大韓民国が主導する自由統一を通じて北朝鮮政権を消滅させる道しかないという主張があります。韓国主導の韓半島自由統一に対する総理の考えをお聞かせ下さい。

安倍　北朝鮮においてはまさに人権が弾圧をされているわけであります。

私は朝鮮半島が平和的に統一をされて、民主的で自由な、そして資本主義で法の支配を尊ぶ、そういう統一国家ができることがふさわしいと、このように考えております。

いずれにせよ、北朝鮮の現状というのは、文化的な生活を維持することを多くの国民ができないという状況になっている、そして人権が著しく侵害されているという状況に、私も胸が痛む思いです。（『月刊朝鮮』13年3月号）

しかし、朴槿恵大統領は慰安婦問題が解決するまで安倍首相との首脳会談に応じないという頑なな姿勢を崩さず、日韓が力を合わせて全体主義勢力と戦うという絶好のチャンスを生かせなかった。決断できないまま、「反韓史観」派によって弾劾されてしまった。「反韓史観」派は、朴槿恵大統領こそ処断されるべき親日派の末裔だというキャンペーンを行って、反日反韓を旗印にした文在寅「ろうそく革命」政権を作った。

まだ勝負はついていない

65年の日韓国交正常化の時点だけでなく、今も変わらず、釜山に赤旗が立つことは日本の安全保障にとって最悪のシナリオだ。韓国が「反日反韓史観」を清算して自由統一を成し遂げるのか、あるいは逆に、それに飲み込まれ、北朝鮮の思うつぼにはまっていくのか。朴槿恵弾劾と文在寅政権成立は最悪のシナリオの始まりだが、まだ勝負はついていない。

韓国の国体と言える反共自由民主主義が崩れるのかどうか、自由保守派がどのように抵抗するのか、見守り続けながら、最悪に備えて日本独自の抑止力を必死で高めるべきときだ。そのためには憲法改正、専守防衛の廃棄、軍備費倍増などなすべき課題はあまりにも多い。

あとがきにかえて

本書は、この間私が研究会紀要や月刊誌に寄稿した論文を元に、大幅に加筆・補正したものだ。原形をとどめていないものが多いので、出典は明らかにしなかった。

本書の出版は、草思社の皆さん、とくに編集を担当してくださった木谷東男さんの励ましと助けがなければ実現しなかった。感謝します。

草思社から出させていただいた『増補新版よくわかる慰安婦問題』『でっちあげの徴用工問題』と3冊セットで読んでいただけるなら、とてもうれしい。

令和3年7月

西岡　力

著者略歴――――
西岡力 にしおか・つとむ
1956年、東京都生まれ。国際基督教大学卒業。筑波大学大学院地域研究科修了(国際学修士)、韓国・延世大学国際学科留学。1982年～84年、外務省専門調査員として在韓日本大使館勤務。1990年～2002年、月刊『現代コリア』編集長。東京基督教大学教授を経て、現在(公財)モラロジー道徳教育財団教授・歴史研究室室長。麗澤大学客員教授。「北朝鮮に拉致された日本人を救出するための全国協議会(救う会)」会長。歴史認識問題研究会会長。著書に『日韓誤解の深淵』(亜紀書房)『日韓「歴史問題」の真実』(PHP)『歴史を捏造する反日国家・韓国』(WAC)『増補新版よくわかる慰安婦問題』(草思社文庫)『でっちあげの徴用工問題』(草思社)などがある。

日韓「歴史認識問題」の40年
――誰が元凶か、どう解決するか

2021年8月30日　第1刷発行

著　者　西岡　力
装幀者　間村俊一
発行者　藤田　博
発行所　株式会社 草思社
〒160-0022　東京都新宿区新宿1-10-1
電話　営業 03(4580)7676　編集 03(4580)7680

本文組版　株式会社 キャップス
印刷所　中央精版印刷 株式会社
製本所　加藤製本 株式会社

ISBN978-4-7942-2535-1 Printed in Japan　検印省略

草思社刊

【文庫】増補新版 よくわかる慰安婦問題	でっちあげの徴用工問題	韓国「反日主義」の起源	韓国は消滅への道にある
西岡力 著	西岡力 著	松本厚治 著	李度珩 著

【文庫】増補新版

よくわかる慰安婦問題

西岡力 著

「国家による強制」は虚構であったにも関わらず何度も再燃し、日韓関係を揺るがす慰安婦問題。その発生からの経緯を冷静に検証、この数年の最新状況を加筆した決定版。

本体 800円

でっちあげの徴用工問題

西岡力 著

二〇一八年、韓国最高裁が原告勝利とした「徴用工」裁判は、最悪の反日的判決だ。ついに「日本統治不法論」にまで踏み込んでいる。この問題の第一人者が平易に解説。

本体 1,500円

韓国「反日主義」の起源

松本厚治 著

日本統治の歴史を一次資料をもとに再構築し、韓国における「反日」の起源を明らかにするとともに、それが国家イデオロギーへと発展する過程を圧巻の筆で描く!

本体 4,200円

韓国は消滅への道にある

李度珩 著

朴槿恵大統領を弾劾罷免し、親北派の文在寅新大統領を選んだ韓国は、どこへ行くのか。保守論壇の重鎮が、民主主義を忘れた韓国は北に飲み込まれ消滅すると警告する。

本体 1,700円

＊定価は本体価格に消費税を加えた金額です。